新・めざそう！
保健体育教師

教師志望学生の応援テキスト

朝日出版社

◎保健体育教師をめざす学生の大学生活の過ごし方（A君の4年間）

| 区分 | | 1年次 | 2年次 |

大学での科目履修・課外活動

◆学生生活を
　有意義に過ごそう

○ユーモア精神、協調心を持って、常に前向きに行こう
○専門書や教採月刊誌、新聞を読む習慣を身につけよう
○友人知己を増やそう
○興味関心のあることは追求しよう
○得意なことを伸ばそう
○4年間の目標を設定しよう
○進路を見据えた科目登録をしよう

憧れの大学生活

大学以外での活動

◆いつも心がけよう！

○旺盛な好奇心を持とう
○ボランティアや趣味活動も充実させよう
○謙虚な心を持ち、どんな人にも温かな目を向けよう

―――― 次代を担う子どもたちは、あなたを待っている！！ ――――

| 3 年次 | 4 年次 |

●教養科目（大学4年間をとおして幅広い教養を身につけよう）

●教職に関する科目（教師としての基礎的な能力を高めよう）

●教科に関する科目（体育、健康、安全などに関する専門的な知識・技能を習得しよう）

日本国憲法、体育、外国語コミュニケーション、情報機器の操作（免許法に定められている必修科目を修得しよう）

ゼミ、卒業研究、卒業論文（担当教員の指導で力量をつけよう）

教育実習（観察実習、実地体験、事前指導・本実習・事後指導などで実践力を高めよう）

介護体験（義務教育の教師をめざす学生は必ず履修しよう）
●特別支援学校関係5日以上、社会福祉施設関係2日以上

教職実践演習

サービスラーニング、インターンシップ（社会で多様な体験学習等をしよう）

運動部活動にも積極的に関わろう
（新学習指導要領・総則にも明記されたことから、教員採用時において経験の有無は当然重視されると考えられる）

スクールボランティア活動など（自主的活動や大学と学校の協定などに基づく活動を積極的に行おう）

スクールサポーター活動など
（教育委員会や学校からの要請・募集に基づく活動）
に参加しよう

教師塾（教育委員会の募集に応募しよう）

| 区分 | 1年次 | 2年次 |

志望校種・受験都道府県の決定、問題集での勉強、試験対策講座の受験、WEB活用の受験対策など4年間をとおして取り組もう

教員採用試験合格に向けた取り組み

◆いつも考えよう！

○なぜ、教師を志望するのか？
○保体教師の職務とは何か？
○よい教師とは？
○よい授業とは？
○保健体育は、児童生徒にとってなぜ必要な教科なのか？
○保健体育とは何を育てる教科で、その魅力とは？
○どんな保体教師になりたいか？

東京都の教員採用試験のスケジュール

■第一次選考……7月中旬
　①教職教養
　②専門教養
　③論　文

【論文の評価の観点】課題把握力、教師としての実践的指導力、論理的表現力

■第一次選考合格発表……8月上旬

■第二次選考……8月中旬
　① A. 集団面接
　　【評価の観点】表現力、説得力、調整力、協調性
　② B. 個人面接
　　【評価の観点】教職への理解、教科等の指導力、対応力、向上心、将来性、心身の健康と人間的魅力

　……9月中旬
　　実技試験
　　※当日持参するもの（水着、水泳帽子、バスタオル、運動着、運動靴、柔道着など）

■最終合格発表……10月上旬

（平成22年度の例）

―― 次代を担う子どもたちは、あなたを待っている！！ ――

| 3 年 次 | 4 年 次 |

ゼミでの教採対応の個別指導や集団指導で力量を高めよう

教員採用試験に合格しよう
（筆記・実技・模擬授業、面接、論作文など）

公立学校教員の受験者数、採用者数および競争率の推移

（万人）　受験者数／採用者数／競争率　（倍）

年度	受験者数	採用者数	競争率
9年度	146,932	16,613	8.8
10年度	147,542	14,178	10.4
11年度	145,067	11,787	12.3
12年度	147,098	11,021	13.3
13年度	147,425	12,606	11.7
14年度	150,977	16,688	9.9
15年度	155,624	18,801	8.3
16年度	160,357	20,314	7.9
17年度	164,393	21,606	7.6
18年度	161,443	22,537	7.2
19年度	165,251	22,647	7.3
20年度	161,300	24,850	6.5
21年度	158,874	25,897	6.1
22年度	166,747	26,886	6.2
23年度	178,380	29,633	6.0
24年度	180,238	30,930	5.8

面接試験等における改善（平成20年度、全64県市）

選考方法の内容	都道府県・指定都市数
一次・二次試験の両方で面接試験実施	45
個人面接・集団面接の両方を実施	58
面接担当者に民間の人事担当者等を起用	42
面接担当者に臨床心理士やスクールカウンセラーを起用	23
模擬授業を導入	52
指導案の作成を実施	18

※教員採用試験に関する情報は、文部科学省や受験する教育委員会のホームページをいつもチェックすること　　　（文部科学省初等中等教育局教職員課）

保健体育教師の1日

"高校：6月後半のM先生の1日"

時　間	内　　容
6:00 – 6:10	"起床、洗顔"
6:10 – 6:30	"朝食、新聞チェック"
6:30 – 6:40	"歯磨き、着替え"
6:40 – 7:20	"出勤、学校到着"
7:20 – 7:50	"体育教員室解錠、着替え"
7:50 – 8:15	"プールチェック、プール薬品確認"
8:15 – 8:25	朝の打ち合わせ
8:25 – 8:35	"朝礼、出席確認"
8:40 – 9:30	［一時間目］ 体育実技授業準備
9:40 – 10:30	［二時間目］ 授業（体育実技・水泳）
10:40 – 11:30	［三時間目］ 授業（体育実技・水泳）
11:40 – 12:30	［四時間目］ 授業（体育実技・水泳）
12:30 – 13:20	昼　食
13:20 – 14:10	［五時間目］ 保健授業準備
14:20 – 15:10	［六時間目］ 授業（保健）
15:10 – 15:20	"終礼、出席確認"
15:20 – 15:45	清掃指導
15:45 – 16:00	"プールチェック、プール薬品補填"
16:00 – 16:20	委員会活動
16:20 – 19:00	部活指導
19:00 – 20:00	"明日の授業準備（体育実技、保健）"
20:00 – 20:15	体育教員室清掃
20:15 – 20:55	"業務終了、帰宅"
20:55 – 21:20	"着替え、夕食準備"
21:20 – 21:50	夕　食
21:50 – 22:20	入　浴
22:20 – 22:35	夕刊・メールチェック
22:35 – 23:15	授業案作成
23:15 – 23:30	"歯磨き、就寝"

学校の仕事と保健体育科の仕事（H高校の例）

保体教師は、「学校全体の仕事」である『教務』『生徒指導』『進路研究』などから一つの仕事分担（校務分掌）を受け持ち、なおかつ「保健体育科の仕事」として『教科内分掌』『教科指導』『施設管理』などの仕事をこなさなければなりません。実際には、これらに「学年や担任業務」「部活指導」などがプラスされます。

◆校務分掌＋学年担当・担任

教　務　／　生徒指導　／　進路指導　／　その他委員会など

教務：行事企画／情報処理／学籍・情報／教育課程／時間割
生徒指導：生活指導／生徒会／部活動
進路指導：進路指導／渉外／就職指導

保健体育科：教科指導／教科分掌／施設管理

◆体育科内分掌

渉　外	●教科外の組織との連絡・調整類関係
予算・備品	●予算原案の提出 ●予算執行 ●備品台帳の整理
施設管理	●施設チェック ●安全管理類関係
成績管理	●成績データ管理 ●成績提出チェック類関係
教育実習	●教育実習担当割り振り ●教育実習に関する書類作成
研修会	●研修会の企画 ●研修会連絡類関係
行事関係	●スポーツ関連行事の支援・補助類関係

◆教科指導：保健分野

年間計画	●保健授業の計画立案 ●保健行事の計画立案
単元計画	●単元計画案作成 ●指導方法の検討 ●教材研究／開発
授業	●授業計画案作成 ●学習ノートチェック ●定期テスト問題作成
評価／成績	●採点 ●評価 ●評定

◆教科指導：体育分野

年間計画	●体育授業の計画立案 ●体育的行事の計画立案
単元計画	●単元計画案作成 ●実技指導方法の検討 ●学習内容の開発・研究
授業	●授業計画案作成 ●授業準備 ●学習ノートチェック ●安全管理
評価／成績	●評価 ●評定

教え子がくれた手紙── 教師冥利に尽きること──

卒業式の前日に、学級担任をしていた女子生徒から送られたもの。第3章140ページ参照

Dear　松ヤン

　先生に手紙を書くってすごい変な感じやけど、1年間お世話になった感謝の気持ちをかこうと思います(^_^)。うまく日本語にならんかもしれんけど許してな〜。1年の時からずっと『松田先生って優しそうな先生やな〜』とか思ってて、体育も保健も教えてもらったことがなかったから、3年ではじめてやってんな。

けど、なんか、いつからか体研いくようになって松ヤンには色〜〜んな話してもらった。おもしろい話はもちろんやけど、すごいためになる話とか松ヤンの考え方にはすごい尊敬させられた。立派なせんせいというか、もう立派な人って思ってた。でもめっちゃ親しみやすくて私らのボケにはしっかりツッコンでくれるし、私らの怒りにはしっかり対処してくれるし…笑。私らにとって体研はほんまにくつろげて楽しめて大好きな場所でした。

松ヤンには文化祭でアドバイスしてもうたり食品管理してもうたり、売り上げに貢献してもうたり♪ありがとうございました(^_-) それから進路やピアノのことでも私のことよく理解してくれてていっぱい大きなアドバイスもらって背中押してくれた。ありがとうパート2ですね。笑　でももう卒業かぁ。この1年間めっちゃ短い1年やったな(>_<)でもすごい濃くて濃ゆ〜〜い1年やったなって思う。そう思えるのも担任が松ヤンやったからや！！ほんまに高校3年、いあ附属15年間最後の担任に松ヤンがなってくれて幸せです。3の3大好きやわ。また遊びに来るし無視しんと相手してや！体研は私らのHomeやからなーーーっ！笑。

附高大好き！体研大好き！松ヤン大好き！

はぁ…泣きそう。卒業式まで涙はとっとくどーー！

では、1年間ホンマに、ホンマに、ホ〜〜〜ンマに

×100000000 ありがとうございました！

＆1年間担任お疲れ様でございました！

[教員採用試験合格体験記]
社会人経験を経て実現した教員への道

滋賀県(中) 平成22年度合格　びわこ成蹊スポーツ大学卒

登田　真行

　学生時代の私にとって、教員は最もなりたくない職業の一つでした。憧れの先生や尊敬する先生も特に身の回りにおらず、子どもたちを相手にただただ大変な仕事であるという印象しか持っていなかったのです。大学を出て一度社会に出るまでは、その気持ちに変化はありませんでした。

　具体的な夢も目標も持たずに就いた就職先での毎日が、今までの自分を振り返るきっかけを与えてくれました。そこで、子どもたちに夢や希望を持つことの大切さを語れる仕事がしたいと考えるようになりました。もともと子どもが好きであったことと、体を動かす仕事がしたいと前々から考えていたこともあって、体育教員の免許取得を目指すことになりました。そのため、就職した企業を半年間で見切りをつけ、びわこ成蹊スポーツ大学に編入学しました。この間、大学の恩師や先輩に編入学の情報をもらったり、家族や結婚の約束をしていた彼女に背中を押してもらったりと、多くの人たちの支えがあったことは言うまでもありません。

　受験した採用試験ですが、単位取得に励みながら受験した一度目は1次試験で不合格でした。常勤講師でクラス担任を受け持ちながら受験した二度目は、何とか1次試験を突破したものの2次試験で不合格、そして現場を一旦離れ採用試験に集中して受験した今回はついに合格することができました。

　1次試験対策としては、一般・教職教養、専門教養は一種類の参考書を徹底的に勉強しました。小論文の対策不足が一度目の1次試験不合格の大きな要因だったと感じたので、二度目はその反省を活かし小論文のポイントを絞って取り組んだことが1次試験合格につながったのだと思います。

　2次試験対策としては、とにかく実技で苦手なマット運動の克服に時間を費やしました。前任校で体育館を使わせてもらえたこともたいへんありがたかったのですが、それ以外にも毎晩寝る前に倒立をするなど、できることを少しずつ積み重ねていく姿勢を大切に取り組みました。二度目の受験時には、正直なところあまり対策をしていませんでした。情報も収集できず、1次試験の合格通知がきてから2次試験に臨むまでにしっかりと準備ができなかったことが要因でした。

　その反省を踏まえ、3回目の今回は1次試験が終わった直後から2次試験対策に取り組みました。結果的にホップステップジャンプで合格にこぎ着けたわけですが、同じ失敗を繰り返さないという信念と、絶対に教員になるという熱意を持って取り組んだ成果だと感じています。

　「教員とはこうあるべきだ」という一つの大きな信念のもとに、どのような保健体育科教員になりたいか、保健体育科教員になって何がしたいのかを自分の中で整理しておくことが大切です。そうすれば、面接でも小論文でもしっかりと対応することができます。飾らない言葉で、自分だけの言葉で教員に対する熱意を表現することが採用試験を突破するために必要なことだと思います。

[教員採用試験合格体験記]
小学校の教員採用試験に合格して

横浜市（小）平成22年度合格　仙台大学体育学部4年

千葉　智美

私が教員になろうと思ったきっかけは、中学校の体育の時間でした。マット運動が上手くいかない友達に何気なくアドバイスをしたところ、「できるようになった！」と大喜びされたのです。その時の嬉しそうな友達の顔に、私は「教える喜び」を感じました。

私は小学校の頃から運動が好きで、中学・高校ではバレーボール部に所属してスポーツと関わりました。大学ではトライアスロン部に入り、3年次に主将を務め、トライアスロンから派生したデュアスロンという競技でU23日本代表として世界選手権の大舞台に立つこともでき、とても貴重な体験をすることができました。

私は視野を広げることを目的に、大学2年次から小学校2種免許の取得に向けて通信教育を受けていました。しかし、いざ教員採用試験に向けて本格的に動き始めると小学校か中学校か、どちらを受験しようかと悩みました。勉強を進めていくうち、全ての教科を担当する小学校教員のほうに、より魅力を感じるようになっていきました。

結局、小学校は横浜市と名古屋市、中学校は自分の地元である札幌市を受験することに決めました。横浜市は、最初に一人で旅行した大好きな街であり、名古屋市もまた、自転車旅行の際に立ち寄った思い入れのある街だったからです。

横浜市と名古屋市とでは、試験問題の違いがいくつかありました。筆記試験の形式では、横浜市はマークシート形式で、さらに2次試験時に採点する小論文を1次試験時に実施します。それに対して、名古屋市は記述式でした。2次試験においては、横浜市は丸一日でしたが、名古屋市は2日間で実技と面接とに分けて実施しました。

集団討論、模擬授業では両市とも他の受験生と事前に会話する時間があったため、協調性を大切にし、スムーズに行うことができました。

実技試験は、横浜市はピアノ弾き歌いと水泳、名古屋市は縄跳び、マット運動、水泳でした。高度な技術が求められる試験ではないため、しっかり対策を行っておけば問題ないと思いました。

横浜市と名古屋市の合格をホームページ上で知った時は信じられないという気持ちでいっぱいでした。札幌市は1次試験を通過したものの、2次試験で不合格となりました。最後の最後に、小学校の教員になることに決定し、地元札幌市が不合格となったのに不思議とホッとしています。私はおそらく周りの受験生よりも勉強時間は少なかったでしょう。しかし、3年間思い切り競技に打ち込んだことに後悔はありません。

これから小学校教員を目指す皆さん、机上だけでなく様々な視点から行動し、勉強をしていくとよいと思います。

私が保健体育教師をめざす訳

常勤講師　高山　玄一　（現：大阪府立高等学校教諭）

　私は小さな頃から活発な人間で、スポーツをすることが大好きでした。小学校では、野球とバスケットボールをして、中学校ではバレーボール、そして高校・大学・社会人ではラグビーをしていました。大学ではラグビーに汗を流す一方で、教員免許取得をめざし勉学に励みました。子どもが好きということもあり、アルバイトで家庭教師や塾講師を経験しました。

　大学卒業後は、すぐに教師（講師）にはならずに希望どおり企業に就職しました。教師になる前に企業への就職を希望した理由は、自分自身の視野を広げたかったからです。結果的に2年で退職しましたが、自分のなかでは非常に勉強になり、貴重な2年間を過ごすことができました。退職後は現在の学校で講師を始め、教師になりたいという気持ちは人一倍強く持っています。

　社会人と教師との大きな魅力の違いは、影響力だと思います。社会人時代、私は企業の一員として働いていました。営業を担当していましたが、私が会社に及ぼす影響というのは本当に微々たるものでした。しかし、教師が生徒に与える影響というのはとてつもなく大きなものです。「人間対人間」というのも教師の魅力であり、関わっていく子ども達の実態は地域・学校によって様々です。どんな子ども達もたくさんの可能性を秘めていて、それを開花させるか蕾のままにしておくかは教師の力量にかかっています。生徒とともに学び、笑い、人間的な交流が詰まった時間を共有できるのは教師の醍醐味であると思います。

　現在、私は大阪教育大学附属高等学校平野校舎で常勤講師として勤務しています。講師になった理由は、何よりも経験は大きな武器になると思ったからです。講師をして学んだことは、やっぱり教師ってやりがいのある素晴らしい職業だと再認識できたことです。生徒との関わりはもちろんのこと、研究会などに足を運ぶとベテランの先生方でも新しい発見をすることがあるのがわかり、本当にこの職業にはゴールがなく日々研究をしなければならないのだと改めてわかりました。

　嬉しかったことは生徒から感謝されたり、何気ない一言（今日の授業楽しかったなど）をかけてくれた時です。辛かったことはありません。

　来年度の採用試験に向けては、毎月発売される教育雑誌を購入し、内容を読んだり採用試験対策として掲載されている問題を解いたりしながら勉強しています。

　今後の夢は、まずは教員採用試験に合格することです。そして保健体育教師として、生徒が卒業後もずっとスポーツライフを楽しめるような知識・教養を養うことやスポーツを行うことの楽しさや大切さ、そして健康であり続けることの素晴らしさを、私の授業をとおして1人でも多くの生徒に伝えていきたいと思います。これらのことを実践している私の教師姿を見て、生徒が「自分も高山先生みたいな教師になりたい！」と思って、教師を目指してくれることが私の理想の教師像です。

まえがき

　学校教育の充実を図るためには、優れた資質能力を備えた教員を確保することが何よりも重要です。学校教育の成否は、教員の資質能力に負うところが大きいといっても過言ではないからです。

　わが国の教育行政を担っている文部科学省は、教員に求められる資質能力として、「教師の仕事に対する強い情熱」、「教育の専門家としての確かな力量」、「総合的な人間力」を重視しています。これらの資質能力は教員免許の課程認定を受けている大学において、教職に関わる科目はもとよりカリキュラム全体を通じて高めるべきものといえます。保健体育の教員免許を取得することのできる大学においても、当然のことながらこのことに十分に意を用いなければなりません。

　ところで、体育・スポーツ系大学や教員養成系大学には、保健体育教師をめざす学生がたくさんいます。最近、全国的にスポーツ系の学部や学科を新設する大学が増えていますので教師を志望する学生はさらに増えるものと思われます。しかし、優れた資質能力を備えた保健体育教師の養成を意図した教職関連図書は少ないのが現状です。

　そこで、保健体育教師をめざす多くの学生が、わが国の学校教育制度の実情、保健体育教師に求められる資質能力、保健体育教師の多様な職務、教育実習の望ましい受け方、教員採用試験合格に向けた対策などについて幅広く学んでいく書籍が必要と考え、本書を刊行することとしました。

　主な読者は、保健体育教師をめざす学生を想定していますので、編集にあたっては、図表、写真、イラストをはじめ、コラムやセルフチェックの欄なども多用して、ビジュアルでわかりやすい書籍にすることを心掛けました。幸い、執筆者には本書のねらいに相応しい内容を記述していただくことができましたので、読者諸氏に満足いただける書籍になったものと確信しています。

　本書が、教員免許の課程認定を受けている大学、なかでも保健体育の認定を受けている大学において広く活用されればこれに勝る喜びはありません。

　本書で学んだ多くの学生が教職に就く夢を実現し、教育の専門職としての力量を発揮しながら、素晴らしい教育実践の成果を蓄積していってくれることを期待しています。

　最後になりましたが、ご多忙の折にもかかわらずご執筆いただきました各先生と編集を担当された綾部綜合企画の綾部健三氏に厚くお礼を申し上げますとともに、本書の企画・出版に格別のご配慮をいただきました朝日出版社の朝日英一郎氏に心から感謝を申し上げます。

平成26年2月

杉山　重利
佐藤　豊
園山　和夫

目 次

口 絵
- 保健体育教師をめざす学生の大学生活の過ごし方(A君の4年間)……ii〜v
- 保健体育教師の1日、学校の仕事と保健体育科の仕事……vi
- 教え子がくれた手紙──教師冥利に尽きること──……vii
- 教員採用試験合格体験記……viii, ix
- 私が保健体育教師をめざす訳……x

第1章 保健体育教師への道

1. わが国の学校と教員 …………………………………………………………………………… 2
   - (1) 学校の歴史と制度……2
   - (2) 教員の職種と職階……3
   - (3) 教員の身分、職務、服務……5
   - (4) 教育委員会の組織と機能……7

2. 日本の学校教育に関する基礎データと今日的な教育課題 ………………………………… 11
   - (1) 学校数、児童生徒数、教員数の実情……11
   - (2) 大学進学率の推移……12
   - (3) 児童生徒をめぐる今日的な教育課題と保健体育教師の役割……12

3. 保健体育教師をめざすには ………………………………………………………………… 21
   - (1) 保健体育教師の資格……21
   - (2) 保健体育教師へのプロセス……28

【セルフチェック】
①保健体育教師は、生徒からどのようにみられていると思うか？……8
②生徒から「受験に必要のない保健体育は、好きに楽しくやらせてほしい」と言われたら？……8
③保健体育教師をめざす心構えや学習態度はできているか？……20
④教員採用試験に合格するためには？……29

【コラム】
①学校の語源……10／②高等教育への進学率の国際比較……10／
③体育施設の整備状況と開放状況……20／④小学校体育専科教員……26／
⑤諸外国の教員養成・免許制度……30／⑥平成22年度の入学生から必修となる「教職実践演習」……31

第2章 保健体育教師に求められる資質・能力とは

1. 保体教師には何が期待されているのか …………………………………………………… 34
   - (1) 教師をめぐる状況の変化……34
   - (2) 保健体育教師への期待と役割……35

2. 保体教師の資質・能力とは？ ……………………………………………………………… 40
   - (1) 教科指導における資質・能力……40
   - (2) 教科の指導以外の資質・能力……42
   - (3) よい保体教師になるために ……43

【セルフチェック】
①あなたは、保体教師に何が求められていると思うか？……38
②中学・高校時代の思い出に残っているよい先生とは？……39
③保体教師として、どのような指導をしたらよいと思うか？……44
④保体教師の志望動機やその魅力について、自分の考えを箇条書きにしてみよう……44

【コラム】
①「教具を工夫しよう」……39／②「児童生徒が教えてもらいたいと思う教師とは？」……43

第3章 保健体育教師の仕事とは

1. 体育授業の指導 ……………………………………………………………………………… 48
   - (1) 体育授業の前に……48
   - (2) よい体育授業の実現のために……57
   - (3) 知っておきたい運動指導のコツ……69

【セルフチェック】
①学習者同士が仲間を励ましたり称讃したりするのは、どのような授業を展開しているからか？……67
②跳び箱の「開脚跳び越し」ができない小学5年生には、どんな方法をとるか？……79
③バスケットボールの技能を上達させるには？……79

【コラム】
①海外の体育授業の実情……61／②発展途上国の体育授業——カンボジアの場合……63

【ひとくちメモ】 ①「授業の見学者を少なくしよう！」……68

2. 保健学習の指導 ……………………………………………………………………………… 82
　　　　　　　（1）保健学習の授業の前に……82
　　　　　　　（2）よい保健学習の授業を展開するために……85
　　　　　　　（3）知っておきたい保健学習の授業のコツ？……92
　　　　　　　（4）保健の指導案例……101

【セルフチェック】
①保健は必要か、不必要か。あなたはどう思いますか？……85
②よい保健の授業を展開するには、何が大切か？……100
③よい教材をつくるために、考えるべきこととは？……100
④授業をみる際のポイントとは？……100

【ひとくちメモ】
①「教員採用試験で出題された「保健」に関わる問題」……91／②「読んでおきたい保健に関わる書籍」……92

3. 運動部活動の指導 …………………………………………………………………………… 107
　　　　　　　（1）学校教育活動における部活動とは……107
　　　　　　　（2）運動部活動の目的や意義、指導のあり方……112
　　　　　　　（3）教育実習生の運動部活動指導……125

【セルフチェック】
①中学生の運動部加入率が男女とも高いのは？……115
②高校女子の運動部加入率が低いのは？……115
③生徒に感動体験を与えるには？……121

【コラム】
①高校時代の部活動が与えてくれたもの……120
②バスケットボール部顧問が女子生徒から学んだこと……127
③運動部活動についてディスカッションしよう……128

【資　料】
①「運動部所属の生徒数の推移と中学校体育連盟、高等学校体育連盟加入の生徒数、
　および中学校の合同部活実施校」……116
②「授業や運動部活動中の障害発生件数」……124

4. 学級担任の仕事 ……………………………………………………………………………… 130
　　　　　　　（1）学級が大切な訳……130
　　　　　　　（2）学級担任のやりがい、楽しさ……130
　　　　　　　（3）初めての学級担任……131
　　　　　　　（4）学級担任の仕事……134
　　　　　　　（5）学級担任の日常——とある日の担任……140

【セルフチェック】 ①学級担任とは？……140
【コラム】 ①あなたは、こんな時どんな対応をするか？……141

第4章　教育実習のねらいと実際

1. 教育実習の目的と意義………………………………………………………………………… 144
　　　　　　　（1）教育実習に行く前に……144
　　　　　　　（2）教育実習の目的と意義……144

2. 教育実習の内容 ……………………………………………………………………………… 147
　　　　　　　（1）教育実習の始まりから終わりまで……147
　　　　　　　（2）教科指導……147
　　　　　　　（3）学級指導……148
　　　　　　　（4）その他の内容……148

3. よい教育実習を実現するために ……………………………………………………………… 150
　　（1）実習前に準備しておきたいこと……150
　　（2）授業をするための準備……154
　　（3）実習中のがんばりどころ……159
　　（4）実習後に留意すべきこと……166
　　（5）「教師になりたい」との思いに駆られる教育実習を……166

【セルフチェック】
①教育実習に関連して、以下の考えに賛成か反対か？……146
②正しい言葉遣いかチェックしよう……152

【ひとくちメモ】　①「モノマネ上手は学び上手」……149

【コラム】
①忘れ物に気をつけよう！……160／②教師の言葉掛けと授業場面のカテゴリーについて……162

4. 教育実習Q&A ……………………………………………………………………………… 168
　　Q1．遅刻をしないためには、どのように準備をすればいいのか？……168
　　Q2．給食がない学校での昼食はどうすればよいか？……168
　　Q3．授業をしているイメージがわきません。実習前にできることは？……169
　　Q4．教育実習に行く前の授業準備とは？……170
　　Q5．児童生徒とスムーズにコミュニケーションをとるには？……171
　　Q6．実習先の先生とは、どのように接すればいいのか？……172
　　Q7．実習日誌を記述する際の留意点とは？……172
　　Q8．学習活動に加わろうとしない児童生徒には？……173
　　Q9．授業中の児童生徒一人ひとりを把握するには？……174
　　Q10．保健の授業で大切なこととは？……174
　　Q11．体育理論の授業では、何を教えればいいのか？……175
　　Q12．研究授業後の反省会の進め方とは？……176
　　Q13．教育実習の評価は、どのようにされているのか？……176
　　Q14．教育実習先へのお礼状の書き方とは？……177
　　Q15．教育実習後、体育教師になるための方策とは？……177

第5章　「教員採用試験」合格をめざして

1. 「教員採用試験」Q&A ……………………………………………………………………… 180
　　Q1．教員採用試験は、どこで実施されるのか？……180
　　Q2．教員採用試験の内容とは？……180
　　Q3．教員採用試験の一般的なスケジュールとは？……181
　　Q4．複数の都道府県市を受験することは可能か？……181
　　Q5．受験資格は、どのようになっているか？……181
　　Q6．二次試験に合格すれば、翌年度には必ず教員に採用されるのか？……182
　　Q7．特別選考とは、どのようなものか？……182
　　Q8．私立学校の教員になるには？……183
　　Q9．教員採用試験の受験者数、合格者数は？……183
　　Q10．最近の教員採用試験では、どんなことが重視されているか？……185
　　Q11．教員採用試験が不合格だった場合、次年度以降も受験できるのか？……186
　　Q12．合格するためには、どのような学生生活を過ごすことが大切か？……186

2. 教員採用試験合格変道——出題領域、傾向とその対策・勉強 ……………………………… 187
　　（1）教職教養試験……187
　　（2）一般教養試験……192
　　（3）専門教養（保健体育）試験……197
　　（4）論作文試験……202
　　（5）面接（個人・集団）試験・集団討論……202
　　（6）模擬授業・場面指導……207
　　（7）実技試験……208
　　（8）適性検査……209

【コラム】　①「面接試験での身だしなみ、挨拶の仕方」……206

第1章
保健体育教師への道

第1章　保健体育教師への道

1 わが国の学校と教員

(1)学校の歴史と制度

①学校制度の変遷

　わが国における近代的な学校制度は、明治5(1872)年に明治政府が学制を発布[注1]し、初等教育機関としての小学校を全国的に設置したことに始まる。明治維新後、すべての国民に教育を受ける権利を保障するとともに、欧米各国へ対抗できるだけの国力を持つことができるよう学校制度の整備を図ったものである。ただ、当初の就学率は低く、森有礼[注2]が初代文部大臣の職に就いていたころでも、男子が6割、女子が3割程度であった。学齢期の男女児童のほとんどが就学するようになるのは明治時代の終わりころである。

　その後、学校は大正、昭和、平成の各時代を経ていろいろと変遷していくが、現在のような学校制度の基本は昭和20(1945)年以降にできた。最近の特徴としては、中等教育学校[注3]の設置が進み、中学校と高等学校の一貫教育が展開されるようになったことをあげることができる。

②現在の学校制度

　現在の学校制度は、就学前教育、初等教育、中等教育、高等教育に大きく分けられる(図1－1)。

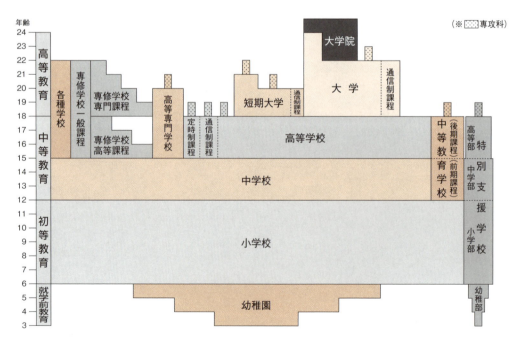

図1－1　日本の学校系統図

『データからみる日本の教育2008』(文部科学省)

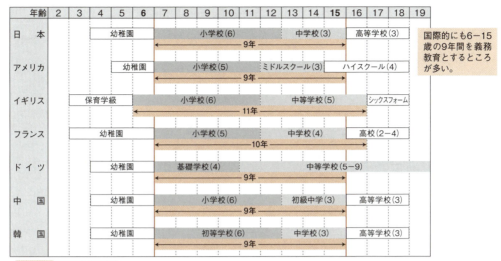

図1-2　世界各国の義務教育年限

（文部科学省調査）

初等教育と中等教育がいわゆる6.3.3制であり、最初の9年間は義務教育である。

義務教育の年限について国際比較したものが図1-2である。日本と同様に9年間となっているのは、アメリカ、ドイツ、中国、韓国であり、イギリスとフランスはさらに1～2年程度長くなっている。

(2) 教員の職種と職階

①教員の職種

学校には、学校教育法[注4]の規定に基づき必要な教員がおかれる。以前は、校長、教頭、教諭、

注1　学制の発布：わが国最初の学校制度に関する法令。全国を8大学区、1大学区を32中学区、1中学区を210小学区に区分し、学校制度の整備を目指した。その整備に要する国民の負担が大きかったことなどもあり、明治12年の教育令の施行に伴い学制は廃止された。

注2　森　有礼（1847－1889）。薩摩藩士の五男として生まれ、イギリスに留学後、アメリカにも留学。明治8(1875)年、私塾「商法講習所」（現、一橋大学）を開設。明治18(1885)年、伊藤博文内閣のもと、初代文部大臣に就任。近代国家としての教育制度の確立に尽力した。

注3　中等教育学校：中高一貫教育を行う学校として平成10(1998)年の学校教育法の改正により制度化された。3年間の前期課程（義務教育）と3年間の後期課程からなる。全国の公立校でも設置が進んでおり、平成26(2014)年度で49校である。

注4　学校教育法：日本国憲法の精神や教育基本法の理念に基づいて学校教育の根本を定めた法律。幼稚園、小学校、中学校、高等学校、中等教育学校、特別支援学校、大学、高等専門学校のそれぞれについて基本的な事柄を定めている。

注5　食育：子どもたちの基本的な生活習慣の乱れが問題となっているが、食に関する問題もその1つである。新しい学習指導要領では総則の「体育・健康に関する指導」において食に関する指導の充実が求められているので、学校教育活動全体を通じて食育に取り組んでいく必要がある。

第1章　保健体育教師への道

養護教諭が一般的であったが、最近は、学校運営を組織的かつ円滑に進めるため、副校長、主幹教諭、指導教諭がおかれるとともに、食育[注5]の充実を図るため栄養教諭がおかれるようになった。これらを学校種別にまとめたものが表1-1である。

表1-1　学校種別の教員の配置

職種	小学校	中学校	高等学校
校　長	◎	◎	◎
副校長	○	○	○
教　頭	◎☆	◎☆	◎☆
主幹教諭	○	○	○
指導教諭	○	○	○
教　諭	◎	◎	◎
養護教諭	◎	◎	○
栄養教諭	○	○	○

◎おかなければならない　○おくことができる　☆事情によりおかないことができる

②**教員の職階**

　学校の教員は、校長のリーダーシップのもと組織的に学校運営にあたっていかなければならない。図1-3はその職階を示したもので、学校は企業や役所などと比べて職階の差は小さく、管理職は校長、副校長、教頭だけで教諭職が多数を占めている。
　平成19(2007)年の学校教育法の一部改正によって、副校長等の新しい職種が位置づけられた。

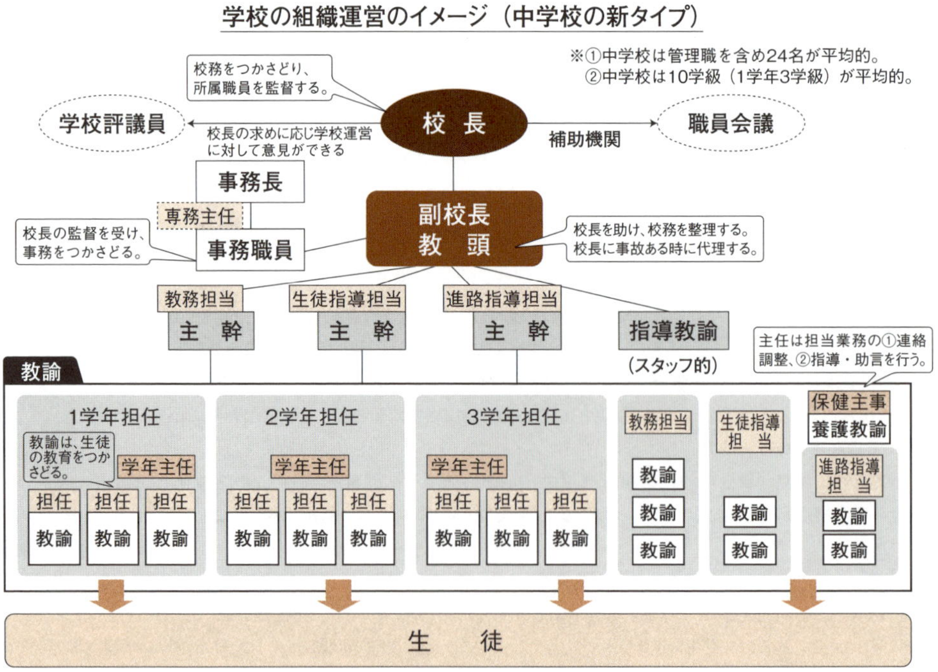

図1-3　教員の職階[注6]（中学校の例）

副校長、教頭、主幹教諭、指導教諭は、校長の学校運営をサポートするとともに、一般の教諭、養護教諭、栄養教諭の指導助言等にあたる役割を持っている。

新任教諭は、新学期から専門教科はもとより学級担任を担当することが多いので、主幹教諭や指導教諭などから適切な指導助言を受け、学級経営、教科指導、生徒指導などについてこれらの教員の優れた実践から多くのことを学んでいくことが望まれる。

なお、学校には、ここに示した常勤の教員のほかに、学校医、学校歯科医、学校薬剤師などの専門職も配置されている。学校カウンセラーが配置されている場合もある。

(3) 教員の身分、職務、服務

①教員の身分

保健体育教師をめざす学生の多くは、公立学校の教員になることを希望すると思われるが、公立学校教員は地方公務員の身分を有し、地方公務員法[注7]の適用を受ける。また、教員の職務の特性などから地方公務員法のほかに、同法の特別法でもある教育公務員特例法[注8]の適用も受けることとなる。

教育公務員特例法において、教員の任免、分限、懲戒、服務、研修などに関する規定が定められており、教員の身分や待遇が保障されている。教員は安定した職業であるとは言え、法令で研修について定められているように、常に自己研鑽に努め、専門職としての資質能力を高めていくことが義務であることも忘れてはならない。

②教員の職務

教員の職務は学校教育法において次のように定められている。これは、小学校の規定であるが、中学校や高等学校はこれに準じることとなっている。

〈校　　長〉…校務をつかさどり、所属職員を監督する。
〈副 校 長〉…校長を助け、命を受けて校務をつかさどる。
〈教　　頭〉…校長および副校長を助け、校務を整理し、必要に応じ児童の教育をつかさどる。
〈主幹教諭〉…校長および教頭を助け、命を受けて校務の一部を整理し、児童の教育をつかさどる。
〈指導教諭〉…児童の教育をつかさどり、教諭その他の職員に対して、教育指導の改善、充実のための指導・助言を行う。

注6　教員の職階：近年では、このほか、本務教諭と同等の職務を受け持つ臨時任用教諭や再任用教諭、一定の授業を受け持つ非常勤講師、免許状は有しないが優れた職業経験等に対して県などが認定する特別非常勤講師や特別免許状を有する教諭、特別支援教育支援員、運動部活動などの外部指導者など、多様な立場の人が学校運営の充実を図っている。また、各県に対する地方財政措置によって、特別支援教育支援員（介助員、学習支援員）が平成20年では、小中学校で26,000人が活用されていて、様々な障害に対する特別支援教育の充実が図られている。

注7　地方公務員法：地方公務員の任用、職階、給与、任免、分限、懲戒、服務、福祉などに関する基本的な事項を定めた法律。

注8　教育公務員特例法：教育を通じて国民全体に奉仕する教育公務員の職務とその責任の特殊性に基づき、任免、給与、分限、懲戒、服務、研修などについて定めた法律で、地方公務員法の特例法。この法律の対象となるのは、校長、副校長、教頭、主幹教諭、指導教諭、教諭、養護教諭、栄養教諭ならびに教育委員会の教育長、指導主事、社会教育主事などである。

〈教　　諭〉…児童の教育をつかさどる。
〈養護教諭〉…児童の養護をつかさどる。
〈栄養教諭〉…児童の栄養の指導及び管理をつかさどる。

　学生諸君が教員として採用される場合、最初は教諭の職に就くことになるが、教育をつかさどるという職務は、児童生徒に対する教育活動のみに限定してとらえてはならない。それは教諭としての主たる職務ではあるが、学校教育活動を展開していくうえで必要となる広範な内容を含むものであることを理解しておかなければならない（表1-2）。

表1-2　教諭の主な職務内容

○専門教科に関する教育指導	○学級担任としての児童生徒の指導
○校務分掌[注9]に基づく各種の職務	○教育課程外の教育活動の指導
○校長などの指示に基づく職務	○学級や専門教科にかかる施設設備等の管理
○各種の公文書等の作成	○保護者との連絡、家庭訪問などの職務
○地域の関係者との連絡、調整	○その他、教諭として必要な用務

③教員の服務

　教員が従うべき服務についての基本的事項は、地方公務員法に定められている。全体の奉仕者として全力をあげて職務を遂行しなければならないという服務の根本基準に始まり、多岐にわたる内容となっている（表1-3）。

表1-3　教員の主な服務内容

○服務の宣誓	○法令や上司の職務上の命令に従う義務
○信用失墜行為の禁止	○秘密を守る義務
○職務に専念する義務	○政治的行為の制限
○争議行為等の禁止	○営利企業等への従事制限

　なお、教員の服務に対する監督権限は教育委員会[注10]にあり、教員が法令に違反した場合、職務上の義務に違反した場合、職務を怠った場合、全体の奉仕者としてふさわしくない行為があった場合などは、処分を受けることとなる。

注9　校務分掌：学校教育を円滑に推進するため教職員が学校運営を組織的に分担して仕事を行うこと。校長が教職員の能力、適性などに応じて分担させる。学校の実態により多様な形態があるが、主任制（教務主任、学年主任、進路指導主事、生活指導主事、保健主事など）との関連を踏まえた校務分掌を定めているところも多い。

注10　教育委員会：都道府県や市町村におかれる教育に関する業務をつかさどる行政組織。教育委員は議会の承認を得て首長が任命する。教育委員の互選により教育委員長1人を選任し、合議により職務は遂行される。実際の職務は教育委員会事務局が担っており、通常はここを教育委員会という場合が多い。事務局におかれているスポーツ課、健康教育課、保健体育課、体育・安全課などでは、保健体育教師と関係の深い仕事を担当している。

(4) 教育委員会の組織と機能

　教育行政を担う機関である教育委員会は、政治的中立を保つため地方自治体の長から独立して設置されている。最近における教育課題の複雑化や地方教育行政の独自性などから教育委員会の組織は多様化しており、地方教育行政における責任の明確化等を図るため、平成27年4月から施行される改正法[注11]では、総合教育会議が設置され、首長の権限が強化されることとなった。基本的な組織例としては図1-4を示すことができる。

　また、合議制である教育委員会は、その地域の教育行政の重要事項、基本方針などを決定し、それに基づいて教育長をトップとする事務局が職務を執行することとなるが、教育委員会で所掌する事務内容は表1-4の事例が参考となる。

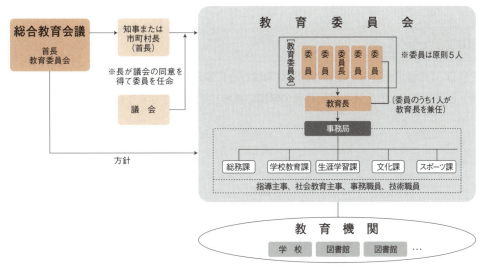

図1-4　教育委員会の組織例

表1-4　教育委員会の事務

○教育委員会は、地域の公共事務のうち、教育、文化、スポーツ等に関する事務を処理

学校教育の振興	●学校の設置管理	●教職員の人事及び研修
	●児童・生徒の就学及び学校の組織編制	●校舎等の施設・設備の整備
	●教科書その他の教材の取扱いに関する事務の処理	
生涯学習・社会教育の振興	●生涯学習・社会教育事業の実施	●公民館、図書館、博物館等の設置管理
	●社会教育関係団体等に対する指導、助言、援助	
芸術文化の振興、文化財の保護	●文化財の保存、活用	●文化施設の設置運営
	●文化事業の実施	
スポーツの振興	●指導者の育成、確保	●体育館、陸上競技場等スポーツ施設の設置運営
	●スポーツ事業の実施	●スポーツ情報の提供

（平成23年初等中等教育局企画課）

注11　地方教育行政の組織及び運営に関する法律の一部を改正する法律では、1.教育行政の責任の明確化、2.総合教育会議の設置、大綱の策定、3.国の地方公共団体への是正指示等の改正が行われた。

第1章　保健体育教師への道

【セルフチェック】——1

保健体育を担当する教師は、生徒からどのようにみられていると思いますか。
あなたが以下のなかから選ぶとすればどれですか。

1．体育の先生
2．○○部の先生
3．○年○組の先生
4．（生徒指導）部の先生
5．保健体育の先生

（回答は、8ページ参照）

【セルフチェック】——2

生徒から、「受験に必要ないから、保健体育は好きに楽しくやらせてほしい」と言われました。あなたは、どのようにして生徒に保健体育の学習の重要性を理解させますか？

（回答は、9ページ参照）

【セルフチェック】——1の回答

　最も多いのは、担当する運動部の顧問、つまり、「○○部の先生」と言われることではないでしょうか。しかし、保健体育教師としての採用は、授業のスペシャリストとして認められていることを忘れてはいけません。「○○部の先生」と言われる裏には、部活動だけをやっている偏った教師というイメージが内在していることに留意しましょう。

　「○年○組の先生」と言われる教師は、クラス担任としてのイメージが強いケースであり、特に運動部未加入の生徒（運動部加入者は、中学校で約65％、高等学校で約41％）には、進路相談や生活相談など様々な悩みに向き合ってもらえる教師ということで評価されていると思われます。

　「（生徒指導）部の先生」と言われるケースは、教師として学習規律の確保や積極的な生徒指導が印象にあるためだと考えられます。教師には、授業としての顔、クラス担任としての顔、放課後の部活動顧問としての顔のほか、校務分掌と呼ばれる仕事を行う顔があります。この校務分掌には、進路指導、生活指導、生徒会、教務、総務など多様な学校運営に関わる仕事があります。保健体育教師として、様々な校務分掌を経験し、学校運営全体に対する経験を積んでいくことが望まれます。

　「体育教師」と「保健体育教師」とでは、どちらの言い方が望ましいでしょうか。保健体育教師は、体育のみならず保健の授業も受け持つことから、その2つの授業力を身につけることが求められま

す。そのためには、日々の教材研究が大切であることは言うまでもないことでしょう。よい保健の授業をする教師は、体育の実技でもよい授業ができるといった傾向がみられます。授業を構築する力は、座学であっても、実技であっても共通するものなのです。一人でも多くの生徒にスポーツ文化やスポーツの価値を伝えること、そして授業を大切にすることが、保健体育教師の評価を高めることにつながります。

【セルフチェック】──2の回答

○なんのために勉強しているのかを問い返す

　受験に必要な教科が勉強であり、それ以外の教科は勉強ではないのでしょうか。学校とは、人間として必要な総合的な資質や能力、「生きる力」を育成する場です。学力には、みえる学力とみえない学力があります。テストで計れる能力はみえる学力と言えますが、人の痛みがわかる、仲間とうまく合意していく、誠実に接する、生涯をとおして楽しめる生き甲斐を持つ、健康を維持するなど、社会で求められる資質や能力などの、いわゆる「みえない学力」もとても大切なものです。

　学校とは、保健体育を含む様々な教科の学習や教育活動をとおして、同世代の仲間と切磋琢磨し、ともに悩み、ともに喜び、自分自身を高めていくことに価値があります。不必要な教科は学校に存在しないのです。楽しく取り組むことは大切ですが、保健体育は好き勝手に行う教科ではありません。

○保健体育の学習から得られる価値を伝える

　社会生活や日常生活を送るうえで、最も基本となるものはなんでしょうか。健康や体力の維持は、すべての活動の源です。保健体育の授業では、様々な活動をするうえで必要となる健康や体力を学習できる重要な科目です。

　また、スポーツの面白さやむずかしさは、「わかる」だけではなく、「できる」ようにするところです。運動は、頭で理解できても、粘り強く取り組み、繰り返し練習していかないと思うように「できる」ようにはなりません。時には、仲間と協力し、教え合うことで、できるようになったり、わかったりした経験があるはずです。「できた」という後に、なるほど「わかった」という経験もあるはずです。

　また、高い技術を持っていても、発揮する場面での瞬時の判断によってゲームの結果が左右されたという経験はありませんか。

　保健体育の学習とは、基本的な知識をもとに、技能を獲得する過程をとおして、様々な思考力や判断力、分析力などの能力を実践を通して身につけていくものです。また、フェアプレイや仲間への賞賛、役割分担をして自己の責任を果たしたり、合意形成をしたりするなど、人間力を総合的に高める学習です。

○自分自身の授業を高める、問い直す

　誰もが、100点の授業ができるわけではありません。しかしながら、100点を目指す姿勢がプロとしての姿勢であると言えるでしょう。生徒から、そのような問いをかけられた場合、自身の授業

第1章　保健体育教師への道

への取り組みの姿勢や創意工夫の不足、できない生徒への手だてや意識の不足、教材研究の不足など自分自身の授業を問い直すきっかけとすることが大切です。

体育が苦手な生徒の気持ちを忘れず、何がそういう気持ちにさせているのかを考える機会としましょう。

COLUMN ❶　「学校の語源」

学校※（英語でschool）の語源は、古代ギリシャ語のschole（スコレー：暇）といわれている。古代ギリシャ人が集まって議論したり、音楽や芸術を楽しんだり、スポーツに親しんだりする暇な時間や、そのような暇な時間をつぶす場所を意味したようである。

当時、生活に余裕のある貴族たちが余暇を活用して教養を身につけたことから、暇は学問（暇な時にするもの）の意味をも持つようになり、その学問の場所が学校とされた。

scholeは、その後、ラテン語のschola（スコラ：学校）に転じ、さらに英語のschoolに転じて、現在のような用い方がされるようになったといわれる。

COLUMN ❷　「高等教育への進学率の国際比較」

世界各国で高等教育を受けている学生の状況は、次図のとおりである。

日本の大学・短期大学・高等専門学校への進学率は約56パーセントとなっており、これに通信制・放送大学などを加えると78パーセントに達し、イギリスや韓国に次いで高い数値を示している。

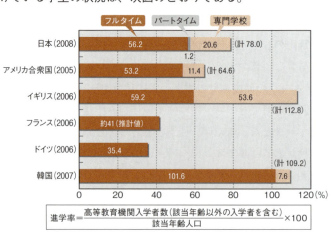

$$進学率 = \frac{高等教育機関入学者数（該当年齢以外の入学者を含む）}{該当年齢人口} \times 100$$

（注）日本のフルタイムは、大学・短期大学・高等専門学校（第4学年）、パートタイムは、通信制・放送大学（正規課程）である。

高等教育進学率の国際比較　　『データからみる日本の教育2008』（文部科学省）

※　わが国で学校という名称が使われたのは、室町時代に上杉憲実が創ったとされる「足利学校」が最初といわれるが、奈良時代の貴族を対象とした大学寮、平安時代に空海が創った綜芸種智院、鎌倉時代の金沢文庫などは学校に類する機能を果たしてきたといえよう。

足利学校以降では、江戸時代の幕府直轄学校である昌平坂学問所や各藩が設けた藩校、岡山藩が富裕な庶民の子弟を対象とした閑谷学校などがあるが、吉田松陰の私塾であった松下村塾、一般庶民の子どもを対象に全国に普及した寺子屋なども学校の前身的なものといえる。

2 │ 日本の学校教育に関する基礎データと今日的な教育課題

(1) 学校数、児童生徒数、教員数の実情

　日本の学校数、児童生徒学生数、教員数は少子化傾向が続いているため、いずれの数値も年々減少傾向にある（表1-5）。

　教員のうち、中・高等学校の保健体育担当教員数の年次推移は図1-5のとおりであり、年度を追って減少傾向がみられる。特に中学校のそれは、約20年間で1万人も減少している。この状況が教員採用にも影響を与えていることはいうまでもない。

表1-5　学校数、児童生徒学生数、教員数

	区分	小学校	中学校	高等学校	中等教育学校	特別支援学校	大 学
学校数（校）	国立	72	73	15	4	45	86
	公立	20,558	9,707	3,628	30	1,037	92
	私立	222	777	1,320	17	14	603
	計	20,852	10,557	4,963	51	1,096	781
児童生徒学生数（千人）	国立	41	31	9	3	3	612
	公立	6,481	3,227	2,387	20	132	148
	私立	78	246	1,039	8	1	2,095
	計	6,600	3,504	3,334	31	136	2,855
教員数（千人）	計	416	254	235	2	79	181
	女性比（％）	62.4	42.6	31.0	32.8	60.6	22.5

（注）四捨五入により計の数値が合わない場合がある。　　　『平成26年度学校基本調査速報』文部科学省

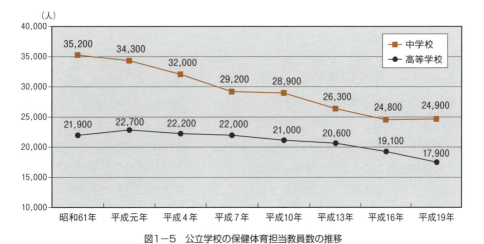

図1-5　公立学校の保健体育担当教員数の推移

（文部科学省『学校教員統計調査』より推計）

(2) 大学進学率の推移

　わが国の大学への進学率は、図1-6に示すように年度を追って高い数値で推移しているが、高校生の数は年度ごとに減少している。人口統計によれば、生徒数は今後とも減少傾向にあるため、学生定員を少なくしたり学生募集を停止したりする大学や短期大学が増えていくことが予測される。

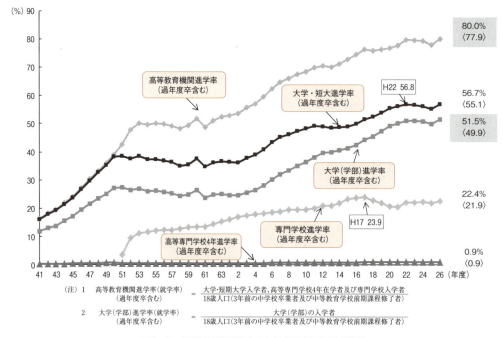

図1-6　過年度卒業者を含めた進学率(就学率)の推移

平成26年度『学校基本調査』文部科学省

(3) 児童生徒をめぐる今日的な教育課題と保健体育教師の役割

①生きる力の育成

　これからの時代は、新しい知識・技術・情報が社会のあらゆる領域における活動の基盤として飛躍的に重要性を増す知識基盤社会[注12]の時代といわれる。平成20年・21年に告示された学習指導要領[注13]においてもこのような社会の変化を視野に入れ、確かな学力の育成を重視している。また、学習指導要領の改訂に先立って改正された教育基本法[注14]や学校教育法では、知・徳・体のバランスのとれた教育の推進をこれまでにも増して強調するとともに、基礎的・基本的な知識・技能、思考力・判断力・表現力を重視し、これらを学校教育において調和的に育むことを求めている。

　保健体育の授業においても、児童生徒が運動を実践したり、健康を保持増進していくうえでの課題を自ら考えたり、その課題の解決の仕方を思考・判断したりすることのできる主体的な能力を培っていくことが大切である。児童生徒がこのような主体的な学習態度を身につけていくことができるよう、生涯スポーツ[注15]の基盤つくりを大きな教科目標とする保健体育が果たしていく役割に

は大きいものがある。児童生徒が運動技能などの習得に加え、運動やスポーツの学び方を身につけることができるよう教育指導していくことが保健体育教師の主要な役割の1つとなっている。

②児童生徒の健康課題等への対応

昨今の児童生徒を巡っては、基本的な生活習慣の欠如(けつじょ)、自制心・規範意識の希薄化、コミュニケーション能力の不足、食生活の乱れ、性・喫煙・飲酒・薬物の問題をはじめ様々な教育課題が指摘されている。

いずれも児童生徒の心身の健全育成という側面から放置できない課題である。保健体育教師をめざす学生にとって、これらについてはまさに専門領域として深く広く学修しておかなければならない今日的課題といえる。そのため、大学における講義にとどまらず、教育関係機関などの研修会やシンポジュウムなどにも積極的に参加し、最新の知見を身につけておきたい。また、スクールボランティア[注16]などにも参加し、児童生徒の心身を巡る現実の課題に直接触れることも有意義なことといえる。

規範意識の希薄化やコミュニケーション能力の不足などへの対応は、学習指導要領総則の趣旨に基づいて教科で行う道徳的指導の場面でも行われなければならない。体育学習は集団で活動することが多いので、相手とコミュニケーションを図ったり、ルールを守ったりしながら学習を展開していく場面があるため、これらの課題の解決にも貢献できる。

また、保健の学習において、基本的な生活習慣の確立、望ましい食生活、性・喫煙・飲酒・薬物などに関する正しい理解は、小学校から高等学校までを通じて指導していくこととなるので、いずれの校種に就職しようとも積極的に取り組んでいかなければならない。

注12　知識基盤社会：知識基盤社会(knowledge-based society)は、中央教育審議会の答申「我が国の高等教育の将来像(平成17年)」に示された考えで、その特質は、①知識には国境がなく、グローバル化が一層進む、②知識は日進月歩であり、競争と技術革新が絶え間なく生まれる、③知識の進展は旧来のパラダイムの転換を伴うことが多く、幅広い知識と柔軟な思考力に基づく判断が一層重要になる、④性別や年齢を問わず参画することが促進されるなどである。今回の学習指導要領の改訂に際し、中教審は知識基盤社会においては、確かな学力、豊かな心、健やかな体の調和を重視する生きる力を育むことがますます重要になると指摘した。

注13　学習指導要領：全国のどの地域で教育を受けても一定の水準の教育を受けられるようにするため、文部科学省では、各学校で教育課程(カリキュラム)を編成する際の基準を定めている。これを学習指導要領という。学習指導要領では、小学校、中学校、高等学校等ごとにそれぞれの教科等の目標や教育内容を定めている。また、これとは別に、学校教育法施行規則で、それぞれの教科等の年間の標準授業時数等が定められている。各学校では、この学習指導要領や年間の標準授業時数等を踏まえ、地域や学校の実態に応じて、教育課程(カリキュラム)を編成している。(出典：文部科学省ホームページ。一部改変)

注14　教育基本法：日本国憲法の精神にのっとり、我が国の教育の根本的な理念や教育の実施に関する原則などを定めた法律。平成18(2006)年に60年振りに改正された。旧法の普遍的な理念は大切にしつつも、時代の流れに伴い新しい理念を規定した。新法では、知・徳・体の調和がとれ、生涯にわたって自己実現を目指す自立した日本人、公共の精神を尊び、国家・社会の形成に主体的に参画する国民、わが国の伝統と文化を基盤として国際社会を生きる日本人の育成を重視している。

注15　生涯スポーツ：スポーツは、人生をより豊かで充実したものにするとともに、人間の身体的・精神的な欲求に応える世界共通の人類の文化の1つといわれている。平成元(1988)年の学習指導要領以降、体育の授業では生涯にわたって豊かなスポーツライフを継続することのできる資質・能力を育成すること、つまり生涯スポーツの基礎づくりが重視されている。

注16　スクールボランティア：学校で子どもたちとの交流活動をしたり、教員の補助活動にあたりしたりするボランティア。教師をめざす学生がその力量を高めるうえで有効といえる。学校行事や部活動の補助、実験や実技の補助、学級担任の補助など多様な活動がある。教育実習生とは違って、あくまで学生の立場でかかわるものである。

第1章　保健体育教師への道

図1-7　児童生徒の心身の発達や生き方に重要な役割を果たす保健体育

　一方、朝食を摂らない児童生徒の割合は学年があがるにつれて増えている（図1-8）。全国体力・運動能力、運動習慣の調査からは、朝食を摂らない子は体力的にも劣る傾向がみられること（図1-9）や、特に、女子に運動習慣の分散化傾向がみられること（図1-10）から、これらを改善していくことが緊要の課題となっている。

③運動習慣の分散化と全体の体力低下への対応
　児童生徒の体力の低下は、将来的には国民全体の体力低下に繋がることであり国民的な課題といえる。新しい学習指導要領の総則においても指導の一層の充実が図られ、学校における体力向上はあらゆる教育活動を通じて展開することとされている。

　保健体育教師は、各教科、道徳、特別活動、総合的学習などで編成される教育課程[注17]のあらゆる場面で体力に関する指導が展開されるよう、大学で学んだ専門的な知識・技能を駆使して課題の解決に取り組んでいかなければならない。

　なお、今回の保健体育の改訂では、学習内容が児童生徒の発達段階のまとまりを考慮して整理された。小学校から高等学校までの12年間を3つの段階でとらえ、それぞれの段階において児童生徒に身につけさせたい学習内容が系統的に示された。したがって、今後は校種の連携に十分配慮した指導を展開していくことが望まれる。

　また、体育において直接体力の向上をねらいとする運動領域は「体つくり運動」であるが、今回の改訂において、体つくり運動は小学校低学年から高等学校までを通じて必修領域とされたので、4・4・4の枠組み[注18]に応じた適切な指導を展開して成果をあげていかなければならない。

注17　教育課程：教育課程とは、学校教育の目的や目標を達成するために、教育の内容を児童生徒の心身の発達に応じ、授業時数との関連において総合的に組織した学校の教育計画である。学校において編成する教育課程をこのようにとらえた場合、学校の教育目標の設定、指導内容の組織および授業時数の配当が教育課程の編成の基本的な要素になる。（出典：文部科学省の学習指導要領総則解説。一部改変）

保健体育教師への道 | 第1章

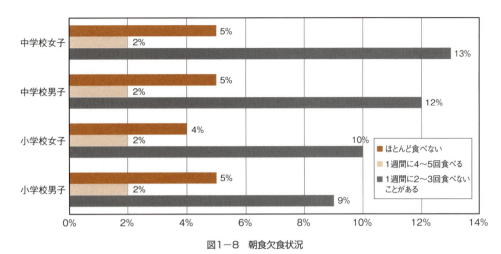

図1-8　朝食欠食状況

『児童生徒の食生活実態調査 平成17年』㈶日本スポーツ振興センター

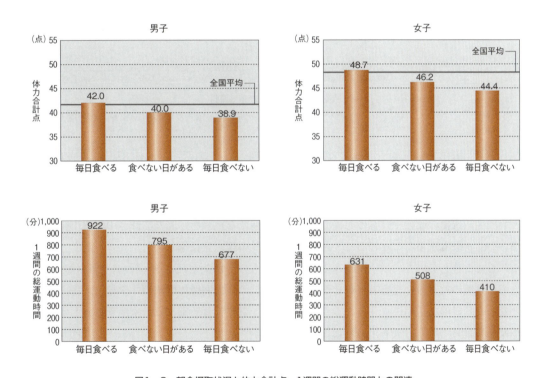

図1-9　朝食摂取状況と体力合計点・1週間の総運動時間との関連

『平成20年度全国体力・運動能力・運動習慣等調査』文部科学省

注18　4・4・4の枠組み：平成20・21年に告示された新しい学習指導要領における体育の改訂の特徴は、発達の段階のまとまりを考慮し、小・中・高等学校の12年間を見通した指導内容の体系化が図られたことである。そのため、児童生徒の発達段階を「各種の運動の基礎を培う時期」、「多くの領域の学習を体験する時期」、「少なくとも一つの運動やスポーツを継続できるようにする時期」の3つで捉え、小学校1年から4年まで、小学校5年から中学校2年まで、中学校3年から高等学校3年までの、4・4・4の枠組みで目標・内容が示された。

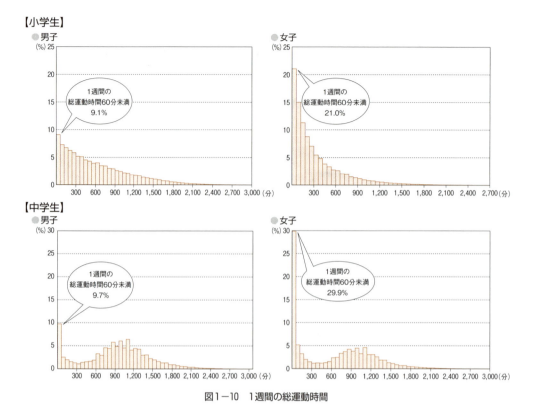

図1−10　1週間の総運動時間

（平成21年度『全国体力・運動能力等調査結果報告書』文部科学省）

　ところで、体力問題の解決には新たな視点が必要である。かつて中央教育審議会[注19]は、児童生徒の体力向上を図るためには、早寝早起きの習慣をつける、きちんとした姿勢で過ごす、毎日朝食をしっかり摂る、階段を使う、公共の乗り物では立つ、日常生活で体を動かす生活態度を育てるなどという生活習慣の改善や食育の充実などという、新たな視点を示した。昨今の児童生徒には生活習慣の確立が最も重要なことであると運動実践面以外の視点を指摘した。

　これらを改善していくには学校のみで対応できるものではなく、偏に家庭の取り組み如何による。加えて、地域の教育力の充実も欠かせない。児童生徒の体力問題の解決は、学校・家庭・地域が一体となった日常的な活動に負うところが大きいため、保健体育教師には、家庭や地域との連携・協力体制を構築していく力量も求められる。

④いじめ、不登校、暴力行為への対応

　いじめ、不登校、暴力行為などが教育上の課題になって久しい。文部科学省は都道府県教育委員会などを通じてその実態の把握を行っているが、最新のデータをみても、いじめや不登校、暴力行為の件数は決して少なくない（図1−11、図1−12）。

注19　中央教育審議会：教育、学術、スポーツ、文化などに関する政策を審議する文部科学大臣の諮問機関。中教審と略称で言われることが多い。中教審は、学識経験のある者のうちから文部科学大臣が任命する30人以内の委員で組織される。教育制度、生涯学習、初等中等教育、大学、スポーツ・青少年の5分科会がある。

保健体育教師への道　第1章

　これらの対策として平成25年に「いじめ防止対策推進法」では、いじめ防止等のための基本理念、国及び地方公共団体の責務等を明らかにしている。
　これらの問題行動は、未然防止に努めるとともに早期の発見や対応が重要である。学校においては児童生徒と教師の信頼関係を築き、日常的に粘り強い指導を展開していくことが大切である。学

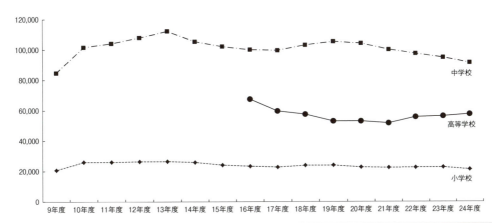

	9年度	10年度	11年度	12年度	13年度	14年度	15年度	16年度	17年度	18年度	19年度	20年度	21年度	22年度	23年度	24年度
小学校	20,765 (0.26)	26,017 (0.34)	26,047 (0.35)	26,373 (0.36)	26,511 (0.36)	25,869 (0.36)	24,077 (0.33)	23,318 (0.32)	22,709 (0.32)	23,825 (0.33)	23,927 (0.34)	22,652 (0.32)	22,327 (0.32)	22,463 (0.32)	22,622 (0.33)	21,243 (0.31)
中学校	84,701 (1.89)	101,675 (2.32)	104,180 (2.45)	107,913 (2.63)	112,211 (2.81)	105,383 (2.73)	102,149 (2.73)	100,040 (2.73)	99,578 (2.75)	103,069 (2.86)	105,328 (2.91)	104,153 (2.89)	100,105 (2.77)	97,428 (2.73)	94,836 (2.64)	91,446 (2.56)
高等学校	—	—	—	—	—	—	—	67,500 (1.82)	59,680 (1.66)	57,544 (1.65)	53,041 (1.56)	53,024 (1.58)	51,728 (1.55)	55,776 (1.66)	56,361 (1.68)	57,664 (1.72)

(注1)カッコ内は、全児童生徒数に占める不登校児童生徒の割合(%)
(注2)高等学校における不登校は、平成16年度から調査を実施

図1-11　不登校の児童生徒数の推移

『平成20年度文部科学白書』

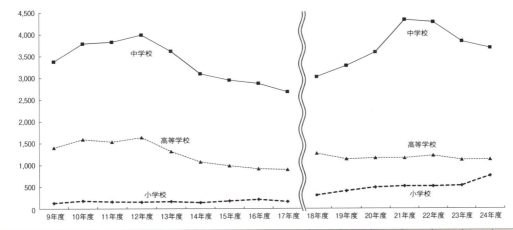

	9年度	10年度	11年度	12年度	13年度	14年度	15年度	16年度	17年度	18年度	19年度	20年度	21年度	22年度	23年度	24年度
小学校	128	178	159	152	165	140	177	210	158	309	407	488	515	513	529	754
中学校	3,376	3,792	3,831	3,992	3,619	3,096	2,951	2,874	2,681	3,024	3,278	3,953	4,333	4,282	3,840	3,690
高等学校	1,401	1,591	1,533	1,635	1,317	1,075	986	916	896	1,269	1,136	1,159	1,159	1,216	1,119	1,127
合計	4,905	5,561	5,523	5,779	5,101	4,311	4,114	4,000	3,735	4,602	4,821	5,240	6,007	6,011	5,488	5,571

(注1)公立小・中・高等学校を対象として、学校外の暴力行為についても調査
(注2)平成18年度からは国私立学校も調査。また、中学校には中等教育学校前期課程を含める。

図1-12　暴力行為の推移

『平成20年度文部科学白書』

校側のこのような指導にもかかわらず、いじめや暴力行為が止まない場合には、他の児童生徒の学習権を保障するため、毅然とした態度で出席停止[20]などの対応をすることが必要であるが、学校は児童生徒一人ひとりの性向などの把握に努め、あらゆる教育活動を通じたきめ細かな指導を行っていくことが大切である。全ての教員が一丸となって、問題行動をおこす児童生徒の教育相談やカウンセリングなどにあたっていかなければならない。

　保健体育教師は生徒指導部に配属されることも多いようであるが、児童生徒の様々な悩みを受け止め、親身に対応していくことが肝要である。

⑤携帯電話の持ち込みへの対応

　携帯電話は、大人に限らず子どもにまで広く普及しているのが現状である。便利である一方、子どもの携帯電話は犯罪やトラブルの原因ともなるので、学校と家庭が一体となって対応していくことが重要である。

　文部科学省の指導通知によれば、携帯電話は教育活動に直接必要でないものであることから、小・中学校は持ち込みを原則禁止すること、高等学校は校内での使用を制限するか持ち込みを禁止することになっているが、学校における携帯電話の取り扱いは、学校や地域の実態を踏まえて基本方針を定め、児童生徒や保護者に周知徹底を図っていく必要がある。例外的に持ち込みを認めざるを得ない場合もあるとは言え、一時的に学校が預かるなどの方法により適切に対応していくことも必要である。

　なお、携帯電話の持ち込み禁止や使用制限だけでは問題は解決せず、インターネット上の有害情報から児童生徒を守ることもできないため、児童生徒に情報モラルを身につけさせるとともに、コンピュータや情報通信ネットワークなどの情報手段を適正に使用できるよう情報モラル教育[21]を充実させていかなければならない。

　いずれにしても、携帯電話の学校への持ち込みは、学校の基本方針を保護者に対して十分に説明して取り組みへの理解を得ながら協力体制を築いていくことが極めて重要である。

⑥学校における危機管理への対応

　昨今、学校における多様な事件・事故の発生を背景として、危機管理の強化が強く求められてい

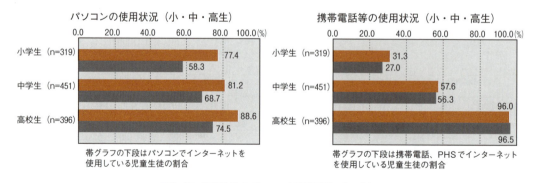

図1－13　児童生徒のパソコンや携帯電話の使用状況

『第5回情報化社会と青少年に関する意識調査』内閣府、平成19年7月

る。危機管理は、事前の危機管理にあたるリスク・マネージメントと、事件・事故の発生後のクライシス・マネージメントの２つの側面があると言われる。こうした視点を踏まえて、とくに、不審者による犯罪に対処するため、学校における安全管理の徹底と危機管理マニュアル[注22]の作成が重視されてきた。

最初の危機管理マニュアルは、文部科学省が平成14（2002）年に参考資料として作成したもので、外部から不審者が侵入した際の緊急対応の仕方をフローチャートでわかりやすく示すなど、学校が自校の実態にふさわしい危機管理マニュアルを作成するうえで参考となった。この危機管理マニュアルは平成19（2007）年にそれまでの取り組みの成果や反省を踏まえて改訂が行われた。保健体育教師は、学校独自の危機管理マニュアルの内容を十分に了知のうえ、万一事件・事故が発生した場合は、他の教職員、特に安全主任などとの連携を図って適切に対処していかなければならない。

また、新型インフルエンザ[注23]が世界的に流行し、日本でも児童生徒が死亡する例がみられることなどから、感染症対策の危機管理についても万全を期していく必要がある。自校で感染者が出たり流行がみられたりした場合は速やかに対応し、とくに保健体育教師は、健康に関する専門職として、学校保健安全法[注24]の規定などに基づく感染症対策に指導性を発揮することが求められるので、学校医[注25]や養護教諭、さらには保健所などの衛生部局と連携を図り、適切に対応したい。

そのほかにも、学校における体育授業や運動部活動、校外での体育的活動などにおいて事故が発生した場合など、児童生徒の健康安全の確保をもっとも重視した救急体制の確立を図るなど、保健体育担当教員は学校における危機管理でその役割を果たす場面が多い。

学校教育を巡る状況の変化の激しい現在、保健体育担当教員は時代の流れに対応できるよう自ら研鑽を積み、児童生徒や保護者から信頼されるような力量を身につけておかなければならない。

注20　出席停止：児童生徒の学校への出席を停止させる措置。出席停止ができるのは、性行不良で他の児童生徒の教育に妨げがある場合と、感染症への罹患や集団発生の場合がある。根拠法令は、前者が学校教育法、後者が学校保健安全法である。なお、学校教育法によれば、出席停止を命じることができるのは次のような事例である。①他の児童生徒に傷害、心身の苦痛又は財産上の損失を与える行為、②職員に傷害又は心身の苦痛を与える行為、③施設又は設備を損壊する行為、④授業その他の教育活動の実施を妨げる行為。

注21　情報モラル教育：昨今、子どもたちが携帯電話やパソコンなどを通じて情報を得る機会が特段に増えている。それに伴いメールや掲示板などでの誹謗中傷やいじめ、出会い系サイトなどの有害情報に起因する被害の発生なども増加している。最近の情報化の進展に伴う問題行動への対応として、子どもたちが他人の心の痛みも考えて行動することや、違法で有害な情報に適切な対応ができるよう、学校における情報モラル教育の充実が必要となっている。

注22　危機管理マニュアル：学校においては、日常の教育活動中における事故やけがなどはもとより、突然の火災、地震、水害、津波などに見舞われることも予想しておかなくてはならない。さらに学校内外での事件、例えば不審者による危害行為なども散見されるので、学校においては児童生徒の安全を確保するため、自校の実態を踏まえた危機管理マニュアルを作成し、万全の体制を確立しておかなくてはならない。文部科学省が示したモデル（平成14年、19年改訂）はその参考になる。

注23　新型インフルエンザ：新型インフルエンザに児童生徒が罹患したり、学校で集団発生した場合には、教育委員会や衛生部局と緊密な連携をとり、出席停止、臨時休業などの措置をとらなければならない。WHOが警戒水準をフェーズ6まで引き上げた新型インフルエンザは症状が重篤になるケースが多く、特に基礎疾患（慢性呼吸器疾患、慢性心疾患など）をもつ児童生徒の保健管理には配慮が必要である。

注24　学校保健安全法：学校における保健管理、保健指導、安全管理などに関して必要な事項を定めた法律。健康相談、健康診断、感染症予防、学校環境の安全、施設設備の安全点検、危険等発生時対処要領などについて規定している。保健体育教師は内容を熟知しておくことが望まれる。平成24年施行規則の改正では、髄膜炎菌性髄膜炎の追加や出席停止期間の見直しが図られている。

注25　学校医：学校保健安全法の規定に基づいて、学校には学校医が置かれている。医学の専門的知識を生かし、学校保健計画の立案などへの参画、健康診断や健康相談への従事、保健指導や疾病の予防処置への従事、感染症や食中毒の予防処置などに従事することが職務内容となっている。

COLUMN ❸ 「体育施設の整備状況と開放状況」

　体育の授業をはじめ、教育課程の内外を通じた体育的活動や運動部活動などが成果をあげていくためには、学校における体育施設の整備が欠かせない。

　体育館、運動場、プール、武道場の整備状況は、次表のとおりであるが、平成20年の学習指導要領の改訂において中学校で武道が必修となったため、武道場の整備が急務といえる。

　また、体育施設の地域住民への開放は、小・中学校において進んでいる状況にある。

●水泳プール、武道場、屋外照明、クラブハウスの整備状況

カッコ内は私立　平成20年5月1日現在

	学校数	水泳プール(%)	武道場(%)	運動場夜間照明(%)	クラブハウス(%)
小学校	22,197(206)	87.8(32.5)	—	16.3(—)	1.4(—)
中学校	10,104(735)	72.2(11.7)	47.2(25.0)	23.7(—)	4.1(—)
高等学校	3,914(1,393)	64.3(25.0)	93.4(57.6)	15.5(—)	2.7(—)

●公立学校の体育施設の開放状況

平成20年5月1日現在

	学校数	体育館(%)	屋外運動場(%)	水泳プール屋外(%)	水泳プール屋内(%)	武道場(%)
小学校	22,197(206)	93.9	86.8	24.3	56.6	72.2
中学校	10,104(735)	87.4	77.5	11.6	71.8	52.5
高等学校	3,914(1,393)	34.0	44.1	3.5	13.3	19.4

【セルフチェック】——3

保健体育教師をめざす心構えや学習態度などはできているか？

1．受験を希望する都道府県、校種などは決めているか。　　　　　　Yes　　No
2．4年間の大学生活を通じた教採合格への計画は立てているか。　　Yes　　No
3．教職科目や教科専門科目は順調に修得できているか。　　　　　　Yes　　No
4．情報機器の操作や統計処理の仕方などは修得しているか。　　　　Yes　　No
5．スクールボランティアなどの諸活動に積極的に参加しているか。　Yes　　No
6．大学が提供する教員採用対策講座を積極的に活用しているか。　　Yes　　No
7．問題集やWebなどを活用した個人勉強を計画的に進めているか。　Yes　　No
8．受験する都道府県の過去問題を入手し勉強しているか。　　　　　Yes　　No
9．教育に関する本を毎週1冊以上は読んでいるか。　　　　　　　　 Yes　　No
10．教師になるのに相応しい身なり・服装で講義に臨んでいるか。　　Yes　　No

3 | 保健体育教師をめざすには

　学校教育の成果は、児童生徒を指導する教師の力量に負うところが極めて大きい。今の教師には、国際化・情報化・少子高齢化等の進展、科学技術の高度化などの変化の激しい社会にあって、児童生徒一人ひとりに対し、基礎的・基本的な知識や技能の習得、学習意欲の向上や学習習慣の確立、思考力・判断力・表現力などの育成、豊かな心と健やかな体の育成などの観点を重視した教育指導の充実が求められている。

　このような力量の形成に教師の養成機関である大学が果たす役割には大きいものがあり、当然のことながら、学生諸君は大学生活を通じて、教師として必要とされる基礎的な知識や技能を確実に身につけておかなければならない。

　スポーツ・体育系で学ぶ学生のなかには、保健体育の教師を志望する者がたくさんいる。しかし、保健体育の教師になるために必要な資格である教育職員免許状(以下「教員免許」)のことや、教員採用試験の実際については知らない学生が多いのも事実である。そこで、ここでは全国のどこでも通用する国家的な資格ともいえる教員免許のことや、教師になるために大学でなすべきことなどについて、できるだけ簡潔に述べることとする。

(1) 保健体育教師の資格

①教師になるための第一歩は"教員免許"の取得

　教師になるためには、教育職員免許法(以下「免許法」)[注26]の規定に基づいて授与される教員免許を取得しなければなければならない。しかも、その教員免許は、学校種別、教科、職種に応じたも

図1-14　大学生活をエンジョイする学生たち

図1-15　保健体育教師をめざす学生たち

注26　免許法：教師の資質能力の保持や向上を図ることを目的として、教員免許の授与に関する諸規定を定めた法律。保健体育の教員免許を取得するために履修しなければならない科目や必要単位数などが施行規則において詳細に規定されている。

第1章　保健体育教師への道

のでなければならない。これを相当免許状主義[注27]といっている。例えば、高等学校の保健体育教師になるためには、「高等学校」の「保健体育」の「教諭」の教員免許を有していなければならない。

わが国において、このような相当免許状主義が採られているのは、教職の専門性に由来するものといえるが、平成14(2002)年の中教審答申は、その趣旨について以下のように説明している。

> 「教育の本質は児童生徒との人格的触れ合いにあり、教員は、児童生徒の教育を直接つかさどることから、その人格形成に大きく影響を及ぼす。また、教科指導を通じ、将来の我が国社会を支える児童生徒に社会人、職業人となるために必要な知識・技能の基礎・基本を身に付けさせるという極めて重要な使命を負っている。この専門性は、児童生徒の発達段階に応じ、小学校、中学校、高等学校の教員でそれぞれ異なっていることから、教員は各相当の免許状を有する者でなければならない」

したがって、保健体育教師をめざす学生諸君は、中学生、高校生はもとより小学生の心や体の発育発達の特徴などについて深く学んでおくとともに、教科や教職に関することについて専門的に学修しておくことが必須となる。教師は教育に関する専門家であるので、保健体育教師は保健や体育の授業を専門的な知見に基づいて行うことができるのはもちろんのこと、スポーツ、健康、安全、食育などに関してもエキスパートであることが求められる。

免許法は、教員免許に関する基準を定めている法律といえるが、保健体育教師をめざす学生諸君は、教員免許の種別や取得するための科目・単位数などを知ったうえで、自分の能力・適性に合った校種を選んだり、履修する科目を選択したりすることが大切といえる。そこで、次に教員免許の種類などについて述べることとする。

②たくさんある教員免許の種類

教員免許には、普通免許状、特別免許状、臨時免許状の3つがあり、いずれも都道府県教育委員会から授与される。さらに、普通免許状は、修学のレベル(大学院、大学、短期大学)によって専修免許状、一種免許状、二種免許状に区分されている(表1-6)。この普通免許状は全国的に通用するのに対し、特別免許状と臨時免許状は授与された都道府県内のみで効力を有するという違いがある。

○普通免許状

一般的に知られている教員免許は普通免許状のことであり、教職課程を持つ大学などで所定の科目と単位を修得することによって取得できる。本書で学んでいる学生諸君のほとんどは、大学卒業時には普通免許状を手にしていると思われる。

普通免許状の種類をまとめると表1-6のようになるが、体育・スポーツ系の大学で保健体育教師をめざして必要な科目を履修している学生の多くは◎印の教員免許を取得すると思われる。

注27　相当免許状主義：学校では、学校種別や教科に対応した教員免許を有する者しか教壇に立つことができない。これを相当免許状主義という。このことは免許法にも「教育職員はこの法律により授与する各担当の免許状を有する者でなければならない(第3条第1項)」と明確に規定されている。

保健体育教師への道　第1章

表1-6　普通免許状の種類

		幼稚園	小学校	中学校	高等学校	特別支援学校
教諭	専修免許状	○	○	○	○	○
	一種免許状	○	○	◎	◎	○
	二種免許状	○	○	○	—	○
養護教諭	専修免許状			○		
	一種免許状			○		
	二種免許状			○		
栄養教諭	専修免許状			○		
	一種免許状			○		
	二種免許状			○		

(注) 1. 専修は大学院修士課程修了、一種は大学卒業、二種は短期大学卒業が基礎資格。
　　 2. 中学校、高等学校は教科別に区分。
　　 3. 養護教諭、栄養教諭は校種共通。
　　 4. 特別支援学校は、幼・小・中・高の普通免許状を持っていることが基礎資格。

表1-7　普通免許状の取得に必要な科目と単位数

		基礎資格	最低単位数			
			教科	教職	教科または教職	合計
小学校教諭	専修	修士の学位を有すること	8	41	34	83
	一種	学士の学位を有すること	8	41	10	59
	二種	準学士の学位を有すること	4	31	2	37
中学校教諭	専修	修士の学位を有すること	20	31	32	83
	一種	学士の学位を有すること	20	31	8	59
	二種	準学士の学位を有すること	10	21	4	35
高等学校教諭	専修	修士の学位を有すること	20	23	40	83
	一種	学士の学位を有すること	20	23	16	59

(注) このほか、日本国憲法、体育、外国語コミュニケーション、情報機器の操作各2単位の修得が必要。

○特別免許状と臨時免許状

　特別免許状は、優れた社会経験のある人材を学校現場で活用するために授与される教員免許である。特別免許状は、普通免許状と異なり、小学校についても教科ごとに授与される。

　臨時免許状は、普通免許状を有する者を採用することができない場合に授与される臨時の教員免許であるが、所有する免許以外の教科を担当する場合などに適用されている。保健体育の教員免許を所持する者が、他の教科を担当する事情が生じた場合、その教科の臨時免許状を取得することなどは考えられよう。

　特別免許状や臨時免許状は、都道府県教育委員会が行う教育職員検定の合格者に授与される。良好な成績で勤務した場合などには普通免許状を取得できる道が開かれている。

③教員免許を取得するために必要な科目と単位

○大学で修得しなければならない科目

　大学で教員免許を取得するために必要な科目や単位は免許法に定められている。

その概要は表1-7のとおりであるが、実際の取得の仕方などは複雑な面もあるので、大学の教職委員会などが行うオリエンテーションでその内容を完全に理解しておかなければならない。また、学生ガイドブックなどに掲載されている教職関連の項目に必ず目をとおし、保健体育の教員免許の取得の仕方などをしっかりと理解しておいて欲しい。

○教科に関する科目

この科目は、各教科の内容に関する学問領域の専門的知識と技能の修得を図ることを目的とする。

具体的な科目は、免許法施行規則に示されているが、保健体育については、中・高等学校の一種免許状を取得する場合、所定の科目をそれぞれ1単位以上、合計20単位を修得しなければならない（表1-7参照のこと）。

○教職に関する科目

この科目は、教科指導や生徒指導などの学校教育活動を進めるうえで必要な知識や技能、教職の意義、教員の役割等について学び、教師としての基礎的な資質能力を高めることを目的とする。

具体的な科目は、免許法施行規則に示されている（表1-8）が、保健体育教師を目指す学生諸君はこれらの科目についても幅広く学び、教師になった時の教科指導や生徒指導に活かしていかなければならない。

また、平成22(2010)年度の入学生からは、最終学年において教職実践演習（31ページのコラム6参照）を履修することとなった。この科目は、学生が教師として必要な知識技能を修得したことを確認するために新設された必修科目であり、教職課程を持つ多くの大学において創意工夫をこらした先進的な取り組みが展開されている。

表1-8 教職に関する科目の内容と単位数（中学校および高等学校）

科　目	科目に含めることが必要な内容	中学校			高等学校	
		専修	一種	二種	専修	一種
教職の意義等に関する科目	教職の意義および教員の役割、教員の職務内容、進路選択に資する各種の機会の提供など	2	2	2	2	2
教職の基礎理論に関する科目	教育の理念、教育に関する歴史および思想、児童等の心身の発達および学習の過程、教育に関する制度的事項など	6	6	4	6	6
教育課程および指導法に関する科目	教育課程の意義および編成の方法、各教科の指導法、道徳の指導法、特別活動の指導法、教育の方法および技術	12	12	4	6	6
生徒指導、教育相談および進路指導等に関する科目	生徒指導の理論および方法、教育相談（カウンセリングに関する基礎的な知識を含む）の理論および方法、進路指導の理論および方法	4	4	4	4	4
教職実践演習		2	2	2	2	2
教育実習	教育実習	4	4	4	2	2
	事前指導、事後指導	1	1	1	1	1
合　計		31	31	21	23	23

○教科または教職に関する科目

　従来の免許法では、教員免許の取得に必要な科目は、教科に関する科目と教職に関する科目の2つに区分されていた。しかも、修得する科目が学校種別によって偏っており、修得する単位数も細かく規定され、大学による創意工夫の余地は少なかった。そのため、教員養成カリキュラムの基本構造を改善して大学の弾力的な取り組みが可能となるよう免許法が改正され、現在の教科および教職に関する科目が新設された経緯がある。

　各大学は、現行免許法に基づいて多様な科目を用意しているが、どの科目を履修するかは、学生自身が志望する学校種別を踏まえて主体的に判断するものであり、大学の履修指導の内容などに基づいて適切に選んでいかなければならない。ゼミの指導教員に相談したり、教員免許の志望校種が同じ先輩に尋ねてみたりすることも考えられる。

④保健体育の教員免許取得に必要な科目

　本書を活用している学生諸君のほとんどは、保健体育の教員免許の取得をめざしていると思われるので、そのために大学で実際に修得しなければならない科目、および単位について示すこととする（表1-9）。

表1-9　一種免許状（保健体育）に必要な科目

（　）内は高等学校の単位数

科　目　区　分	実際に修得する科目
○教科に関する科目 　右の科目についてそれぞれ1単位合計20単位以上(20)	○体育実技 ○「体育原理、体育心理学、体育経営管理学、体育社会学」および運動学（運動方法を含む） ○生理学（運動生理学を含む） ○衛生学および公衆衛生学 ○学校保健（小児保健、精神保健、学校安全および救急処置を含む）
○教職に関する科目 　右の科目について合計31単位以上(23)	○教職の意義に関する科目…2単位(2) 　（教職の意義および教員の役割、教員の職務内容、進路選択に資する各種の機会の提供など） ○教育の基礎理論に関する科目…6単位(6) 　（教育の理念、教育に関する歴史および思想、児童等の心身の発達および学習の過程、教育に関する制度的事項など） ○教育課程および指導法に関する科目…12単位(5) 　（教育課程の意義および編成の方法、各教科の指導法、道徳の指導法、特別活動の指導法、教育の方法および技術） ○生徒指導、教育相談および進路指導等に関する科目…4単位(4) 　（生徒指導の理論および方法、教育相談（カウンセリングに関する基礎的な知識を含む）の理論および方法、進路指導の理論および方法） ○教職実践演習…2単位(2) ○教育実習（事前・事後指導1単位を含む）…5単位(3)
○教科または教職に関する科目	左の科目について8単位以上の修得が必要。(16)
○その他の科目 　右の科目についてそれぞれ2単位以上(2)	○日本国憲法 ○体育 ○外国語コミュニケーション ○情報機器の操作
○介護等の体験	中学校の教員免許を取得するためには、社会福祉施設等における5日間以上、特別支援学校等における2日間以上の介護等体験が必要。

第1章　保健体育教師への道

COLUMN ④　「小学校体育専科教員」

　小学校は、学級担任がすべての教科を担当するのが基本である。これは学校種別や教科に対応する相当免許状主義に基づく免許法の規定によるものである。

　ただし、免許法には例外規定が設けられ、以前は、保健体育、音楽、美術、家庭の各教科の中学校教諭免許状を所持する者は、それぞれの教員免許に係る教科に相当する教科を小学校で担当することができることとなっていた。これが専科教員制度である。

　現在では、免許法の改正により小学校における専科教員制度が拡大され、体育、音楽、図画工作、家庭に加え、国語、算数、理科、社会、生活などについてもこれらの教科に相当する中学校および高等学校の教員免許を有する者は小学校の専科教員として指導にあたることができることとなっている（免許法第16条の5参照のこと）。

　最近では、児童の健康や体力を巡る教育課題が多いことから、小学校へ体育専科教員を配置する教育委員会が増えつつある（昭和61年130人、平成4年290人、19年380人、25年671人）。健康や体力を巡る教育課題は、義務教育の初期の段階から指導することにより改善を図ることができるので、体育、スポーツ、健康、安全、食育などに関する専門的な知見を有する中学校や高等学校の保健体育の教員免許を所持する者が小学校体育専科教員として児童の指導にあたっていくことが望まれる。

　今回の学習指導要領の改訂において校種の接続が重視されたことを踏まえても、児童の心理や小学校の教育課程などに関する科目を修得し、小学校教育について十分に理解した学生が、体育専科教員として指導にあたっていくことは意義あることといえる。

〈基本的なパターン〉

学級担任制
学級担任が全教科を教えるのが基本。

一部の教科を専科教員が担当することが可能である。

専科教員制
中学校や高等学校の教員免許を所持する者は、小学校の該当教科を担当することができる。

例えば

〈中・高〉　　〈小〉
保健体育　→　体　育
音　楽　　→　音　楽
美　術　　→　図画工作
家　庭　　→　家　庭
数　学　　→　算　数

〈特例的なパターン〉
児童一人ひとりの学びを確かなものとするための方策の1つ。

⑤介護等の体験

　小学校教諭および中学校教諭の普通免許状を取得する者に対しては、介護等の体験(以下「介護体験」)の実施が義務づけられている。したがって、中学校の保健体育の教員免許を取得する学生は、特別支援学校や社会福祉施設などにおいて、少なくとも7日間(2日間は特別支援学校、5日間は社会福祉施設等)の介護体験を行わなければならない。

　介護体験は、義務教育に携わる教師が、個人の尊厳や社会連帯の理念に関する認識を深めることが重要であることから、それらに関する教師としての資質の向上を図るとともに、義務教育の充実をめざして実施することとされている。

　介護体験の内容は、障害者や高齢者に対する介護、介助、これらの人たちとの交流などのほか、話し相手や散歩の付き添い、受け入れ施設の職員の洗濯や掃除などの業務の補助などもある。

　介護体験の意義を十分に理解したうえで、大学での指導を踏まえて万全の前準備を行い、体調を整えて積極的に取り組んでいくことが望まれる。その際、受け入れ先の学校や施設のルールを守ることはもちろんのこと、学校や施設の関係者に不快感を与える服装や言動をしてはならない。また、安全面からは、児童生徒や施設利用者に怪我を負わせないように、イヤリング、ペンダント、ピアス、指輪などの装飾品、長い爪、ハイヒールなどは避けなければならない。

　なお、教員免許を都道府県教育委員会に申請する際に介護体験の証明書が必要となるので、大学や介護体験先の関係者との連携を密にし、漏れのないようにしなければならない。

図1-16　特別支援学校での介護体験

図1-17　社会福祉施設での介護体験

⑥教育実習

　教育実習は、児童生徒と直に接し教師としての専門性について実地に研修する機会であるが、この実習は、教科指導にとどまらず、生徒指導、学級経営、児童生徒理解、教育相談、部活動指導など学校教育の多様な側面を学ぶ場でもある。また、大学で学んだ教科や教職に関する知識・技能を総合して教育実習に生かすとともに、終了後は教育実習の成果を踏まえて大学で学んだ理論と実際を検証していくことが望まれる。教育実習は、教師としての適性を見極めたり、教師への志向性を確認したりする絶好の機会であるので、配属校の指導教師のもとで貴重な体験を積み重ねて欲しい。

第1章　保健体育教師への道

　忘れてならないのは、学生は教生の身であり、配属校の先生方に節度ある言葉遣いや態度で接し礼儀を守らなければならない、ということである。一方、児童生徒にとって教生は先生であるので、そのことを十分にわきまえて臨まなければならない。教育実習が終わったら、お世話になった学校へ礼状を出すのは当然のことといえる。
　なお、教育実習については第4章で詳しく述べられているので熟読して欲しい。

(2)保健体育教師へのプロセス

①大学生活の過ごし方

　保健体育教師に憧れる学生は極めて多いが、少子化傾向の改善が見込めない昨今、教師に採用される確率は低いと言わざるを得ない。中学校や高等学校の保健体育教師の募集人員が少ないなかで、今後とも合格率が低い数値で推移していくことは予想に難くない。
　このような厳しい現状を乗り越えていくためには、大学生活をいかに過ごすかにかかっている。単に憧れだけで保健体育教師の職を手にすることはできないので、計画的で継続的な教員採用試験合格への取り組みが欠かせない。短い大学生活4年間の過ごし方について、ぜひとも一人ひとりが真剣に考えて欲しい。
　教員養成カリキュラムは、大学や学部によって特徴があるため一概に示すことはできないが、保健体育教師をめざす学生の大学生活の過ごし方について、科目履修などとの関連も考慮に入れて作成したのが口絵(グラビア)に掲げる「大学生活4年間の過ごし方」(参考例)である。
　ここで言えることは、3年生や4年生になってから教員採用試験に向けた動きを始めても、よい結果を導き出すことはできないということである。とくに、最近の採用試験では、第一次試験から論作文や集団面接試験を課すところも増えてきているので、早い段階から、各大学の教職課程委員会などが提供する多くのメニューを積極的に活用し、自発的・自主的に取り組んでいかなければ栄冠を勝ち取ることはできない。
　「教師になる」という夢を実現するため、これらを参考にして自らの大学生活の過ごし方を考えてみて欲しい。教員採用試験に合格するには、自らの学習量が決定づけるといっても過言ではなく、合格への近道はないことを肝に銘じておかなければならない。

②募集から採用までのプロセス

　保健体育教師をめざす学生にとって、受験から採用までの流れは気がかりなことといえよう。自分が受験を希望する都道府県や指定都市の願書入手方法、提出書類の書き方、試験日程、試験科目、選考方法、合格発表日、採用期日などの基本的な情報は確実に押さえておきたい。
　公立学校の願書は早いところでは4月から配布される。採用された者は翌年の4月には教壇に立つこととなるが、この1年間のプロセスは表1-11のようにまとめることができる。
　各段階における教育委員会からの連絡や指示には適切に対応しなければならない。くれぐれも日程を間違えたり、資料を紛失したりすることのないようにしなければならない。
　なお、教員採用試験の合格をめざすための具体的な方法については、第5章を参照してほしい。

第1章 保健体育教師への道

表1-11 保健体育教師として採用されるまでのプロセス

○教員採用募集要項の配布(教育委員会で入手、説明会には必ず参加しよう)
⇩
○願書の受付(持参あるいは郵送、締切日をわすれないようにしよう)
⇩
○受験票の交付(受験時に必要であり大切に保管する)
⇩
○一次試験(筆記試験に加え、面接を行う教育委員会も増加している)
⇩
○一次試験の合格者発表(採用予定の数倍が1次を合格する)
⇩
○二次試験(実技試験や模擬授業などが行われる)
⇩
○二次試験の合格者発表
⇩
○教員採用候補者名簿に登載(試験成績でランク分けされる場合もある)
⇩
○名簿登載者への説明会(採用に関する説明などが行われる)
⇩
○面談・面接(教育委員会担当者、学校管理職などとの面接などが行われる)
⇩
○採用内定の通知
⇩
○採用前研修(赴任前に行われる場合がある)
⇩
○採用・勤務校赴任

(採用は、ゴールではなくスタートである。教師である限り教育の専門家として常に学び続けなければならない)

【セルフチェック】——4

教員採用試験に合格するためには、何を心がけるべきか。あなたの考えはどちらですか?

(回答のヒントは32ページ参照)

1. 自分の専門種目の競技力を可能な限り高める。　　　　　　　　　　　　Yes　　No
2. 新聞を毎日読み、世の中の動向を広く知るように努める。　　　　　　　Yes　　No
3. 映画や音楽、ダンスなどを見たり聴いたりするのは時間の無駄だ。　　　Yes　　No
4. 教育実習では、実習校の先生の授業を参観して自らの指導力を高めたい。Yes　　No
5. 介護体験で学んだことは、教師になった時には必ず参考になると思う。　Yes　　No
6. よい教師とはどのような教師か言える。　　　　　　　　　　　　　　　Yes　　No

第1章 保健体育教師への道

COLUMN ⑤ 「諸外国の教員養成・免許制度」

諸外国の教員養成・免許制度については、中央教育審議会答申「今後の教員養成・免許制度の在り方について」（平成18年7月）に添付されている基礎資料が参考となる。養成年限は日本以外では4年以上の場合があること、アメリカ・フランス・ドイツでは資格試験があること、免許状は各国で特徴がみられること、日本の介護体験は特徴的であることなどがわかる。次の表はその基礎資料を引用したものである。

諸外国における教員養成・免許制度

	日本	アメリカ	イギリス	フランス	ドイツ	フィンランド
養成機関（年限）	・大学（4年）における教員養成が標準	・大学（4年、一部5年）	・高等教育機関の教員養成課程（3～4年）又は学士取得者を対象とした教職専門課程（1年）	・教員教育大学センター（2年）（入学要件は修業年限3年の学士取得者）（通算5年）	・大学の教員養成課程（3年半～4年半）	・大学の教員養成課程（5～6年）
資格試験	・無	・有（試験の方法・内容は州により異なる）	・無	・有（教員教育大学センターの第1学年終了時に教員採用試験を受験。同センターに在学せず独学受験も可）	・有（第一次国家試験）	・無
試補勤務	・無（1年間の条件附採用期間と初任者研修を義務）	・無	・無	・有（教員教育大学センターの第2学年）	・有（第一次国家試験合格後に1年半～2年）	・無
免許等	・大学での所要単位及び学士等の資格を得た者に授与（申請により都道府県教育委員会が授与）・学校種教科別の免許状であり、それぞれ専修免許状（修士レベル）、一種免許状（学部レベル）、二種免許状（短大レベル）の3種類	・州が免許状を発行・免許状は、教育段階別（一般に初等教員免許状、中等教員免許状）・すべての州において更新制（最終的に終身免許状が交付される場合を含む）がとられている	・教育大臣が認定した養成課程の修了者に正教員としての資格が与えられる・学校種・教科の別はない・更新制はない	・試補合格者に国が教員資格を与える・学校種毎の教員資格・更新制はない	・第二次国家試験合格後に州が資格を認定・学校種類別の資格を認める州と教育段階別の資格を認める州がある・更新制はない	・修士号（初等教育教員は教育学専攻、中等教育教員は教職科目履修を含む各領域専攻）が教員免許に相当
教育実習	・義務・小学校・中学校：4単位（4週間程度）・高等学校：2単位（2週間程度）・小学校・中学校では1週間の介護体験等も義務	・ほとんどすべての州で義務づけ・一般に養成課程の最終段階で実施。ただし期間等は州により異なる	・初等教員（4年制養成課程）：32週以上・初等教員（教職専門課程）：18週以上・中等教員（4年制養成課程）：32週以上・中等教員（教職専門課程）：24週以上	・国の指針によれば、初等教員養成課程（2年）で12週、中等教員養成課程（2年）で週6時間36週	・義務（各州毎に定められている。例えば、バーデン・ヴュルテンベルク州の基礎学校教員の免許状取得の場合、7週間の長期実習と1週間当たり12単位時間の短期実習	・義務・学科教員：9～11単位・クラス教員（小学校）：15単位（各学修段階ごと）

（「文部科学省のホームページ」から抜粋。一部改変）

COLUMN 6　平成22年度の入学生から必修となった「教職実践演習」

　教職実践演習は、学生が教職課程に関わる多様な科目を通じて身につけた資質能力が、教師として最低限必要な資質能力として形成されたかどうかということを、大学が自らの教師養成の理念・目標などに照らして最終的に確認するものである。いわば、大学4年間を通じての教職への学びの集大成ともいえるものである。

　学生は、教職実践演習をとおして、教師になるうえで自分にとって必要な課題などに気づき、未修得の知識や技能などを補うことによって、将来の教師としての力量を高め、教職を円滑に始めることができるようになることが期待される。

　教職実践演習のイメージと具体的な展開例が中央教育審議会答申「今後の教員養成・免許制度の在り方について」(平成18年7月)に示されているので、以下に転載する。

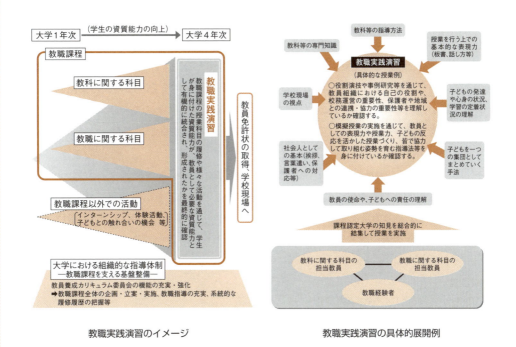

教職実践演習のイメージ　　　　　教職実践演習の具体的展開例

第1章　保健体育教師への道

【セルフチェック】――4の回答のヒント

1. No（自分の専門種目の競技力を高めることは、他の種目の指導にも生かすことのできる面があるのでいいことといえる。ただし、体育の授業は技能の向上のみを目的としないので、大学では、児童生徒にスポーツの楽しさを体感させることのできる指導法や、児童生徒が意欲的に取り組んでいく学習態度の育成の在り方などについて学んでいくことが重要といえる。）
2. Yes（教員採用試験では、しばしば教育時事問題などが出題されるので、新聞を読んで世の中の動向や最新の教育事情を承知しておくことは極めて大切である。新聞を読む習慣が身につくと、常に課題意識を持って論理的に物事を考えることができたり、出題テーマにふさわしい文章を構成し、要点を簡潔に書くことのできる力も高まる。）
3. No（保健体育教員に求められる究極的な資質・能力は、教師としての専門性と魅力的な人間性といえる。中央教育審議会はかつて望ましい教員の資質・能力として、教育者としての使命感、教科等に関する専門的知識や技能、実践的指導力などと並んで、広くて豊かな教養を挙げた。映画や音楽をみたり聴いたりするとともに読書に親しんだりして教養を高めることが大切である。）
4. Yes（教育実習は、大学で学んだ理論などを実践の場で応用する機会ともいえるが、教生として教壇に立つためには、模擬授業の経験だけでなく実習校の教諭の授業から多くのことを学ぶことが重要である。その際、最新の教育理論を学んでいる教生の立場から、授業を分析的に参観し、理解できなかったことを尋ねたり指導を受けたりして、指導力の向上に努めていくことが望まれる。）
5. Yes（介護体験の内容としては、高齢者や障害者に対する介護や介助、これらの人たちとの交流、散歩の付き添い、話し相手、さらには特別支援学校での児童生徒との交流活動や教員の職務の補助など多様である。介護体験を通じて培われる人間尊重の精神やコミュニケーション能力などは、教師になった時に学校教育活動の諸場面で生かすことができる。）
6. Yes（よい教師とは、人それぞれが受けてきた教育体験などによって異なると思われるが、例えば、児童生徒への教育的愛情、熱心で優れた指導力、どの子どもにも公平、質問への正しい解答、教職への誇りなどの項目を挙げることができる。叱り上手、褒め上手も大切な項目といえる。なお、児童生徒、保護者、学校管理職などその立場によってもよい教師の捉え方は異なろう。）

〈引用・参考文献〉
○文部科学省『データからみる日本の教育2008』2009年
○文部科学省『平成20年度文部科学白書』2008年
○教育開発研究所『教育の最新情報がよくわかる本』2009年
○文部科学省『中学校学習指導要領解説保健体育編』2008年
○中央教育審議会『子どもの体力向上のための総合的な方策について』2002年
○文部科学省『スポーツ振興基本計画』2000年』（2006年全文改正）
○教育課程審議会『今後の教員養成・免許制度の在り方について（答申）』2006年
○教育開発研究所『教職研修Data 08-09』2009年
○八尾坂修監修『教員を目指す人の本』成美堂出版2009年
○学校運営実務研究会『教育法規解体新書』東洋館出版社2009年

第2章
保健体育教師に求められる資質・能力とは

第2章　保健体育教師に求められる資質・能力とは

1 | 保体教師には何が期待されているのか

(1)教師をめぐる状況の変化

　教師の職務は、人間の心身の発達に関わっており、その活動は、児童生徒の人格形成に大きな影響を与えるものである。「教育は人なり」といわれるように、学校教育の成否は教師の資質・能力に負うところが極めて大きい。このような重要な職責を遂行するため、ほとんどの教師は、教師としての使命感や誇り、教育的愛情などをもって教育活動にあたり、そのような教師の真摯な姿勢は、広く社会から尊敬され、高い評価を得てきた。

　しかし、近年、教師をめぐる状況は大きく変化しており、以下のようにその変化をまとめることができる。

> ①知識基盤社会[注1]の到来、グローバル化[注2]、情報化、少子・高齢化などを背景に、社会構造の急激な変化への対応が求められている。
> ②都市化や核家族化の進行等を背景に、家庭や地域社会の教育力が低下してきており、これにともない、子どもの基本的な生活習慣の育成などにも、学校や教師に期待が寄せられている。
> ③子どもの社会性やコミュニケーション能力の不足、いじめや校内暴力、LD[注3]（学習障害）やADHD[注4]（注意欠陥／多動性障害）などの子どもへの支援、学校の自己評価の努力義務など、学校教育における課題が複雑・多様化してきている。
> ④教師のなかには、教職に対する情熱や使命感が欠落していたり、指導力が不足したりしている者などがおり、教師全体に対する社会の信頼を揺るがす要因となっている。
> ⑤社会の変化への対応や保護者などからの期待の高まりを背景に、教師の多忙化や同僚との希薄化が問題となっている。
> ⑥大量採用期の世代が退職期を迎えるにともない、優れた教師を養成・確保することが極めて重要な課題となっている。

　保健体育教師には、これらの課題への対応が求められるが、なかでも家庭や地域と連携した基本的生活習慣の育成、子どもたちの社会性や倫理観の欠如などの今日的な教育課題の解決、指導力のいっそうの向上、職務の多様化に起因する児童生徒と関わる時間の確保などに努めていくことが大切である。

注1　知識基盤社会：2005（平成17）年の中央教育審議会答申で示された言葉で、21世紀は、いわゆる「知識基盤社会」の時代であると述べている。「知識基盤社会」とは何かについては、第1章の「注11」を参照のこと。
注2　グローバル化：様々な事象を広く世界的規模、地球的規模でとらえていこうとするもの。
注3　LD：Learning Disabilities の略
注4　ADHD：Attention-Deficit Hyperactivity Disorder の略

(2) 保健体育科教師への期待と役割

①保健体育教師はなぜ必要か

　学校教育は、知育・徳育・体育を総合的に展開するところであり、学校教育法施行規則の定めによって、体育科や保健体育科が必修教科として教育課程に位置づけられ、その教育に関わる保健体育教師が児童生徒の全人的な発達に貢献している。

　もし、体育科や保健体育科という教科が学校教育から無くなり、保健体育教師がいなくなったとしたら、以下のようなことが生じると考えられる。

> ○児童生徒の運動する機会が奪われ、彼らの体を動かすという運動欲求に応えることができなくなり、健康・体力の低下が加速するだけでなく、情緒面や論理的な思考力、自己責任、思いやり、コミュニケーション能力などの育成にも支障が生じる。
> ○運動学習の経験がないため、運動の心身に与える効果や楽しさも理解されず、社会に出た後も運動への興味・関心が低くなる。その結果、生涯スポーツの衰退、国際競技力の低下、運動不足に起因する疾病や障害の増大、フィットネスクラブやプロスポーツなどの衰退、マスコミのスポーツ報道の減少などが生じ、人々の生活に潤いがなくなる。
> ○学校体育施設が基本的に不要となり、運動部の活動も思うに任せず、これに伴う大会の存続もむずかしくなる。その結果、卒業生や地域の人たちも含めた一体感、連帯感なども低下する。
> ○体育教師が不要となり、大学における保健体育教師の養成も必要がなくなる。
> ○国際的な交流・友好・親善などに果たすスポーツ活動が低調となり、平和な国際社会の実現にも影響が生じる。

　このように、体育・保健体育科は、知育・徳育・体育の「体」の部分だけではなく、将来を担う児童生徒の健康や生き方に関わっているほか、地域社会や国際社会までにも影響を与えうる大変意義

図2-1　体育の授業で大きな力を発揮している保健体育教師

第2章　保健体育教師に求められる資質・能力とは

のある教科であるといえ、ここに小学校から高等学校まで必修教科として位置づけられている大きな理由がある。

②生徒からの期待

　生徒から保健体育教師への期待は様々あるが、何よりも授業において、運動の特性や魅力に触れながら知識や技能をしっかりと身につけさせてくれる教師を望んでいるといえる。保健体育の教師は、教科である保健体育科を指導する専門職としての能力を発揮することが期待されている。そのことからすると、教師は、よい授業づくりというものを常に考え、研鑽を積んでいく必要がある。

　授業において、子どもたちに身につけさせたいことは何か(Plan)→そのことに向けてどのような授業を仕組み・指導するのか(Do)→その指導の結果、身につけさせたいことが身についたのか(Check)→身についていなければどのような改善を図っていくのか(Action)という「PDCAサイクル」(図2-2)を踏まえた授業づくりが望まれる。

　表2-1は、ある高校が平成19(2007)年度に実施した「中学・高校での保健体育教師のイメージ」のアンケート結果である。一高校の調査ではあるが、多くの保健体育教師に対する高校生の率直な声であると真摯に受け止めたい。

　この表からもわかるように、生徒は、保健体育教師に対して保健体育科の専門家としての高い指導力とともに、「生徒を分け隔てなく扱う」、「生徒と同じ目線に立ち、親身になって話を聞いてくれる」など、魅力ある人間性を望んでいる。これは、体育授業以外の指導にも通じるものであり、例えば、ホームルーム担任としてどんなに忙しい時であっても、生徒から悩み事などをいつでも受け入れる姿勢を忘れてはならない。

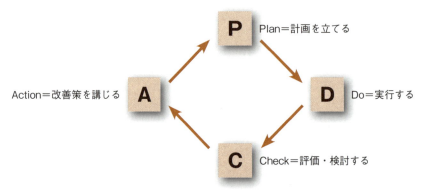

図2-2　授業づくりに望まれるPDCAサイクル

表2-1　中学・高校での体育教師に対するイメージ(抜粋)

マイナスイメージ	プラスイメージ
〈女子〉 ・できない人をおいていく授業。 ・一生懸命やっているのにできないからと怒るのはあり得ない。 ・やろうと思ってもうまくいかない時に、その姿に対して笑いをとるようなことを言われると傷つく。 ・運動神経のよい人だけを指導し、できない人を放っておくやり方。「何でこんな簡単なことができないの?」と言われた。 ・できない人を見放している感じがいやだ。 ・冗談がきつく笑えないことも多い。できない子にとっては苦痛。 ・生徒に教え方で差をつけている。 ・結構理不尽な評価のつけ方をする。評価規準をちゃんとしてほしい。 ・すぐに怒鳴りつける。頭ごなしの口調が多い。 ・言葉遣いがよろしくない。お手本を見せるだけで「やれ」と言われても何もできない。	〈女子〉 ・困っている時に手助けをしてくれた。理屈や実践で分かりやすく手順を教えてくれた。 ・体育が苦手な人に対しても楽しめるような授業を組み立てていた。 ・努力してもできない子に合わせた、丁寧でゆっくりな授業を受けた時は本当に嬉しかった。 ・上手・下手に関係なく平等に扱ってもらえる。 ・器械体操などで、物理の原理を使って分かりやすく教えてもらった。 ・一人一人をよく見ていてくれる。 ・顔を覚え、一人一人の名前を呼んで応援してくれた。 ・体育は教え方が上手い先生だと本当に上手になれるので楽しい。
〈男子〉 ・できない子に対してもっとアドバイスしてほしい。 ・生徒一人一人の体力を把握せずに授業のプログラムを組むこと。 ・基本ばかりで試合をさせてくれない。 ・やり方やコツはちゃんと教えてほしい。罰で腕立てというのはやめてほしい。 ・自由すぎる。もう少し技術指導があってもいい。 ・上から目線。えらそう。 ・口を開けば文句しか言わない。あまりにも突き放しすぎている。要は放任主義が激しい。 ・保健の授業がへたくそ。	〈男子〉 ・マットや跳び箱の授業で技のお手本を完璧にこなした先生には驚いた。そのおかげでイメージがわき、上達につながった。 ・個々に指導してくれること。 ・授業中も見ているだけと思いきや、質問したら的確に教えてくれるし、すごいと思う。 ・生徒と同じ目線でやってくれた。 ・他の教科の先生達と比べて自分たち生徒との距離が近い。

(出典：伊藤博子著『体育教員をめざす学生のために――高田典衛先生から学んで――』北斗書房、2008年)

　また、保健体育教師は、体育・スポーツの専門家として、運動部活動において指導力を発揮することが期待される。運動部活動は、他教科の教師が指導していることも多いが、体育・スポーツの専門家である保健体育教師に寄せられる期待には、いっそう大きなものがある。しかし実際には、学校の諸事情により自分が専門とする種目以外の顧問となることも多い。この場合であっても、「専

図2-3　一人ひとり親身になって接する体育教師

図2-4　運動部活動で専門的力量を発揮する体育教師

第2章　保健体育教師に求められる資質・能力とは

門ではないから指導ができません」とは言えないのが保健体育教師であり、その種目について生徒の期待に応え得るだけの指導力を養っていく必要がある。

③校内からの期待

校長や教師仲間は、保健体育教師である以前に、一教師として学校目標の実現などに向けてコミュニケーションを取り合って協力していくことのできる教師を求めている。学年運営や学校行事[注5]、生徒指導、進路指導などにおいても、他教科の教師と協力ができなければ、生徒が最も不利益を被ることになる。保健体育教師を中心に企画・運営される運動会やマラソン大会などの体育的行事は、生徒へのさまざまな配慮とともに、教師についても一部の教師に負担が集中することがないような配慮をする必要がある。

④保護者からの期待

保護者は、自らの子どもに知育を中心としながらも「知・徳・体」のバランスのとれた成長を望み、その結果としてよりよい進学や就職ができることを学校（教師）に期待している場合が多い。

保健体育教師に対しては、わが子が技能の向上を図ることはもとより、自己やチームの課題を踏まえ目標を持って地道に練習に取り組むこと、試合では最善を尽くし、たとえ負けたとしても相手チームを讃えること、人に感謝する心を持つこと、仲間を大切にし、力を合わすことができるようになることなどを望んでいると考えられる。

また、一般的に、体育の授業や運動部活動をとおして生徒の性格などを把握しており、かつ集団を統率する力のある保体教師は、校務分掌[注6]として生徒指導部に所属することが多く、本来家庭で養うことが求められる「しつけ」に関わることなどへの指導も期待されている。

【セルフチェック】——1

あなたは、保体教師に何が求められていると思いますか？

以下の内容に、YESかNOかで答えよう　（答えは45ページ参照）

1．保健体育科は、他教科の先生でも十分指導できる教科だ。　　　　　　　YES　　NO
2．保体教師とフィットネスクラブの指導員は、ほぼ同様の仕事をしている。　YES　　NO
3．運動部活動は、保体教師が必ず担当しなければならない。　　　　　　　YES　　NO
4．運動部活動は、保体教師が専門以外の指導をすべきではない。　　　　　YES　　NO
5．運動会などの体育的行事は、保体教師が担当しなくてもよい。　　　　　YES　　NO
6．生徒指導は、保体教師が担当しなくてもよい。　　　　　　　　　　　　YES　　NO

注5　学校行事：特別活動のなかに位置づく学校行事は、儀式的行事、文化的行事、健康安全・体育的行事、旅行・集団宿泊行事、勤労生産・奉仕的行事などから構成され、望ましい人間関係を形成し、集団への所属感を深め、公共の精神を養い、協力してよりよい学校生活を築こうとする自主的、実践的な態度を育てることを目標としている。

注6　校務分掌：教務課・生徒指導課・進路指導課など、学校内における運営上必要な業務分担のことをいう（第1章の注9も参照のこと）。

第2章　保健体育教師に求められる資質・能力とは

【セルフチェック】——2

中・高校時代の思い出に残っているよい先生とは？
　　　　　　　例にならって、よい先生だったと思うことを記述してみよう。

1．小学校4年の時、担任の先生が分け隔てなく、誰に対しても小さな進歩をほめてくれたこと。

2．

3．

4．

5．

COLUMN ❶　教具を工夫しよう

　よい授業を行うには、様々な教具が必要となるが、全国にはいろいろな工夫をしている教師がいる。下の写真の先生もその一人で、陸上競技や体力テストの際に使うために、2枚の堅いスポンジ製の板を打ち合わせることで音が出る仕掛けのカスタネット型のピストルを考案し、陸上競技や体力テストの際に活用されている。
　2枚の堅いスポンジ製の板を打ち合わせることで、音が出る仕掛けとなっている。また、この板は色がそれぞれ異なるため遠方のゴール付近にいるストップウォッチを押す係にもスタートの合図を確認することができる。（教具の詳細は、第3章参照）

第2章　保健体育教師に求められる資質・能力とは

2 | 保体教師の資質・能力とは

(1)教科指導における資質・能力

①保健体育科を教える根拠

　体育科や保健体育科は、学校教育法施行規則に基づいて小学校・中学校・高等学校において必ず指導しなければならない教科である。また、その標準授業時数も明記されており、さらに各校種の教育課程の編成にあたっては、学習指導要領に従うことが記されている。

　一方、学習指導要領は、「法規としての性質を有する」という最高裁判所の判決（平成2年1月18日；伝習館高校事件）が出されており、第1章総則第2の1にも示されているように、学習指導要領に記載されている事項は必ず指導しなければならないものとなっている。

　したがって、保健体育教師は、学習指導要領が示す保健体育科の目標の達成に向けて、児童生徒に対して各内容を指導していく必要がある。

○中学校の例

【学校教育法施行規則】
　第七十二条　中学校の教育課程は、国語、社会、数学、理科、音楽、美術、保健体育、技術・家庭及び外国語の各教科（以下本章及び第七章中「各教科」という。）、道徳、総合的な学習の時間並びに特別活動によって編成するものとする。

　第七十三条　中学校（併設型中学校及び第七十五条第二項に規定する連携型中学校を除く。）の各学年における各教科、道徳、総合的な学習の時間及び特別活動のそれぞれの授業時数並びに各学年におけるこれらの総授業時数は、別表第二に定める授業時数を標準とする。
　〔参考〕「別表第二」……関連する保健体育のみ記載

区分		第1学年	第2学年	第3学年
各教科の授業時数	保健体育	105	105	105

　第七十四条　中学校の教育課程については、この章に定めるもののほか、教育課程の基準として文部科学大臣が別に公示する中学校学習指導要領によるものとする。

【中学校学習指導要領】
第1章　総則第1の1
　各学校においては、教育基本法及び学校教育法その他の法令並びにこの章以下に示すところに従い、生徒の人間として調和のとれた育成を目指し、地域や学校の実態及び生徒の心身

の発達の段階や特性等を十分考慮して、適切な教育課程を編成するものとし、これらに掲げる目標を達成するよう教育を行うものとする。
第1章　総則第2の1
　第2章以下に示す各教科、道徳及び特別活動の内容に関する事項は、特に示す場合を除き、いずれの学校においても取り扱わなければならない。

②保健体育科を指導するうえでの資質・能力

　学校教育の直接の担い手である教師の活動は、人間の心身の発達に関わるものであり、子どもの人格形成に大きな影響を及ぼすものである。このような専門職としての教師の職責に鑑み、教師には、教育者としての使命感、人間の成長・発達についての深い理解、子どもに対する教育的愛情、教科などに関する専門的知識、広く豊かな教養、そしてこれらを基盤とした実践的指導力が求められている。有能な保健体育教師に共通にみられる資質・能力には、表2－2のようなことが挙げられる。

　そのためにも、保健体育教師は、教科の目標、内容、内容の取り扱いなどについて記された学習指導要領および同解説（図2－5）の内容をしっかり熟知しておく必要がある。そのうえで、保健体育の授業を計画、実践、評価、改善していくこととなる。

　保健体育の授業を計画する段階においては、学習指導要領および同解説を踏まえ、生徒の実態に

表2－2　有能な保健体育教師にみられる資質・能力（園山和夫による）

○体育、スポーツ、保健、安全、食育などに関する幅広い知識を持っている。
○豊富な運動経験などに基づく優れた指導力、実践力を備えている。
○保健体育科の教科としての必要性や価値について十分に理解している。
○保健や体育に関する的確な指導計画の立案能力を持っている。
○他教科の教師などと連携協力して教育活動を推進する能力に優れている。
○保健、安全、食育などに関する専門的な知識や技能を身につけている。
○授業や部活動における事故などに対して適切に対応できる。
○担任する児童生徒の性格や心理などを的確に分析し把握している。
○体育的学校行事などの企画・運営能力に優れている。
○校内外の研修会などに積極的に参加し、自らの研鑽に常に努めている。

図2－5　学習指導要領解説

第2章　保健体育教師に求められる資質・能力とは

応じて年間計画・単元計画・1時間の授業計画(時案)を作成する力が求められる。年間計画では、学校行事やクラス数などを考慮しながら「いつ」「何を」行うのかを、単元計画では、学校の施設・用具などを考慮しながらその単元にふさわしい目標・内容・教材などのグランドデザインをたてることを、時案では、この時間に何を身につけさせたいのかを明確にし、それに向けて具体的にどのような学習活動をするのかを設計していくことが重要である。

　授業を実践する段階では、生徒が学習に対して意欲を持つようにするためにどのような学習環境[注7]を整えるのか、身につけることへ向けてどのような指導をするのか、また、教科共通に求められるものとして、どのような知識や技能を活用する学習活動、言語活動を取り上げるのか等々について、体育教師としての高い専門的指導力を養う必要がある。

　授業を評価・改善する段階では、身につけさせたいことがどの程度身についたのか、実現状況を把握することが重要となる。実現状況が不十分であれば、計画に問題があったのか、指導実践に問題があったのか、あるいは評価の仕方に問題があったのかを検証し、よりよい保健体育の授業となるよう改善していかなければならない。

　保健体育の授業では、事前の授業研究をおろそかにして取り組んでいる教師も時として見受けられる。しかし、体育・スポーツの専門家として採用されている以上、授業に向けた準備を十分に行うことが求められる。また、研修会などにも積極的に参加し、その研鑽を深めるとともに、保健体育教師としての専門的指導力を高めることも必要である。

(2) 教科の指導以外の資質・能力

①体育的行事を行う資質・能力

　保健体育教師だからといって体育的行事として行われる運動会やマラソン大会などを必ず担当しなければならないということはないが、保健体育教師には体育・スポーツの専門家として、体育的行事の企画・立案や運営における強いリーダーシップが求められる。

　例えば、「校内水泳大会」では、学校行事としてどのような目標を設定するのか、どのような種目を選定するのか、どのような組織(企画推進のための組織、大会推進のための組織など)で競技役員やプログラムを編成するのか、どのような安全管理体制をとるのか等々の企画・立案が求められる。そして、スムーズな運営ができているかどうかを管理・確認することも重要となる。このようなことに力量を発揮でき資質・能力を培うことが大切である。

図2-6　体育的行事・運動会

②運動部活動を行う資質・能力

　保健体育教師だからといって運動部の顧問にならなければならないということはないが、保健体

注7　学習環境：施設・用具をはじめ、活動音楽、指導者の人数など、子どもの意欲を喚起する諸々の要因をいう。

育教師には、体育・スポーツの専門家として、専門種目の運動部を指導するとともに校内全体の部活動が円滑に推進できるように、その役割も求められる。

　また、保健体育教師は一般に運動部の活動を通じ生徒から信頼され、また生徒を掌握したり統率したりする力に優れていることから、校内における生徒指導の中核的存在として期待もされている。

(3) よい保体教師になるために

　指導力のある保体教師とは、運動の苦手な生徒や閉じこもりがちな生徒など、様々な生徒がいるなかで、一人ひとりを大切にし、運動の楽しさや喜びを味わわせながら、保健体育科として身につけさせたいことがらをしっかりと身につけさせること（身につけている生徒に対しては、より大きく伸ばすこと）である。

　そのためには、学習指導要領や同解説とともに専門種目に関する指導書などを熟読し、高い専門的指導力を養うことはもちろんのこと、旺盛な好奇心をもって新聞や小説などを読んだり、映画や絵画を見たり、音楽を聴いたりして視野を拡げることである。指導力があるということは、生徒を震え上がらせ、教師の一挙手一投足（いっきょしゅいっとうそく）に応じた行動をとらせるということでは決してない。

COLUMN ❷　児童生徒が教えてもらいたいと思う教師とは？

　「どのような教師に教えてもらいたいか」との小・中・高校生への調査によると、小学校では、一緒に遊んでくれる、ユーモアがある、ひいきしない、教え方が上手などの項目が高い比率を示し、中学校・高等学校では、ユーモアがある、幅広い教養をもっている、豊かな人間性を備えている、公平に接するなどの項目が高い比率となっている。

　この調査から、児童生徒は、全校種を通じて教師の人間性や専門性を重視していることがわかる。また、部活動やクラブ活動に熱心な先生に値する児童生徒の期待はさほど大きくないこともわかる。

順位	小学生（5・6年生）		中学生、高校生（2・3年生）	
1	一緒に遊んでくれる先生	41.9	ユーモアのある先生	45.4
2	ユーモアのある先生	39.4	幅広い教養のある先生	40.6
3	ひいきしない先生	38.8	人生の先輩としての人間性を備えた先生	37.7
4	教え方の上手な先生	38.1	公平に接する先生	36.1
5	色々なことをよく知っている先生	33.8	相談によくのってくれる先生	28.4
6	話をよく聞いてくれる先生	26.3	専門的な力のある先生	24.4
7	授業を熱心に教えてくれる先生	21.3	授業に熱心な先生	23.6
8	人間として尊敬できる先生	15.6	一緒に遊んでくれる先生	8.8
9	悪いことを叱ってくれる先生	13.8	生活面でけじめに厳しい先生	6.6
10	クラブ活動に熱心な先生	3.8	部活動に熱心な先生	5.0

（出典：政策研究報告書第9号、埼玉県立南教育センター、1997年）

第2章　保健体育教師に求められる資質・能力とは

【セルフチェック】――3

保体教師として、どのような指導をしたらよいだろうか？

以下の内容に、YESかNOかで答えよう（回答は45ページ参照）

1．保体教師は、授業よりも運動部の指導に力を注ぐべきだ。　　　　　YES　　NO
2．保体教師は、保健の授業よりも実技の指導に重点をおくべきだ。　　YES　　NO
3．体育の授業では、運動の楽しさを味わわせながら技能の習得を図るべきだ。YES　NO
4．体育の授業では、じょうずな生徒とじょうずではない生徒とを常に同じグループとすべきだ。
　　　　　　　　　　　　　　　　　　　　　　　　　　　　　　　　YES　　NO
5．駄目な例を理解させるには、運動の苦手な生徒をモデルにすべきだ。YES　　NO
6．できない生徒には、叱咤激励の言葉掛けを行うのがベストだ。　　　YES　　NO

【セルフチェック】――4

保健体育教師の志望動機やその魅力について、自分の考えを箇条書きにしてみよう

①保体教師をめざす理由とは？
1.
2.
3.

②保体教師の魅力とは？
1.
2.
3.

③保体教師に求められていることとは？
1.
2.
3.

④よい保体教師になるためには？
1.
2.
3.

【セルフチェック】──1の回答のヒント

1. NO（保健体育科に限らず、各教科とも教職課程において専門的知見や技能等を学び、高い指導力を身につけた者に当該教科の教員免許状が与えられることになる。したがって、保健体育の免許状を有する者でなければ適切な指導はできない。保健体育という教科が軽視されないように大学時代にしっかりと専門性を養っておかなければならない。）

2. NO（保健体育教師は、生徒の人格の完成という教育目標に向け、体育学習を通じて指導している。その体育学習も、運動を苦手とする生徒や得意とする生徒など千差万別であることを踏まえ、明るく豊かな生活を営む態度を育てるという究極の目標に向け、学習指導要領に示された内容の定着を図ることが求められている。また、体育学習以外においても、学級担任、運動会などの企画・運営、校務分掌、運動部活動等々の様々な仕事をとおして生徒の自立や生きる力を支援し、スムーズな学校運営のための職責を果たしている。

    一方、フィットネスクラブの指導員は、自発的・自主的に参加する意欲的な会員に運動プログラムを提供するとともに、適切に指導していくことが主な職責となっている。そのため、顧客である会員に対して、どうすれば継続的にサービスを受けてもらえるか、どのようなサービスを提供すれば新規の顧客獲得につながるかなどに知恵が絞られる。）

3. NO（教育課程外の活動である運動部活動の指導は、必ずしも保健体育教師が担当しなくてもよいが、新しい学習指導要領の総則に部活動の教育的意義が明確に示されたことを考えれば、運動部活動は今後いっそう積極的に展開していく必要があり、体育・スポーツの専門家として保健体育教師が指導力を発揮することは当然のことといえよう。）

4. NO（運動部活動は、生徒の自主的・自発的・自治的な活動であり、豊かな学校生活を経験する活動でもある。そこでは、生徒同士の交流、支援、協力、教え合いなどの好ましい人間関係が培われ、その教育的意義には大きいものがある。このような意義を踏まえれば、指導者は必ずしも種目の専門家である必要はないと考えられる。保健体育教師は専門外の種目についても積極的にその指導にあたっていくことが望まれる。より高い水準の技能への挑戦欲求を持つ生徒に対しては、最近多くみられる公的資格を有する外部指導者の活用などによって対応することも可能である。）

5. YES（体育的行事を必ず保健体育教師が担当しなければいけないということはないが、保健体育教師には体育・スポーツの専門家として、体育的行事の企画・立案や運営に強いリーダーシップを発揮していくことは当然のことといえよう。）

6. YES（保健体育教師だからといって生徒指導を担当しなければいけないということはないが、生徒のことを多様な面から把握することが多く、統率力も高い保健体育教師には、生徒指導を担当することが求められる場合が多い。）

第2章　保健体育教師に求められる資質・能力とは

【セルフチェック】——3の回答のヒント

1. NO（保健体育教師が運動部の指導で専門性を発揮することは重要であるが、保健体育の授業を受け持つ保健体育教師として全ての生徒をスポーツ好きにし、生涯にわたる豊かなスポーツライフを実現するための資質・能力を育成していくことが重要であることを忘れてはならない。）

2. NO（保健体育科という教科は、体育（実技）と保健で成り立っているが、いずれかに重点をおくという考え方は正しくない。実技も保健もそれぞれ目標が定められており、その実現のために充実した指導が望まれる。）

3. YES（教育としての体育は、技能を身につけることが大きな柱である。しかし、単に身につければよいということではなく、生涯スポーツに向け、運動の楽しさや喜びを味わわせながら身につけることが求められている。）

4. NO（体育の授業ではグループで学習をさせることは効果的な学習方法といえる。しかし、その指導形態は生徒が取り組む運動の課題などに応じて「等質集団」とするか「異質集団」とするかなどを検討することが必要である。技能別のグループづくり、課題別のグループづくりなどに加えて、多様な学習の場を設定するなど、学習指導を創意工夫していくことが大切である。）

5. NO（運動の苦手な生徒をモデルにすることは、モデル以外の生徒にとってはつまずきの原因がわかり、その後の学習の参考になることも多いが、モデルとなった生徒は人前に出来映えを晒され、心を痛める者も多いと考えられる。このようなことを踏まえたうえで、生徒の人権に十分配慮した指導が望まれる。駄目な例のモデルは、教師自身が示せばよいが、市販されているDVDなどの視聴覚教材を活用することも考えられる。）

6. NO（できない生徒に対して、教師が怒鳴ったり、単に励ましたりするだけでは解決はしない。なぜできないかの原因を見つけ出し、それに対する順序立てた練習方法を助言することが教師には必要となる。その際、生徒が少しでも進歩したら、どこがよくなっているのかを具体的に示して褒めることが効果的である。）

〈引用・参考文献〉
(1)中央教育審議会「今後の教員養成・免許制度の在り方について（答申）」平成18年7月11日
(2)田中耕二郎・井ノ口淳三『教職概論—教師になるには—』ミネルヴァ書房、2008
(3)教育職員養成審議会『教員の資質能力の向上方策等について（答申）』昭和62年12月18日
(4)高橋健夫・岡出美則・友添秀則・岩田靖『体育科教育学入門』大修館書店、2002
(5)文部科学省『水泳指導の手引（改訂版）』大阪書籍、平成16年3月

第3章
保健体育教師の仕事とは

第3章　保健体育教師の仕事とは

1 体育授業の指導

(1)体育授業の前に

①体育は何を教え、何を学ばせる教科なのだろうか——体育の目標とは？

　体育に限らず、教育活動は一定の教育効果・達成すべき目標をめざして取り組まれる。ここでは、設定された目標の実現・達成に向けて体育授業が営まれるという基本的な考えに則って、まず体育授業の目標から検討していくことにしたい。

　体育授業では、運動やスポーツが主要な教材[注1]となるだけに、児童生徒にとっては、授業で取り上げられる運動・スポーツに関わる技能の向上・運動課題の達成への関心が強い。そのため、頑張って取り組んでみたが、技能の向上が全く感じられなかったり、課題が達成できないままであったりしたら、児童生徒の意欲は確実に低下する。このように、技能の向上・運動課題の達成を図ることが体育の主要な目標となっていると言えよう。

　しかし、技能を向上させることだけが体育の目標ではない。教育活動としての体育・保健体育が担うべき目標については、学習指導要領がそのよりどころとなる。そのため、学習指導要領の構造を理解することが体育授業を創る上でまず前提となる。

　学習指導要領の体育に関わる指導内容は、発達段階に応じて小学校、中学校、高等学校、専門学科「体育」で示されている。小学校では、第1学年および第2学年(低学年)、第3学年および第4学年(中学年)、第5学年および第6学年(高学年)の3つの段階、中学校は、第1学年および第2学年、第3学年の2段階、高等学校として示されている。

　教師として指導すべき内容は、体育および保健について、「目標」、「内容」、「内容の取り扱い」、「指導計画と内容の取り扱い」として示されるが、目標および内容は以下のとおりである。

	小学校		中学校		高等学校・専門「体育」		
目標	体育科		保健体育科[*1]		保健体育科・体育科		
(名称)	運動領域	保健領域	体育分野	保健分野	科目「体育」	「保健」	各科目
目標	低学年		第1,2学年[*2]	保健	体育	保健	各科目
内容	運動領域6領域		実技7領域[*3]	4章	実技7領域	3章	8科目
目標	中学年		及び体育理論		及び体育理論		
内容	運動領域6領域・保健領域						
目標	高学年		第3学年(105)				
内容	運動領域6領域・保健領域		実技7領域				
			体育理論　保健				

注1　教材：素材と教材の違いなどは、60ページ「⑤教材づくりの視点」参照。

小学校では、保健は、体育科の１領域の扱いとなるため、低学年、中学年、高学年に包括的に体育と保健の目標が示されている。中学校以降の保健は、分野（３年間で48時間）、高校では科目（入学年次とその次の年次で２単位(70時間)）として次第に独立するため、体育と保健はそれぞれの目標および内容が示されている。体育科・保健体育科のめざす姿は、次のように示されている。

中学校保健体育科の目標（＊1の箇所）

> 　心と体を一体としてとらえ、運動や健康・安全についての理解と運動の合理的な実践を通して、生涯にわたって運動に親しむ資質や能力を育てるとともに健康の保持増進のための実践力の育成と体力の向上を図り、明るく豊かな生活を営む態度を育てる

　この保健体育科の目標を受けて、体育の目標が示されている。

中学校学習指導要領体育分野第１学年および第２学年の目標（＊2の箇所）

> (1)運動の合理的な実践を通して、運動の楽しさや喜びを味わうことができるようにするとともに、知識や技能を身に付け、運動を豊かに実践することができるようにする。
> (2)運動を適切に行うことによって、体力を高め、心身の調和的発達を図る。
> (3)運動における競争や協同の経験を通して、公正に取り組む、互いに協力する、自己の役割を果たすなどの意欲を育てるとともに、健康・安全に留意し、自己の最善を尽くして運動をする態度を育てる。

　体育分野の目標は、体育で育成する内容を包括的に示している。これらの目標を実現するために、体育の内容領域（体つくり運動、器械運動、陸上競技、水泳、球技、武道、ダンス、体育理論の７領域）の特性に応じて、指導すべき内容を「内容」として示している。

例）中学校学習指導要領体育分野第１学年および第２学年の内容（器械運動）（＊3の箇所）

> B　器械運動
> (1)次の運動について、技ができる楽しさや喜びを味わい、その技がよりよくできるようにする。
> 　ア　マット運動では、回転系や巧技系の基本的な技を滑らかに行うこと、条件を変えた技、発展技を行うこと、それらを組み合わせること。
> 　イ　以降省略
> (2)器械運動に積極的に取り組むとともに、よい演技を認めようとすること、分担した役割を果たそうとすることなどや、健康・安全に気を配ることができるようにする。
> (3)器械運動の特性や成り立ち、技の名称や行い方、関連して高まる体力などを理解し、課題に応じた運動の取り組み方を工夫できるようにする。

　学習指導要領解説では、内容の(1)を技能（体つくり運動は運動）として、各運動に関する領域の指導すべき内容を発達段階に応じて系統的に示している。

(2)態度では、公正、協力、責任、参画、健康・安全に関する内容が発達段階のまとまりに応じて示されている。

(3)知識、思考・判断では、技能に関する知識、課題を解決するための知識、生涯にわたって運動やスポーツを継続するための知識およびその活用について示されている。

すなわち、体育で指導すべき内容は、技能の他、態度及び知識、思考・判断をバランスよく育むことが求められる。

ここでは授業レベルでの目標を考える時に、図3-1に示したクルム[注2]の「体育の教科内容領域の構造」がわかりやすい。

なお、用語をわかりやすく理解するために、著者のほうで「できる」「かかわる」「わかる」「たのしむ」という表記にしてみた。

ここで、図3-1について若干の説明しておきたい。先述したように、体育授業では運動に関わる技能の向上・運動課題の達成、つまり「運動課題を解決するための学習」がその中心になる。また、体育授業では目的に応じた集団を形成して学習が進められる。したがって「運動技術の学習」だけでなく、学習活動をともにする仲間との「社会的行動の学習」も体育授業の重要な柱になってくる。

例[*3]のように、新しい学習指導要領では、運動や運動を獲得する方法（知識・理解）も重要視されている。つまり、学ぶ対象としての運動（動きの全体像やポイント、必要な技能など）や学び方（動きを獲得する練習方法や場・用具の工夫、仲間との相互学習の方法など）がわかっていなければ、限られた授業時数のなかで運動技能の向上・課題の達成はむずかしいということである。「認識的・反省的学習」が運動課題を解決するための学習と密接に関わる図式になっているのはそのことを示している。

児童生徒が身体を動かすことの楽しさを繰り返し味わい、自ら意欲的に運動に取り組むようにな

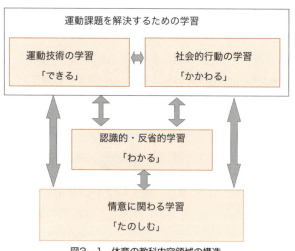

図3-1　体育の教科内容領域の構造

（クルム、1992）

注2　クルム：オランダの体育科教育研究における世界的権威。

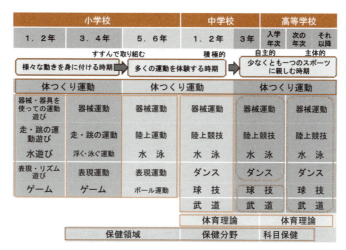

図3-2 小、中、高等学校における体育の指導内容

ることも体育授業の大切な目標・願いである。しかし、授業場面で児童生徒がめざす目標は、各々の運動に関わった具体な事柄である。したがって、「情意に関わる学習」は具体的な事柄が繰り返し達成されることによって、結果として達成される目標と位置づけることができる。「情意に関わる学習」の枠囲いが細い線になっているのは、授業場面との関わりを表しているのである。

以上は、クルムが20年ほど前に示した「体育の教科内容領域の構造」ではあるが、現在でも体育授業の目標を構造的にとらえる際に大変に有効である。

なお、新しい学習指導要領では、情意に関わる学習のうち、公正、協力、責任、参画、健康・安全に関する内容については、具体的に指導すべき内容として明示しているので、クルムモデルと一致するものではない。

また、どの校種のどの学年を指導するのかによって、指導のアプローチが異なってくる。新しい学習指導要領は、指導内容を構造的に捉えて、4・4・4の枠組みで整理されている。

特に、外遊びの減少などが指摘されるなかで、基本的な動きのできていない子どもの増加などに対応して、小学校低・中学年では、「様々な動きを身につける時期」とし、小学校5年から中学校2年までを様々なスポーツにつなぐ「様々な運動を体験する時期」、中学校第3年から、高等学校卒業までを「少なくても1つスポーツに親しむ時期」としてマイスポーツと出会うことが期待され整理している。

さらに、中学校の体育分野から示される知識や体育理論の学習のウエイトが次第に高められていることや、態度では、小学校では、きまりや約束を守るといった具体的な規範行動を求めていることから、中学校以降は、生涯スポーツの実践に必要となる責任や参画といった指導内容が加わっている。

第1段階では、授業の単元が比較的短い（年間5、6時間程度）ので、体を動かす楽しさや、できたという実感を味合わせたり、友達と共同して活動することの楽しさを保証したりする授業づくりが求められる。第2段階では、やや長い単元（8～10時間程度）を組み、運動の行い方のコツを科学的知識や原理や文化的背景と関わらせながら、それぞれの領域の特性に触れる指導が求められる。

最終段階では、大単元(20時間〜30時間)を組み、選択したスポーツの特性に深く触れさせるとともに、生涯スポーツ場面を想定して主体的に取り組むための能力の育成が求められていると言えよう。

②学習内容を検討しよう

　教育実習校での指導案の作成や生徒への指導に向けて、学生同士で教師役と生徒役を分担して授業を計画し、展開する模擬授業が多くの大学で取り組まれていることだろう。指導者の担当になった場合は、当然ながらまず指導案の作成にとりかかることになる。そこで大切にして欲しいことが、1)指導と評価の一体化、2)発達段階に応じた単元計画および本時のねらいの設定である。

1)指導と評価の一体化

　ややもすると、体育授業では指導する運動を教えることだけが指導内容になってしまう。もちろん、指導対象となる運動の技能向上や運動への理解も重要な指導内容となるが、①でも述べたように、児童生徒が学習する内容はそれだけではないはずである。そのことを指導案作成の段階で確実に意識するとともに、さらにそれらの目標に沿った評価を実施することが重要になってくる。

　そのため、授業は、目標→内容→方法→評価のPDCAサイクルが循環していることが最も重要である。すなわち、これまで述べてきたとおり、保健体育科の目標を実現するための指導の基準が「内容」であり、これを実現するための「方法」が授業づくりである。「方法」は、学校の実態、生徒の実情、地域、施設、用具、指導者の人数等様々な要因によって規定されるが、与えられた状況のなかで最善の方法をみつけ、児童生徒に提供する能力が授業力となる。これらの成果を図ることが「評価」である。教師は、児童生徒は何が実現でき、何が実現できなかったのかを内省的に振り返り、次の授業改善につなげることが重要であり、児童生徒自身に対しては、客観的な評価を通じて、次の学習の課題を明確に示すことで学習意欲を高めていくことが求められる。

　「評価」については多様な生徒のよさを見いだすという視点から、「関心・意欲・態度」、「思考・判断」、「運動の技能」、「知識・理解」の4観点で示すこととされており、それぞれの視点から実現状況を「概ね満足と判断される状況(B)」を評価規準として設定し、「十分満足と判断される状況(A)」、「手だてを要すると判断される状況(C)」の3段階で評価を行う。

　授業の目的は、全ての生徒に対して、「概ね満足と判断される状況(B)」の実現ができることをめざして行われるので、「手だてを要すると判断される状況(C)」にある児童生徒に対策を講じることが極めて重要となる。また、評価は、授業の始めに行われる診断的評価や、授業を通じて実施される形成的評価の機会を通じて、概ね満足と判断される状況に至らない児童生徒を早期に見つけだし、できるようにする指導に留意する。

　体育では、(1)技能が、評価の観点では、「運動の技能」に、(2)態度が、「関心・意欲・態度」に、(3)知識、思考・判断が「知識・理解」と「思考・判断」に主に対応している。体育理論および保健では、「知識・理解」に対応した内容が示されているので、その単元に対する「関心・意欲・態度」および「思考・判断」を設定する。

2)発達段階に応じた単元計画および本時のねらいの設定

　少し具体的に考えてみよう。中学校第1学年および第2学年の器械運動の授業を考える場合、小学校5、6年生における器械運動の学習で何が学習されてきたのか、また、中学校第3学年の学習

第3章 保健体育教師の仕事とは

に備えて何ができていればよいのかを踏まえて、単元計画(指導と評価の計画)を検討する。以下は、学習指導要領および解説に示された中学校第1学年および第2学年のマット運動の例示である。

|内容のまとまり| ……器械運動の4つの運動種目の内容(第1学年および第2学年)
↓
|単元のまとまり| ……マット運動の内容(第1学年および第2学年)*1
↓
単元計画
(指導と計画の計画) ……第1学年でそれぞれ実施するマット運動の内容、評価規準の設定

マット運動の指導内容2年間分(学習指導要領から下線部改変)

次の運動を通して技ができる楽しさや喜びを味わい、その技がよりよくできるようにする。
(1)マット運動では、回転系や巧技系の基本的な技を滑らかに行うこと、条件を変えた技、発展技を行うこと、それらを組み合わせること。
(2)マット運動に積極的に取り組むとともに、よい演技を認めようとすること、分担した役割を果たそうとすることなどや、健康・安全に気を配ることができるようにする。
(3)マット運動の特性や成り立ち、技の名称や行い方、関連して高まる体力などを理解し、課題に応じた運動の取り組み方を工夫できるようにする。

具体的な教材群(学習指導要領解説の例示を適宜取り上げる)

下記のように、具体的な単元計画(指導と評価の計画)を立てる際は、器械運動の内容(1)、(2)、(3)から、予定される時間に応じてバランスよく配当して授業づくりを行う。
その際、(1)で扱う具体的な教材群は、解説を参考にして適宜とりあげる。

マット運動の主な技の例示

系	技群	グループ	基本的な技 (主に小5・6で例示)		発展技	
回転系	接転	前転	前転	開脚前転	倒立前転 跳び前転	伸膝前転
		後転	後転	開脚後転	伸膝後転	後転倒立
	ほん転	倒立回転・ 倒立回転跳び	側方倒立回転 倒立ブリッジ		側方倒立回転跳び1/4ひねり 前方倒立回転	(ロンダート) 前方倒立回転跳び
		はねおき	首はねおき		頭はねおき	
巧技系	平均立ち	片足平均立ち	片足平均立ち		片足正面水平立ち Y字バランス	
		倒立	頭倒立 補助倒立		倒立	

53

第3章　保健体育教師の仕事とは

③単元計画を立てよう

　単元計画とは、年間計画のなかに位置づけられた各々の単元についての指導計画である。年間計画は中学校や高等学校の全学年を視野に入れながら各学年に位置づけられる具体的な単元名、および単元の実施時期や時数配分等について教科部として合意の上で作成されるものである。

　このように、年間計画は教員個人の都合で設定・作成できるものではないので、ここでは授業学級の実態などを考慮しながら、指導する教員が具体的に作成できる単元計画の作成について検討したい。

　通常、教育実習では、毎時間の授業計画を作成し実践することが主要な課題となる。しかし、単元をとおして育てたい目標に沿って具体化されるのが本時案であるだけに、学習成果をあげるための単元全体の計画は極めて重要になる。

　以下、単元作成の例を示してみる。

表3－1　マット運動「集団演技発表会」（中学校1年の男女共習）

時間		1	2〜4	5〜8	9〜11	12
指導の流れ	10	集合・整列・挨拶、出席・健康確認、準備運動、本時の活動内容				
	25	・単元計画説明 ・グループづくり（6班） ・技能調査 　接点系 　翻転系 ※記録用紙への記入	①前転系 ゆりかご、開脚、伸膝、倒立等 ②後転系 開脚、伸膝、倒立等 ③個人連続技 後転系を入れた3〜4の技の連続 ※4時間目に2グループ間で発表会	①側方倒立回転系 川わたり、側方倒立回転連続、ロンダート ハンドスプリング等 ②個人連続技 側方倒立回転系を入れた3〜4の技の連続 ※8時間目に2グループ間で発表会	①モデル演技を参考にしながら集団演技づくり ②集団演技作りの話し合い 個人練習・集団演技作りの場を2グループで共有するため①②を交互に ※10時間目に中間発表会	①発表会に向けた練習（班別） ②各班の発表会 ※配布されたカードの評価項目に従って相互評価
	45	集合・整列、本時の振り返り・記録用紙への記入等、挨拶・解散				

評価規準と主な評価機会

関心・意欲・態度	積極的に取り組もうとする・健康・安全に留意している 　　　　よい演技を認めようとする 　　　　　　　　分担した役割を果たそうとする 　　　　　　　　　　　　教え合い助け合おうとする
思考・判断	協力の仕方を見付けている 　　　　自分の課題や仲間の課題を指摘している 　　　　　　　　課題に応じた組み合わせ方を見付けている
運動の技能	基本的な技ができる 　　　　条件を変えた技・発展技ができる
知識・理解	特性や関連する体力が言える 　　　　挑戦する技のポイントが言える 　　　　　　　　組み合わせ方のポイントが言える

・領域・単元名・時間：器械運動「マット運動」、全12時間扱い（2年間で24時間）
・単元の目標
　(1)回転系や巧技系の基本的な技を滑らかに行うこと、条件を変えた技、発展技を行うこと、それらを組み合わせることができるようにする。
　(2)マット運動に積極的に取り組むとともに、よい演技を認めようとすること、分担した役割を果たそうとすることなどや、健康・安全に気を配ろうとする。
　(3)マット運動の特性や成り立ち、技の名称や行い方、関連して高まる体力などを理解し、課題に応じた運動の取り組み方を工夫できるようにする。
・単元および授業展開のねらい
　「集団演技発表会に、チャレンジ。」
・対象：中学1年、男女共習の授業、40名（男子20名、女子20名）
　指導の工夫は後半の集団演技づくりと発表（観点を設定しての相互評価）である。それに向けての取り組みとして、以下のような内容を計画し単元を作成した。

1）技能
　診断的評価では、小学校での取り組みを振り返りながらの個人技能の向上
・全員に共通した課題としての基本的な技のうち、接点系の「前転」「後転」と翻転系「側方倒立回転」の学習、およびそれらの取り組みを可能にするやさしい学習の場の設定
・演技に取り入れる条件を変えた技や発展技（跳び前転、ロンダート等）
　およびそれらの取り組みを可能にするやさしい学習の場の設定
2）態度
・つなぎ方や組み合わせ方の例示を元にした、共通課題を取り入れた集団演技づくりをとおして、教え合い、協力、賞賛などの生まれる場の工夫
3）知識、思考・判断
・学習ノートを用いた技の系統、発展や行い方の理解
・発表に向けた技の選定や組み合わせによる思考力、判断力の育成

④具体的に授業の準備をしよう

　模擬授業や教育実習で担当する授業に向けていくつかの準備が必要になるが、その第一歩は単元計画に基づいた本時指導案の作成である。本時指導案作成の手順の流れは以下のようになる。上記の単元例を参考にしながら、自身が実施する授業を想定して具体化してみよう。
・授業で展開する活動
　児童生徒が個人あるいはグループで取り組む具体的な活動の内容を明確にする。1授業で3〜4の活動を設定したい。
・各々の活動の具体化
　活動する場所や場の設定方法、そこで使用する用具や補助具、活動のめあて（回数や距離、時間など）、活動に要すると思われる時間などを明確にするということである。これが曖昧だと、思い

第3章　保健体育教師の仕事とは

つきで指導する場面が出てきて、余分な時間がかかってしまう。

・記録用紙や授業アンケートの作成

　次の授業をよりよいものにするためには、実施した授業を振り返るための具体的な資料が必要になる。1つは生徒個人やグループの取り組みの記録を残すこと（例：記録用紙や学習ノート、授業を評価する簡単なアンケートの実施例：形成的授業評価＝図3−3）等である。これらは単元計画作成の時点で準備しておく。

```
                                              月　日（　　）
                    体育授業についての調査

            小学校　年　組　男・女　番　名前（　　　　　　）

◎ 今日の体育の授業について質問します。下の1〜9について、あなたはどう思いましたか。当てはまるものに〇をつけてください。

        1　ふかく心にのこることや、かんどうすることがありましたか。
                    （はい・どちらでもない・いいえ）

        2　今までできなかったこと（運動や作戦）ができるようになりましたか。
                    （はい・どちらでもない・いいえ）

        3　「あっ、わかった！」とか「あっ、そうか」と思ったことがありましたか。
                    （はい・どちらでもない・いいえ）

        4　せいいっぱい、ぜんりょくをつくして運動することができましたか。
                    （はい・どちらでもない・いいえ）

                        5　楽しかったですか。
                    （はい・どちらでもない・いいえ）

        6　自分から進んで学習することができましたか。
                    （はい・どちらでもない・いいえ）

        7　自分のめあてにむかって何回も練習できましたか。
                    （はい・どちらでもない・いいえ）

        8　友だちと協力して、なかよく学習できましたか。
                    （はい・どちらでもない・いいえ）

        9　友だちとおたがいに教えたり、助けたりしましたか。
                    （はい・どちらでもない・いいえ）

◎ 下の質問について、「はい」か「いいえ」に□をつけ、「はい」に〇をつけた人は、「それはどんなことだったか」こたえてください。

        10　今日の体育の授業で、先生に声をかけてもらいましたか。　（はい　いいえ）
                    ◆ それはどんなことでしたか。
            〔　　　　　　　　　　　　　　　　　　　　〕

                ☆ それは役に立ちましたか。　（はい・どちらでもない・いいえ）

        11　今日の体育の授業で、友だちに声をかけてもらいましたか。　（はい　いいえ）
                    ◆ それはどんなことでしたか。
            〔　　　　　　　　　　　　　　　　　　　　〕

                ☆ それは役に立ちましたか。　（はい・どちらでもない・いいえ）
```

図3−3　授業評価の内容例（小学生対象）

(2) よい体育授業の実現のために

①よい体育授業とは

　よい体育授業を行うには、綿密な指導と評価の計画、状況に応じた指導スタイルの選択が重要であり、勢いのある雰囲気のよい授業にしていくことである。具体的に述べてみよう。

ア．綿密な指導と評価の計画がされている

　よい体育授業とは、教師の願う学習成果が十分に達成されている授業である。そのためには、教師の綿密な指導と評価の計画が不可欠である。しっかりとした指導計画を立てて授業を行ったとしても予想されない事態がおきるのが授業であり、それらに臨機応変に対応しなければならない。そのため、指導計画が曖昧な場合には、ほとんどの指導が場当たり的になってしまい、児童生徒の学習成果の獲得には大きな期待はできなくなる。

　体育授業では、教師が表3－2のような点に留意して指導計画を立てることが望ましい。

イ．時と場に応じて指導スタイルを使い分ける

　「教師が授業を行う際、どのように指導性を発揮すればよいのだろうか」という問いに対しての答えはいく通りも考えられる。

　モストン[注3]は、命令型、ペア学習型、課題選択型、誘導発見型、個人課題設定型、自己教授型などの12通りの指導スタイルを提案している。しかし、どの指導スタイルが最もよいとは言ってはいない。教師は、学習者の学習段階、習熟度、単元のはじめ・なか・おわり、これまで取り組んでいた運動と初めて行う運動など、さまざまな状況に応じて指導性を発揮しなければならず、よい体育授業を実現するうえでは、時と場合によって指導スタイルを使い分けることが大切だと述べている。

ウ．勢いがあり、雰囲気がよい授業となっている———よい体育授業の基礎的条件

　よい体育授業は、学習者が学習に没頭し、スムーズに授業が展開されている。また、学習者が「できた、わかった」と感じ、教師と学習者、学習者同士の人間関係が非常に良好で、授業の雰囲気がよい。逆に考えると、学習者が学習から離れ、教師の場当たり的な対応で、途切れ途切れの授業は雰囲気も悪くなる。どれだけよい教材をつくったとしても、あるいは、どれだけすばらしい目標を掲げたとしても、実際の授業過程で学習者が生き生きと活発に学習しなければ、願った学習成果を達成することはできない。

表3－2　指導計画を立てる際の留意点(高橋,2004)

・行動目標の設定	教師から要求される学習への取り組み方があらかじめわかっていれば、学習者は学習を進めやすいし、仲間との協力も可能になる。また、用具の準備や片付け、移動などの授業の約束事があれば、無駄な時間的を省くこともできる。
・教材づくり	教師の指導目標と学習者の実態を考慮して、意欲を引き出し達成感を味わうことのできる教材づくりは、教師の仕事の中で最も重要であると言ってよい。また、教材づくりでは、対象となる運動とその方法について十分に理解しておく必要があり、学習の場作りや補助具の準備も検討しておきたい。
・学習カードや学習資料の作成	学習内容の理解、学習のめあての明示、学習の振り返り等の観点から、学習指導の前に学習カードや学習資料を準備しておくことである。

注3　モストン：米国の保健体育科教育の研究者。体育の学習指導に対して世界的な影響を与えた。

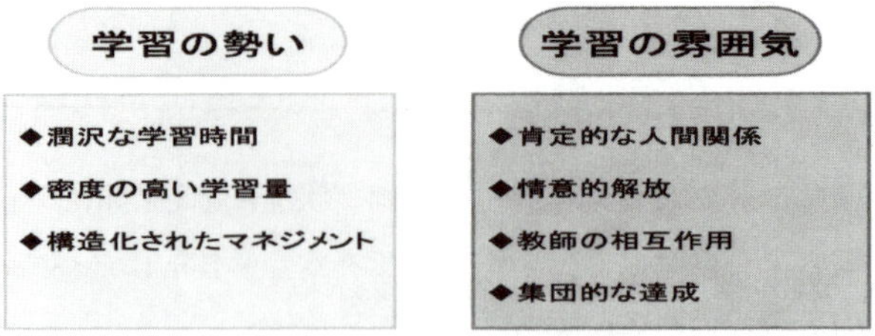

第3章　保健体育教師の仕事とは

```
┌─────────────────────┐  ┌─────────────────────┐
│    学習の勢い       │  │    学習の雰囲気     │
│ ◆潤沢な学習時間     │  │ ◆肯定的な人間関係   │
│ ◆密度の高い学習量   │  │ ◆情意的解放         │
│ ◆構造化されたマネジメント │ │ ◆教師の相互作用  │
│                     │  │ ◆集団的な達成       │
└─────────────────────┘  └─────────────────────┘
```

図3-4　体育授業の基礎的条件

　以上のことをまとめると、学習者の評価するよい体育授業には「学習の勢い」があり「学習の雰囲気」がよい。また、それらが体育授業の基礎的条件となる。

②学習に勢いを生み出すには
ア．学習時間を確保する

　体育はほかの教科に比べ、学習に直接関係のない時間が多く発生する。それは、指定された机や椅子がないこと、広い空間で授業が展開されること、学習者の心が解放的になることなどが考えられる。例えば、ラインを引いたり、道具を出し入れしたりする準備や後片づけの時間、コートチェンジやゴールした後にスタート位置まで戻るような移動する時間があるが、指導者は、このような学習成果に直接関係しない時間をできるだけ省き、学習者に学習する時間を確保するように努めなければならない。

　体育授業場面は、「マネジメント場面」「学習指導場面」「運動学習場面」「認知学習場面」と大きく4つに区分することができる（表3-3）。とりわけ学習者が評価するよい授業とは、運動学習に関わる時間が十分に確保され、一方で移動や準備、片付けといったマネジメントに費やす時間が少ないと言われる（高橋・吉野、2003）。また、福ヶ迫ら（2003）の研究では、ボールゲームで、チームで話し合ったり相手チームの分析を行ったりする認知学習場面が十分に確保されている授業ほど、学習者の授業評価にプラスの影響を及ぼしていることが明らかにされている。

　しかし、認知学習場面が長くなりすぎたり頻繁に話し合いばかりを行ったりすることによって、授業評価を下げることも考えられる。著者は目安として、運動学習場面は授業時間の50％を確保し、マネジメント場面は20％を超えないように心がけている。

イ．学習密度（学習従事率）を高める

　「学習の勢い」を生み出すためには、教師は運動学習場面において学習者を学習に従事させるような配慮をし、学習に従事していない学習者をつくらないことである。それは、学習密度と形成的授業評価との関係を検討すると、学習密度に象徴される学習の勢いが、学習者の評価するよい体育授業を実現するうえで重要な条件になるからである（福ヶ迫ら、2003）。

　たとえば、単純に11人対11人のサッカーのゲームと、5人対5人のミニサッカーゲームを2コート用意した授業を比較すると、学習により多く従事することが期待される授業は5人対5人のゲームだと考えられる。ある単元のねらいにおいて、学習させたいことを、「シュート局面までどのようにボールを展開するのか」と設定し、そのために空いているスペースに動く動きや相手を引きつ

表3-3 授業場面の観察カテゴリー（高橋健夫編著『体育授業を観察評価する』明和出版）

マネジメント （Management）	M	クラス全体が移動,待機,班分け,用具の準備、休憩などの学習成果に直接つながらない活動に充てられる場面。
学習指導 （Instruction）	I	教師がクラス全体の子どもに対して説明、演示,指示を与える場面。子どもの側からみれば、先生の話を聞いたり、観察したりする場面。
認知学習 （Activity 1）	A1	子どもがグループで話し合ったり、学習カードに記入したりする場面。
運動学習 （Activity 2）	A2	子どもが準備運動、練習、ゲームを行う場面。

（高橋健夫氏作成）

けるような動きを導くように授業を展開する場合、このことを学習するためには、11人対11人よりも5人対5人の方がより多くの生徒が学習可能である。また、ゲーム中に試合に参加できない学習者には、ゲームの分析係や審判、記録係をさせるなど、学習に従事させることが必要である。

ウ．「わかる」と「できる」を統一した授業の実現を

「わかる」と「できる」の関係性には以下の4つのパターンが考えられる。

①できない、わからない　　②できる、わからない
③できない、わかる　　　　④できる、わかる

②については、競技者レベルではわかるが、実際の体育授業では考えにくい。したがって、「わかる」と「できる」は切り離すことができないものであり、「できる」ためには「わかる」ことが必要であるといえる。

では、「わかる」と「できる」を結び付ける授業とはどんな授業なのであろうか。それは、学習者が自然発生的に「わかる」「できる」が形成されるわけでもないし、教師が一方的に教え込めばよいものでもない。また、学習者の運動経験や運動の得意・不得意があるため、それぞれ「わかる」と「できる」のレベルが違い、どの学習者に焦点をあてればよいのかということも十分考慮しなければならない。

教師は必要最低限のポイントを学習者に伝え、それを理解させたうえで運動の得意な子どもと不得意な子どもを一緒に学習させるとよい。運動の得意な子どもが不得意の子どもに教えるという関わり合いから共同的な学習を行い、学習者の感覚を共有できるからである。このように「わかる」と「できる」を統一した授業を行うことにより、学習者同士の人間関係を築くことができ、学習者の主体性を育むことができる。

③よい学習の雰囲気を生み出すには
ア．教師は、柔軟なアクター・アクトレス（演技者）になろう

教師は、アクター・アクトレスでいう台本にあたる指導案を基本に、学習者の反応に柔軟で、臨機応変に対応する必要がある。授業では、教材を媒介として教師と学習者（あるいは学習者同士）が相互に作用している。そこでは、予想しなかったことが突発的におこることがあり、教師は授業実践にあたって指導案をなぞって実践すればよいということではない。大切なことは、いろいろな状

況でおこりうることを考えて指導案を作成し、事前に準備しておくことである。

イ．学習者同士が励まし合う状況をつくろう

　授業への取り組みのなかで学習者が心を解放させ、笑顔、拍手、歓声、ガッツポーズなどの肯定的な情意行動が頻繁にみられる場合、授業は明るく楽しく感じられる。逆に、雰囲気のよくない授業では、学習者のモチベーションは下がり、反応がなく、冷ややかな雰囲気が漂う。時には、怒りの行動が現れたりもする。

　肯定的な人間関係行動と情意行動が多くみられる授業は学習者に評価され、否定的な人間関係行動と情意行動がみられる授業は学習者に評価されていないことが明らかにされており（米村ら、2004）、学習者同士の関わり合いが非常に重要である。学習者の学習意欲が低い場合、教師は、①そのサインは見逃さない、②教師自らが解放的になる、③間違った意見を否定せず、発言したこと自体を認める、などで授業の雰囲気を変えていく必要がある。

　肯定的な学習を展開するためには、学習者同士のなかで共通する学習課題があること、魅力的で学習に没頭できることが大切である。そのためには、賞賛や励まし、具体的なフィードバックによって、学習意欲を喚起する教師の指導性が重要である。特に中学校段階では、思春期特有の「恥ずかしさ」をどのように解放させるかが重要である。

ウ．学習成果を共有しよう

　運動をしていて楽しいと感じる要因は多様に存在する。そのなかでも、自分自身の能力の可能性を確認できた時や仲間の素晴らしさを実感できた時が、運動をしていて楽しいと感じる場面であるといえる。「自分ができなくても仲間ができたことを素直に喜ぶことができる」、「過去にできなかったことができるようになることで自分に自信がもつことができる」といった場面がそれにあたる。逆に、課題が達成できなかった時や仲間に入れてもらえない時、あるいは仲間が一緒に参加していない時には、学習者はフラストレーションを感じることになる。

　そこで、教師は学習者同士が学習成果を共有できるような授業づくりを心がけなければならない。

図3−5　笑顔や拍手、歓声が上がったり、励まし合ったりするよい授業

学習成果を共有することによって学習者の達成感がより高まるとともに、自分自身に対する肯定的な感情の育成にもつながり、仲間への信頼感も高まる。このような授業を可能にするためには、課題設定の仕方やその解決に向けた段階的な指導を行う必要があり、「できた・わかった」の経験を多く積ませることである。

④学習をスムーズに進めよう

ア．学年はじめのマネジメントの工夫とは

　授業時間には、学習者の学習成果に直接的に影響をおよぼさないマネジメント場面（時間）があるが、学習者に十分な学習機会を保障するためには、授業のなかでの無駄な時間を省き、学習時間を

COLUMN ① 海外の体育授業の実情

　2000年秋、大阪で日本スポーツ教育学会大会が行われた。戦後初めて、日本の体育授業時数が削減された象徴的な時期でもあった。

　この時の発表者は、アメリカ、イギリス、ドイツ、韓国、日本の研究者で、彼らの発表を概括すると、週3時間の体育授業が保証されていたのは韓国だけであった。日本は1998年の学習指導要領から時数削減であったが、アメリカ、イギリス、ドイツはそれ以前から週3時間の保証はなかった。

日本代表として日本の体育状況を発表した高橋健夫筑波大学教授（現、日本体育大学教授）

　また、アメリカやドイツは州によって3時間であったり1時間であったり一様ではなく、学校外で取り組んだスポーツ活動が体育の授業として認められる場合もあるということであった。特にドイツでは、東西ドイツが統一される以前は、スポーツは主要教科の一つとして位置づけられ、授業時数もきちんと確保されていた。ところが、ベルリンの壁が壊されてドーピングに象徴される東ドイツの歪んだチャンピオンスポーツの実態が明らかにされることによって、多様な意味で人間にとってのスポーツの健全性、重要性が崩れることになる。

　学会開催の時期は、教科体育の重要性をどのように訴えるかということで模索している時期であり、発表者のクルツ教授からは多様な視点でのスポーツの持つ価値の提案があった。また、2000年当時は、徴兵制に関連して身体活動の重要性が認知されて週3回の体育授業が保証されていた韓国も、その後、時数削減ということになる。

　日本では、2008年の学習指導要領の改訂で時数が回復したが、それは運動能力の長期にわたる低下に対応するという意味合いが強く、今後体力低下に改善がみられなければ再度の時数削減も考えられる。10年前のドイツではないが、体育授業に関わる者は、体育の持つ多様な教育的価値が広く理解されるように努力することが急務といえる。

有効に使う「マネジメント技術」が必要である。中学校段階や高校段階では、「学習ルールを守ることで、授業が円滑に進むこと」や「協調して行動することは社会性の育成につながること」を説明し、自主的な行動化を促すことも大切である。

マネジメント場面を減らす技術として「約束事」を決めておくことがある。それによって学習者が自発的に行動することができ、マネジメントに費やす時間を削減することができるからである。学年はじめでは、発達段階に応じて、以下のような約束事を確立しておくことも大切である。

「並び方」

授業のはじめや終わりには必ず集合する場面があるが、体育では体育館やグラウンドなどいくつかの場所で授業を実施するため、各場所ではどこに、どのように並ぶかという約束事を決めておくと授業効率がよくなる。また、授業では、しっかりと整列させたい場面、並び方を気にせずすぐに集めたい場面などがある。集める際、笛の鳴った回数やかざした手の指の本数などでどのように集まるのかを約束しておくとよいし、強い風が吹くような日にグランドに集合させる際には、児童生徒を風上に位置させることで、風塵が彼らの目や口に入らないようにできる。さらに、日差しがある戸外では、学習者には太陽を背中に位置するように並ばせる。それは、学習者にとって逆光とならず、教師の顔をしっかりとみることができるからである。

「集まり方」

教師が目標とする集合時間をカウントし、時間を意識させながら早く行動するようにさせたい。いわゆるマネジメントの行動目標である。その時間内に集まれなかったら簡単なペナルティを与え、次に集合させる場合にもっと早く集まることを意識させたい。

「話の聞き方」

学習指導場面では、静かに、しっかりと体を教師の方へ向けて話を聞かせたい。それは、一回の学習指導でしっかりと伝えたいことを学習者に理解させることが、結局のところそのあとの運動学習場面に移った時にスムーズに学習することができるからである。また、教師が課題を提示する場合は、限られた数にしたい。一度に5〜6の課題を提示すると、学習者は最初に言われた学習課題などを忘れてしまうからである。

イ．単元はじめのマネジメントの工夫とは

単元はじめでは、その単元に必要な用具の準備や後片付けの方法、係分担などを確認させたい。例えば、小学校のマットを準備する際の約束には、以下のような内容がある（平川、2009）。

・マットを遠くに運ぶグループから先に準備を始める
・マットの耳を持ちその腕を曲げ、床に引きずらないように持つ
・できるだけ持っている子が横に移動する方向で運ぶ
・持っている、または持とうとしているマットに乗ったり、踏んだりしない
・マットを所定の位置に置いたら、耳をマットの下側に折りたたんでしまう

このように、各単元においてどのように準備や片付けをするかということを単元はじめでしっかり伝え、単元なかでは、十分な運動学習場面を確保したい。

COLUMN ❷　発展途上国の体育授業——カンボジアの場合——

　著者（松本格之祐）は、2008年正月、2009年夏の2回、それぞれ1週間ほどカンボジアを訪れて体育授業に関するお手伝いをしてきた。さらに、2010年、2011年と続けて訪れる予定でもある。

　発端は、有森裕子[注1]さんが代表を務めるNPO法人から依頼され、ポルポト政権下で国民の四分の一が虐殺されたとも言われるカンボジアで、教育、とりわけ体育科の復興に向けて協力することになったのである。具体的には、日本をモデルにした学習指導要領および解説書の作成、それに沿ったモデル授業の提供、およびカンボジアの体育指導の中心的な役割を担う人材の育成等に対する協力である。後にわかったのだが、小学校での体育授業では、集団行動（列の作り方、行進）が主要な活動内容であるようだ。

　最初の訪問では、日本から参加した5名の担当者がカンボジア各地から集まった代表の先生方に対して、器械運動（マット運動）、体つくり運動・陸上運動（長なわとび、走り高跳び）、ボール運動（バスケット型のシュートボール、サッカー、バレーボール）の授業を展開した。先生方は2日間で全ての授業に参加し、さらに最終日に各グループで模擬授業の案の検討と代表者による模擬授業の指導を担当してもらった。

　全国の先生方が集まり、5つの模擬授業を含む講習会を展開したのは、地方都市の小学校の校庭であった。私はマット運動を担当したのだが、事前に購入してもらったゴザを固い地面に敷き、5グループに分けて展開した。先生方の技能だが、私の補助で前転に取り組んだ女性の先生が、初めて転がる経験を味わったようで、回転終了後に声を出して泣かれてしまった。男性の先生のなかにも、全く回転したことがないという方が珍しくなかった。

著者の指導で前転に取り組むカンボジアの小学校教師

　法人の職員の方々以外にも、ボランティアとして各地の学校に入り込んで活動をしている複数の若者、学校を休職して援助活動に携わる先生、一般企業を退職した後で活動に参加されている方など、カンボジアの教育の復興に向けて尽力されている日本人の存在があった。興味・関心のある人は、一度世界に目を向けてみてはどうだろうか。

注1　有森裕子：1966年岡山県生まれの元マラソン選手。就実高校、日本体育大学卒。1992年バルセロナオリンピック2位（2時間32分49秒）、1996年アトランタオリンピック3位（2時間28分39秒）。自己ベストはボストンマラソンで出した2時間26分39秒。国連人口基金親善大使、NPO法人ハート・オブ・ゴールド代表。

ウ．積極的なマネジメント行動を引き出すためには

　マネジメントに多くの時間を費やしてしまった場合、その原因を学習者に求めるだけでなく、教師がマネジメントに関する約束事や徹底事項を教え、理解させられなかったからだと考えるべきである。マネジメント行動を学習者に教え、理解させる時には、フィードバックや肯定的な相互作用の割合を高く用いるとよい。つまり、学習者がしっかり時間内に集合できたり準備が早く行えたりした際には、賞賛することである。

　行動化がなかなか定着しない場合は、繰り返しその必要性を伝え、カードや掲示板、学習カードなどをとおして、粘り強く取り組むことも大切である。

⑤教材づくりの視点とは

ア．よい教材づくりとは

　教材づくりを行う上では、「素材」と「教材」とについて理解しておきたい。素材とは、スポーツ・運動種目そのものを示すもので、体育の授業においては、この素材をそのまま学習者に行わせても必ず成果があがるというわけではない。なぜなら、スポーツは競技として楽しむために発展してきたのであり、学校教育のために生まれたのではなく、しかも、授業で学ぶ学習者の興味・関心や技能の実態も多様だからである。

　そこで、学習者の実態に合わせて素材を加工・修正する作業が必要になる。その加工・修正されたものが「教材」である。

　教材には、学習者に追求させたり、獲得させたりしたい学習内容が明確に盛り込まれていることが必要である（図3-6）。したがって、教材づくりの際には、①どんな能力を育てたいのか、②そのために何を教え学ばせるのか、についての検討が必要である（内容的視点）。つまり、「わかる」「できる」「かかわる」の観点で教師が何を教えたいのかを明確にし、その単元や限られた授業時間でどこまで達成できるのかということを明確にしておくということである。

　また、学習意欲を喚起するためには、①全ての学習者に技能習得における達成やゲームでの学習機会を平等に保障すること、②能力の発達段階に応じた課題を提示し、学習者の興味・関心への配

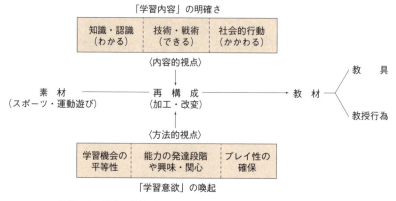

図3-6　体育の教材づくりの過程とその内容的・方法的視点

（岩田、1994）

慮をすること、③学習者が挑戦的で、プレイの面白さに満ちた課題であることなどが求められる(方法的視点)。

つまり、「教材づくり」とは、教師が「素材」としてのスポーツ・運動種目や技を先述した視点から、学習者に教え学ばせたい学習内容を見通し、学習者が楽しく、しかも熱心に取り組める活動や課題となるような「教材」に加工・修正(再構成)していくプロセスである。

イ．発達段階に応じた教材の考え方

今回の学習指導要領の改訂では、小・中・高校の12年間を4・4・4として、動きづくり→多様な経験→一定のルールへの適用、というように構造化を図っている。

すなわち、小学校1年～4年は、多様な動きをつくる視点、小学校5年～中学校2年は、本格的なルールを簡易化する視点、中学校3年～高等学校3年は、共通するルールで行えるようにする視点が求められる。

ウ．教材づくりの具体例

児童生徒の発達段階に応じて、様々な教材づくりが求められるが、ここでは、個人種目の教材づくりとボール運動(球技)の教材づくりにあたっての視点をあげる。

1) 個人種目の教材づくりの工夫例

器械運動や水泳では、達成課題となる技や動きに似たような運動を準備段階で取り上げ、段階を追って技能が向上するように配慮する。

陸上運動(陸上競技)では、動きの達成力を高めることが中心的な課題になるが、走・跳の運動などでは個人差が著しく、苦手な学習者は他者との比較によって意欲が減退してしまう場合が多い。そのため、個々の学習者の目標設定ができ、個人的なチャレンジ(努力と達成)を促す教材づくりが求められる。具体的には以下のような教材である。

「8秒間走」(山本貞美氏考案)

各々のスタート地点から目標とするゴールに8秒間で到着できるかどうかが課題となる。ただ、8秒間走をすれば走能力が高まるというわけではなく、あらかじめ、それに必要な走のドリル教材は不可欠である。

「田植え走」(学校体育研究同志会の実践)

各々の走った足跡を検証し、100メートルの距離を走るつもりが実際は110メートルから120メートルも蛇行して走ってしまっていることへの気付きを促し、学習者の知的好奇心を呼び起こす教材である。

2) ボール運動・球技の教材づくりの工夫例

「ボールを持たない動き」

平成20(2008)年(高校は平成21年)に改訂された学習指導要領では、ボール運動・球技は、「ゴール型」「ネット型」「ベースボール型」と表記された。それぞれのゲームの特性や魅力に共通する3つの型に分類され、学ぶべき学習内容が具体的に明示された。

サッカーやバスケットボール、ハンドボールといった単独の種目を学ばせるのではなく、「ゴール型」という共通する戦術課題を段階的に学ぶことで、生涯にわたってこれらのボールゲームを楽しむ資質や能力を育成することをねらいとしている。したがって、教師は学習者の実態を踏まえ、

何を学ばせるべきかを考え、教材づくりを行わなければならない。

　また、今回の改訂では、「ボールを持たない動き」に着目していることを押さえておきたい。なぜなら、ボールゲームでは、1人のプレイヤーがボールに触る時間は極めて短く、ボールを持たない時の動きが重要だからである。

　一方、「ゴール型」「ネット型」「ベースボール型」のそれぞれの特性に迫るためには、一律に「ボールを持たない動き」を誇張しすぎないように配慮することも重要である。ボールを持たない動きに着目しすぎるあまり、スペースには動けるが、ボール操作ができないといったケースに陥るからである。型に応じて、ボール操作に必要な時間数も検討して計画する必要がある。

「ゲームのミニ化・簡易化」

　体育授業で11人対11人のサッカー、5人対5人のバスケットボールのオフィシャルルールでゲームを行った場合、そこで行われているゲームは技能の高い学習者がゲームを支配し、多くの学習者はゲームに参加しているとは言えない状況になりやすい。このような状況を作り出さないために、ゲームをミニ化・簡易化させる必要がある。小学校学習指導要領解説体育編（文部科学省、2008）では「『簡易化されたゲーム』とは、ルールや形式が一般化されたゲームを児童の発達の段階を踏まえ、プレーヤーの数、コートの広さ（奥行きや横幅）、プレー上の制限（緩和）、ボールその他の運動用具や設備など、ゲームのルールや様式を修正し、学習課題を追求しやすいように工夫したゲームをいう」と記載され、ゲームを学習者の実態に合わせて修正された教材を用意する必要を示している。

「ゲームの誇張化」

　能力の低い学習者にもたくさんの成功体験を味わわせることができるゲームを行う必要がある。教師が何を教えたいかによって、コートの広さやボールの形などを変える方法がある。例えば、ハンドボールゲームの授業で、サイド攻撃を意識させるためにゴールの形を「ハの字」にする。正面からはシュートが入りにくいためロングシュートは軽減し、パスを有効に活用するようになる。また、サイド攻撃を実施しても、ディフェンスの能力が向上するとなかなかゴールできなくなる。その時の解決策にポストプレーやスクリーンプレーなどが生まれる。

「アウトナンバーゲームを導入する」

　実際のゲームを分析すると、攻撃と守備が同じ人数であるイーブンナンバーのゲームでは、教師が期待するゲームパフォーマンスはあまり出現しなかった。そこで有効なのが「アウトナンバーゲーム」である。アウトナンバーゲームとは2対1や3対2といったあらかじめ攻撃側が人数的に有利なゲームであり、攻撃側が有利であるのでプレイの成功率も高く、学習者が比較的楽しみやすいゲームである。このアウトナンバーゲームの有効性については鬼澤らの研究（2008）で明らかにされている。ボールゲームでは、こういった点を意識して教材づくりを行いたい。

3）教材に応じた教具の開発

　「教材づくり」にあたって、学習課題が学習者にわかりやすいものであり、ねらいに応じた教材を提供するためには、それに見合った「教具」を用意しなければならない。つまり、「教具」とは、合理的な運動学習を促進させる補助的・物的な場や課題を提供する「モノ」である。「教具」は以下のような機能を果たす。

> ・運動の習得を容易にする（運動課題の困難度を緩和する）
> ・運動の課題性を意識させ、方向づける（運動の目標や目安を明確にする）
> ・運動に制限を加える（空間・方向・位置などを条件づける）
> ・運動の出来栄えにフィードバックを与える（結果の判断を与える）
> ・運動の原理や概念を直感的・視覚的に提示する（知的理解を促し、イメージを与える）
> ・運動課題に対する心理的不安を取り除き安全性を確保する

　一方、教材づくりは授業づくりの中心といっても過言ではないが、さらに教材をめぐる学習活動を焦点化させ援助していくためには、個々の学習者や学習集団に対する教師の学習指導が重要になる。学習者は、最初から学習課題を明瞭に把握しているわけでもなく、課題の達成・解決への道筋を理解し、見通しを持っているわけでもない。また、教師の働きかけは、授業において学習者がより意欲的になることに向けられなければならない。特に、体育授業におけるクラス全体に対しての説明や、練習やゲーム場面での個々の学習者や特定のチーム（グループ）への関わり方と密接に結びついている。

　例えば、学習者にとって、学習する運動の目標像やイメージや、そこにおいて「すべきこと」「何ができたらよいのか」が、鮮明に意識できるかどうかが意欲的な取り組みの入口であるとすれば、教材（課題）についての教師の「説明」「指示」の言葉は当然ながらわかりやすく、具体的であることが求められる。また、「演示」「発問」は教材の要点を確認させていくとともに、学習者の意識を的確に方向づけることに向けられる必要がある。さらに、課題に取り組んでいる学習者の成果（できばえ）に関わって、「賞賛」「フィードバック」「助言」の言葉を投げかけていくことは、学習者と教材の関係をより密接なものにしていくための教師の働きかけである。

【セルフチェック】——1

学習者から「ワー、すごい」「がんばれー」「もう少しだよ・・」などの声が自然にあがるのは、教師がどのような授業を展開しているからだと思いますか。以下から選んでみよう。

（回答のヒントは80ページ参照）

1．ゲームを中心に自由にやらせているから。　　　　　　　　　　　　　　YES　　NO
2．学習目標や内容を明確にして、学習者に達成感や有能感を味わえるようなスモールステップを用意しているから。　　　　　　　　　　　　　　　　　　　　　　　　　　　YES　　NO
3．教師がどの子どもにも温かな目を向け、少しでも進歩した際には具体的にほめているから。
　　　　　　　　　　　　　　　　　　　　　　　　　　　　　　　　　　YES　　NO
4．まず教師が積極的に応援したり声かけをするようにしているから。　　　YES　　NO
5．教え合いや応援が活発なグループを積極的に評価しているから。　　　　YES　　NO
6．基礎的な技能を高める内容を繰り返し指導しているから。　　　　　　　YES　　NO

第3章　保健体育教師の仕事とは

ひとくちメモ ❶　授業の見学者を少なくしよう！

　ちなみにインターネットで「体育嫌い同盟」を検索してみると、以下の種目が上位に出てきます。見学者を減少させるためにも、その種目と対策について考えてみることにします。

「ペア持久走」

　嫌いな種目の第一位は「マラソン・持久走」です。
　「友達と話すことができる速さで走る」という課題で持久走の授業を実施してみます。時間も3分・4分・5分のなかから選択させてもよいでしょう。また、走るコースもペアに決めさせるのもよいでしょう。とにかく、学習者が無理なく取り組める段階から学習をスタートさせること、自分たちで取り組む内容を決めるようにさせてみることです。
　保健学習や理論学習と関連させて、脂肪の燃焼＝スタイルの改善、新陳代謝の促進＝肌のつやのよさなどを強調すると、女子生徒の学習意欲にもよい影響を与えることができるのではないでしょうか。何しろ、中・高年が日常的に取り組む運動の上位には、ジョギング、ウォーキングという陸上競技に関わる運動が上位にきているのですから。

「水泳」

　嫌いな種目の第二位は「水泳」です。理由ははっきりしています。「泳げない」からです。「水中への顔着け」「浮き身（足を床から離した姿勢）」「呼吸」というのが泳げない生徒が抱える技能的な問題です。たとえ中学生や高校生であっても、この3つをクリアしなければ一定の距離を泳ぐことはできません。ですから、技能的につまずいている生徒でも「やれそうだ！」と思える、じゃんけん股くぐり、伏し浮き、けのび、顔を上げたビート板バタ足・かえる足、ビート板をお腹に抱えた背浮きバタ足・かえる足といった運動を、クロールや平泳ぎで一定距離を泳ぐ前に十分に取り上げることです。
　急がないで一歩ずつステップアップできるよう指導することが大切です。

「球技」

　生徒が「大好き！」と言いそうな「球技」が、嫌いな種目の第三位です。体育・スポーツが大好きな人には意外でしょうが事実なのです。まず、投げたり、捕ったり、打ったり、蹴ったりするボール操作が上手くない人が嫌いだと言っています。また、ゲームのなかでどのように動いたらよいかがわからない、動けないと文句を言われる、だから嫌いだと言う人もいます。
　このような生徒には、基本的なボール操作技能を向上させ、種目で要求されるルールや動きを理解させる指導を心がけることです。

(3) 知っておきたい運動指導のコツ

　以下に述べていく内容には、先述したものと重複する部分があるが、体育授業および体育指導において特に重要なことがらであると理解していただきたい。

①運動の関連・系統をふまえる
　授業に参加する学習者の運動技能や運動に対する興味・関心は多様である。そのため、教師は可能な限り全員の児童生徒が意欲的に取り組む授業をつくるように努力しなければならない。
　それには、運動につまずいている学習者を主要な対象にして授業をつくっていくことである。その際、授業の準備段階で、個々の生徒が主要教材に関する技能のレベルアップを図ることのできる基礎的な運動を準備し、継続して指導していくよう配慮することである。ここでは、器械運動と球技を例に紹介する。

「器械運動での運動の関連・系統」
　(1)でマット運動の単元例を示したが、そこで共通に学習する内容として転がる運動の仲間としての「前転系」「後転系」を示した。また、小学校のマット運動でつまずいた生徒がいることも考えられることから、初歩的な転がる運動の初歩として位置づくゆりかごから取り上げるようにした。
　前転系では大きな動きの前転の習得が多様な種目への発展の重要な共通ポイントになり、後転系では回転の勢いと両手の押しが多様な種目への発展の重要な共通ポイントになる。
　側方倒立回転系でも腕支持での回転の初歩としての川わたりを示した。技能的に不安のある生徒であっても、発展する種目との共通ポイントである腕支持での回転感覚と着手・着地の順序性、回転中に着手の位置をみること等を学習できるように単元計画を考えたからである。

「球技における『型』の意味」
　平成20年の学習指導要領からはゴール型(バスケットボール、ハンドボール、サッカー)、ネット型(バレーボール、テニス、卓球、バドミントン)、ベースボール型(ソフトボール)の3つの型として示された。つまり、それぞれの種目を個別に指導するのではなく、ゲームの様相やボールを持たない動きの共通性・特性に着目して指導するよう配慮されたのである。
　例えば、これまで個別に示されたバスケットボールとサッカーだが、2つの種目でのボール操作に手と足の違いはあるものの、相手のコートに侵入し、攻防入り乱れながら得点を競い合うゲームとしては同じゴール型ととらえたのである。特にボールを持たない時の動きは、指導者にも学習者にも共通した学習内容として意識されることが求められているとも言えよう。

②やさしい運動教材にする
　①に関連して、ボールゲームについてもう少し具体的に述べてみよう。
　例えば11人対11人でのサッカーや7人対7人のハンドボール、6人対6人のバレーボールなど、競技で実施されている人数で、体育授業を行っても、十分な学習成果を望むことはむずかしい。
　それは、①人数が多すぎて実質的にゲームに参加している者の人数が一部に限られること、②ルールやゲームでの動きへの理解が十分になされないことなどが理由だからである。

そのため、バレーボールを正規のネットの高さで、しかも6人対6人で行うと、サーブが入らない、サーブが入っても返球できない場合がほとんどとなる。したがって、授業のねらいである三段攻撃（レシーブ、トス、アタック）が出現する状況には至らないのである。

そこで、一人でも多くの児童生徒がゲームに参加し楽しむためには、彼らの実態や授業のねらいに応じて、以下のように「ボール」「ゴール」「コート」「ルール」「人数」について柔軟に変える必要がある。ゲームの様相は、ボールを変えるだけで激変する。

● 「ボール」（用具）を工夫しよう

以下のようなねらいでボールの大きさ、硬さ、空気の入れ具合などを変えてみる。
・片手で投げやすい大きさ、あるいは捕球しやすい大きさにする。
・ボールが体に当たっても、それほどの痛みを伴わない硬さで、柔らかい素材のものにする。

・コート外に出たボールが遠くまで転がらない空気圧にする。

・ポートボールやバスケットボールでは、パスだけでゲームを展開するために、手で弾ませられない空気圧にする。

・ネット型やベースボール型で、ボールを打ったり捕ったりすることが容易になるように用具を工夫すること

● 「ゴールの高さや大きさ」を工夫しよう

ボールゲームの面白さは、得点することである。そこで、球技が苦手な生徒にも得点の機会を増やすことをねらって、ゴールの大きさや得点の方法を工夫する。

【バスケットボール】
・ゴールを低くしたり、ゴールのリングを取り外し可能にして大きなリングと取り替える。
・シュートの苦手な生徒でも得点できるように、単元の初期には、リングに当たると1点、ゴールに入ると2点にする。

・男女共習の授業で、女子の得点を男子の2倍にする。
・全員にシュートをさせるために以下のような得点方法にする。
　1回目のゴールを10点にし、同一人物の2回目以降のゴールを1点にする。
　（1人で3回のゴール＝10＋1＋1＝12点、違う3人がゴール＝10＋10＋10＝30点）

【ハンドボール型やサッカー型】
・サイドからの攻撃が生まれるようにゴールを横向きに設置し、左右いずれからでも得点できるようにする。
・コートの幅のままにゴールエリアを設定し、ゴールエリアにいる味方にパスを通すことで得点できるようにする。

●「コートの大きさ」などを工夫しよう
【ゴール型】
・ゴールとゴールの距離を近くする。
・サイド攻撃を容易にするためにコートの幅を広くする。
・多くのゲームが同時に実施できるように、またネットの高さを低く設定するために、バドミントンのコートと支柱を使ってバレーボール型のゲームを行う。

【ベースボール型】
・人数を少なくしたり、あるいは守備の場所を限定したりするために、四角ではなく三角のグラウンドにする。

●チームの「人数」を工夫しよう
　ゴール型の場合、チームとして機能するためには複数のパスコース（ボール保持者＋ボールの受け手2人）を確保できる3人を最小人数にしたい。5人対5人ではゲームに参加できない者が出てくるからである。

●「ルール」を工夫しよう
　これまで述べてきた「ボール、ゴール、コート、人数」の検討に関わって重要なのがルールである。特に、初めて取り組む際にはルールは単純にし、学習のねらいを達成するためのルールを検討すべ

きである。限られた施設や授業時間という制約による新たなルールづくりもあるだろうが、いずれにしても、ねらいに即したもので、学習者が意欲的に取り組み、達成感が味わえるような、やさしいルールづくりを心がけたい。

いくつか具体例を示してみることにしよう。

> ・アウトナンバー(数的優位)の状況を生み出すために、自陣のみ(コート半分)でしかプレーができない者を設定する。
> ・得点者が自分で得点板をめくる(その間、相手チームが数的優位の状況)。
> ・ボールがコートから出てしまう時間を無くし、ゲームに参加していないメンバーに役割を与えるために、コートから出たボールを拾って味方に渡すことのできる外野を設定する。
> ・バレーボール型で三段攻撃を容易にするために、セッターは返球されたボールを両手でキャッチし、トスをあげることができる(小学校ではワンバウンドOKというルールで行われている授業もある)。
> ・授業時間内にゲームが終了できるように、ベースボール型でも時間によって攻守交代にする。あるいは全員が攻撃してから攻守交代する。

③学習の場や用具を工夫する

ねらい(学習目標)に対応して、あるいは学習者にやさしい状況を生み出すために、学習の場が多様に工夫される必要があるが、以下に、球技以外の例をいくつか示してみる。

「持久走」の工夫
・ペアで一定時間走るコースを、それぞれが自由に設定できる。
・走るペースや走った距離が把握できるように、トラックに10m毎にマーカーを置く。
・デジタルタイマー、あるいは各グループ・ペアにストップウォッチを用意する。
・心拍数が計測・記録できるよう測定・記入場所が準備されている。

「ハードル走」の工夫
・走力や中間のスピード、ハードリングのリズムに応じて選択できるコース、インターバルの違う複数のコースを準備する。
・ハードルの上部に柔らかい緩衝材を装着する(パイプ凍結防止用のカバーが安価であり、長さも必要に応じてカットできる。高跳びのバーに装着も可能)。

ハードル上部の緩衝材

「マット運動」の工夫
- 前転、後転の学習のために工夫した4つの場の例
    1. 段差－重ねたマットで起き上がりを容易にする

開脚前転、開脚後転

    2. 跳び箱1段－初歩の台上前転の経験、台上からしっかりと両手で体を支えた前転

台上前転、とび前転、膝伸ばし（大きな）前転

    3. 坂道－踏み切り板で坂をつくり、回転を容易にする

開脚前転、伸膝前転、後転、開脚後転、伸膝後転

4．壁―壁に向かっての逆立ち、壁に背を向けた姿勢から壁を足でよじ登った逆立ち

三点(頭支持)壁倒立、壁倒立、倒立、倒立前転、倒立開脚前転

④個人・グループの活動内容や課題を明確にする

　具体的な授業場面で重要になるのは、学習に取り組む個人あるいはグループが明確な活動課題を持っているかどうかということである。以下は、そのための具体的方法である。

「1つ先の指示を出そう」

　学習内容を説明して活動場所に移動させる際に、移動した後に何を・どの程度行うか指示しておくことである。このように、1つ先の指示を与えることは、無駄な時間や手持ちぶさたの学習者をつくらないことにつながる。

　例えば、各グループでマットを準備させる際に、準備ができたグループから前転連続・後転連続を行い、それが終了したらマットの横に並んで待機させる。また、サッカーの授業で、活動場所に移動したら、仲間で左右の足でのインサイドパスを練習し、その後に1分間でのインサイドパスの記録に挑戦させるといった1つ先の支持を出す。

「具体的な課題を示そう」

　インサイドパスを例にすると、単に「インサイドパスをします」という指示よりも、「1分間のインサイドパスの回数に挑戦します。最初は5m離れて10回のパスをします。それが終わったら10mで10回取り組みなさい。それでも終了の合図がなければ、終わりの合図があるまで15mで挑戦しなさい」「開始の合図があるまで、相手が無駄に動かなくて済むように正確にパスできるよう練習しましょう。終了後には配布した学習カードに回数を記録します」という具体的なものにする。こうすることで、学習者は回数の伸びも実感することができる。

　最初に説明し理解させておけば、2回目からはスムーズに取り組むことができ、また、記録の伸びたグループ・ペアに対する評価も可能であり、学習カードをチェックして伸び悩むグループ・ペアへの個別指導も可能になる。

　毎授業で繰り返し取り組む課題の設定方法として、次の2つが考えられる。それぞれのメリットとデメリットを理解して活用することである。

●「一定時間」
　　　　メリット…全員が同時に開始し、同時に終わることができる。
　　　　　　　　時間的なロスがない。
　　　　デメリット…上手くない者の取り組む回数・距離が少ない。
　　　　　　　　最悪の場合、一度もできないままで終わる。
●「一定の回数・距離」
　　　　メリット…全員が同じだけの運動の回数・距離を経験できる。
　　　　　　　　上手くない者にも一定の取り組みが保証される。
　　　　デメリット…終了がまちまちである。
　　　　　　　　早く終わった者の待ち時間が長くなり、遊び出す。

「適切なスモールステップ」を設定しよう

　学習者は、目標としている具体的な課題を達成した時に大きな喜び・達成感を味わうが、何度取り組んでも課題が達成できない時には意欲は低下する。そうしてみると、個人やグループの実態に合った具体的な課題の設定が大変に重要になる。また、「自分でも頑張ればできる！」という運動有能感を抱かせるためには、課題の達成は一度だけではなく連続して味わわせたい。そのために、階段を一段ずつ昇るように設定された課題＝スモールステップが有効になる。

具体的な課題の設定が重要な体育

　先述した山本貞美氏の実践で知られる「8秒間走（スタートして8秒以内にゴールに着けるかどうかに挑戦する短距離走教材。達成できたら1mずつスタート位置を遠くする＝得点が高くなる）」はその典型である。個人技能教材はスモールステップが設定しやすいが、ボールゲームでは個人のボール操作技能向上などでスモールステップを設定しやすい。

　小学校の鉄棒運動に「かかえ込み回り」という種目がある。肘で体を支え、大腿を持って前方に回転する種目である。この運動は補助での回転が容易である。また、片足抱えや腕交差、後方回転といった種目に発展させることができ、前方支持回転や後方支持回転の基礎的種目と位置づけることもできる。つまり、補助でのかかえ込み回りからスタートさせて、前方支持回転・後方支持回転までを同じ仲間（ファミリー）の運動群と位置づけると、スモールステップも設定しやすい。

第3章　保健体育教師の仕事とは

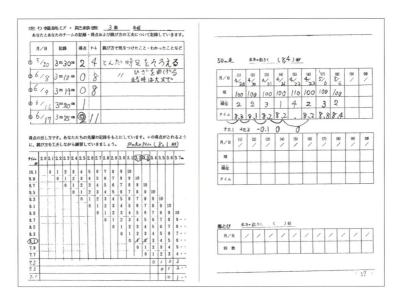

図3-7　小学生が書いた学習カード

「学習カードを活用しよう」

　スモールステップは、単発の授業ではなく一定期間継続することでより有効になる。その際に有効なのが学習カードである。学習カードをチェックすることによって、今日の授業のなかでの伸びや一定期間をかけての伸び、あるいは伸び悩んでいる個人やグループの把握とそのことへの対応にも有効である。

　学習カードの重要性は、単元計画、単元での主要なねらい、および単元の各授業で取り上げる内容が決定していないと作成できない点にある。その場の思いつきで記録させようとしても、計画に則った準備ができていないと無理である。また、記入内容がむずかしかったり記録することが多すぎても、授業で活用するには有効ではない。継続して記録でき、なおかつそれをみて学習者も教師もわかりやすいシンプルなものが適当である。学習内容に関わって、多少複雑な記録を残そうとするならば、その記録方法について単元初期にしっかりと指導しておく必要がある。

　簡単な学習カードへの記録例としては、バスケットボールのシュート練習の記録、バレーボールのアンダーとオーバーの記録がある。ただし、それらを継続して記録させて技能の伸びの様子を確認し、適切に指導・評価していく必要がある。また、単元の目標や学習内容との関連で、バスケットボールであればゲームのなかでの各自のシュート数とゴール数、アシスト者の記録も可能であろうし、バレーボールであればゲームのなかでの三段攻撃の出現数とその成功数、各自の触球数は記録が可能であろう。

⑤**グループの人間関係をよくする――体育嫌いの学習者が安心できるようにするには**

　同じ指導案で授業を展開しても、なかなか意欲的な取り組みがみられない学級もあれば、喜々として取り組む学級もある。その違いは、生徒相互の関係、教師と生徒との関係で、信頼関係が築くことができているか否かの違いである場合が多い。

保健体育教師の仕事とは　第3章

図3-8　温かい仲間関係が成立している小学校の授業

　体育嫌いの生徒の理由には、運動技能はもちろんだが、仲間との関わりに関することも多い。その意味では、安心して失敗できる仲間の雰囲気、学習への取り組みに際して応援してくれる仲間の存在は、集団で活動することがほとんどである体育授業では特に重要である。温かい仲間相互の関わりは、結果として授業の成果を左右する問題でもあるといってよい。

　個人種目であっても集団マットやシンクロ水泳などのように、「集団化」して作品づくりやその発表を楽しんだり、個人の記録をグループで合計してグループ得点を算出する「個人記録の集団化」がある。また、教え合いの結果としての仲間の伸びがグループの伸びになるように設定する「個人の得点の集団化」を行うことによって仲間とともに育つ体育授業にしていくことができる。

　グループの人間関係をよりよいものにするためには、グループで課題を達成した時やグループの仲間の記録が伸びた時、少々大げさでも達成の喜びを表現させることである。できれば教師も一緒になって喜びを分かち合いたいものである。

⑥授業中の学習者を観察する

　教育実習に参加する学生のなかには、授業の始めやまとめの際に生徒の前に立ち、授業内容・方法や本時の取り組み等について学習指導を行っている時が教師としての主要な活動だと思っている人もいるようだ。しかし、以下の理由で、学習者が運動学習に取り組んでいる時の教師の行動についても真剣に考えてみるべきだろう。

　工夫した教材が実際に学習者にどのように受け止められているのか、あるいは指導方法はこれでよいのかということを確認することである。自分なりによいと思う内容や方法であっても、それが適切かどうかは生徒の授業で取り組む様子から判断するしかない。また、気になっている生徒やグループとの具体的な関わりの場と時間は、それぞれが個別に活動している時にしか確保できない。さらに、生徒の授業評価と関連のあるフィードバック（相互作用行動）の機会も、それぞれが個別に

第3章　保健体育教師の仕事とは

運動に取り組んでいる時である。

　よりよい授業づくりをめざすならば、生徒が運動学習に取り組んでいる時に、あらかじめ観察する視点やグループを決めて関わっていくようにしたい。

⑦小学校での指導のポイント

　幼稚園を卒園したばかりの1年生から中学校に入学する直前の6年生まで、小学校の児童は幅が広い。そこで、低学年・中学年・高学年別に体育指導のポイントについて簡単にふれる。

「低学年」　多様なことに興味を持つが、意欲・頑張りが効く時間は短いので、45分授業で3つの教材を用意したい。また、1人でできるという運動を繰り返し取り組むことを好み、集団での活動には適していない。個々の子どもに多様な動きの経験をたっぷりと味わわせる時期である。

「中学年」　低学年と比べて1つの運動に取り組む時間が長くなり、活動意欲も旺盛である。また、低学年の多様な動きの経験を元に、技能の伸びが顕著にみられる。楽しさも大切だが、できる・上手になることを十分に味わわせられる時期でもある。集団での思考や達成も意識して学習を進めるようにしたい。

「高学年」　二次性徴期にあたり、身体的にしっかりとしてくる児童が多い。また、中学年よりも体重が重くなり、逆さになりにくい体型にもなる。したがって、中学年でできていた逆上がりなどが一時的にできにくくなる児童も出てくるので、単元の最初では、それまでの学習を振り返るところから学習をスタートさせる配慮が大切になる。一方、自立していく時期にあたるので、自主性（自己選択、自己決定、創意工夫）を尊重した学習の進め方も大切にしたい。

⑧中学・高校での指導のポイント

　生徒の技能は多様であることを念頭に、特に技能が遅れ気味の生徒には温かい眼差しを持って指導することである。したがって、単元計画の作成に際して、短時間でよいから基礎技能の確認・定着の時間を継続して設けるよう心がけたい。また、運動部活動で実施している練習内容を体育授業にそのまま持ち込んだり、自身の経験を頼りに指導する場合もみられることもあるが、教材や指導法の研究、指導する生徒の実態把握に努める姿勢が大切になる。

第3章　保健体育教師の仕事とは

【セルフチェック】──2

跳び箱で「開脚跳び越し」ができない小学5年生がいます。あなたが教師なら以下の方法に賛成か反対か、YESかNOで答えよう。

(回答のヒントは、80ページ参照)

1．バン！と音がするくらいに、しっかりと踏み切るように言う。　　　　　　　　YES　　　NO
2．跳び箱の先に手を着き、跳び箱をしっかりと押すように言う。　　　　　　　　YES　　　NO
3．両手で体を支えることに恐怖心を抱いている場合が多いので、その恐怖心を取り除くスモールステップの課題を行わせる。　　　　　　　　　　　　　　　　　　　　　　　　　YES　　　NO
4．他の教材の指導のときにも、運動場でのタイヤとびや馬跳びなどを継続して取り上げて指導し、跳び越す技能を高めておくようにする。　　　　　　　　　　　　　　　　　　　　YES　　　NO
5．跳び箱を横にして跳び越えさせ、自信を持たせてから再挑戦させる。　　　　　YES　　　NO

【セルフチェック】──3

バスケットボールの技能を向上させるにはどうしたらよいと思いますか。あなたが教師なら以下の方法に賛成か反対かYESかNOで答えよう。

(回答のヒントは、80ページ参照)

1．各種のパスやドリブル、ランニングシュートなどの個人練習の時間を多くとる。　YES　　　NO
2．個人技能の練習は、課題なども設定してドリル化する。　　　　　　　　　　　YES　　　NO
3．2対1、3対2などのアウトナンバーのゲームを多くして、各自の課題を明確にする。

　　　　　　　　　　　　　　　　　　　　　　　　　　　　　　　　　　　　YES　　　NO
4．ハーフコートを使い、攻撃と守備の役割を決めて取り組ませる。　　　　　　　YES　　　NO
5．ゲームの前に、試合場面を想定した練習を取り入れる。　　　　　　　　　　　YES　　　NO
6．練習の記録を残し、技能上達の様子を具体的に理解させる。　　　　　　　　　YES　　　NO

第3章　保健体育教師の仕事とは

【セルフチェック】――1の回答

1．NO（ゲームは楽しい活動である。しかし、ゲームだけでは活躍する生徒は限られ、技能の低い生徒はゲームを傍観するだけになってしまう。

　チームとしてゲームを楽しみ、生徒相互の関わりを育成するためには、個々の生徒の基礎技能を向上させる内容と取り組みの時間を確保しなければならない。

　また、チームとして戦術を話し合う時間やチーム練習の時間、ゲームにおけるチーム戦術の達成度合いや個人の動きについて振り返る時間も必要になる。チームの仲間の共感的な関わりは、単にゲームを繰り返しても育たない。）

2～6．YES

【セルフチェック】――2の回答

1．NO（跳び箱を跳び越すことができない児童は、跳び越す感覚・技能が身についていないことが原因である。

　そのような児童には、馬跳びやうさぎとびのような、腕で身体を支えながら移動する運動に取り組ませることによって、跳び越す感覚・技能を高めることが重要である。

　跳び越す動きに慣れていない児童に勢いよく助走をつけさせ、強く踏み切ることを要求することは、恐怖心を増大させるだけでなく、勢いを止めようとして手首を痛めたり跳び箱から落下する事故につながることもある。）

2．NO（手を着く位置が手前のために、もう少しというところで跳び越すことができない児童には、「もっと、しっかり踏み切ろう」と言うのは、有効なアドバイスとなる。

　しかし、基本的には上の回答と同様に、まず、馬跳びやうさぎとびのような腕で身体を支えながら移動する運動で跳び越す感覚・技能を高めることから指導すべきである。）

3～6．YES

【セルフチェック】――3の回答

1．NO（指導する対象となる生徒の実態にもよるが、まずは全員が得点できるようにシュートの技能の向上を重要視すべきである。次に、ゲームでボールをゴールに進めていくためのパスの技能、さらにドリブル、というように指導の段階を考慮する必要がある。

　個人技能に関わる多様なパス、シュート、ドリブルなどを満遍なく取り上げようとすると、チームとしての攻撃や守備の練習時間、最も楽しみであるゲームの時間が確保できなくなってしまう。

　運動部活動と違って、時間も回数も限られた体育授業である。実際のゲームに生きてこない技能の練習に授業時間の多くを費やしている場合がみられることを反省し、取り上げる内容を検討すべきである。）

2～6．YES

〈引用・参考文献〉
(1) 高橋健夫・米村耕平(2004)学習の勢いと雰囲気を生み出す指導方略及び指導技術の検討．研究代表高橋健夫　大学・大学院における体育教師教育カリキュラム及び指導法に関する研究．平成13～15年度科学研究費補助金(基礎研究B)研究成果報告書．pp156-165．
(2) Mosston,M., and Ashworth, S(1994)Teaching physical education. 4th ed.. Macmillan.
(3) シーデントップ：高橋健夫他訳(1988)体育の教授技術．大修館書店．
　　高橋健夫・岡出美則・友添秀則・岩田靖編(2002)体育科教育学入門．大修館書店．
(4) 高橋健夫編(2003)体育授業を観察評価する．明和出版．
(5) 福ヶ迫善彦・スロト・小松崎敏・米村耕平・高橋健夫(2003)体育授業における「授業の勢い」に関する検討：小学校体育授業における学習従事と形成的授業評価との関係を中心に．体育学研究48(3)：281-297．
(6) 吉崎静夫(1997)デザイナーとしての教師アクターとしての教師．金子書房。
(7) 米村耕平・福ヶ迫善彦・高橋健夫(2004)小学校体育授業における「授業の雰囲気」と形成的授業評価との関係についての検討．体育学研究49(3)：231-243．
(8) 高橋健夫・野津有司(2008)小学校学習指導要領の解説と展開　体育編．教育出版．
(9) 平川譲(2009)よい授業を支える「約束事」—約束の目的と具体—：体育科教育,57(2)：34-37．
(10) 高橋健夫編(1994)体育授業を創る．大修館書店．
(11) 文部科学省(2008)小学校学習指導要領解説　体育編．東洋館出版社．
(12) 鬼澤陽子・小松崎敏・吉永武史・岡出美則・高橋健夫(2008)小学校6年生のバスケットボール授業における3対2アウトナンバーゲームと3対3のイーブンナンバーゲームの比較—ゲーム中の状況判断力及びサポート行動に着目して—．体育学研究53(2)：439-462．

第3章　保健体育教師の仕事とは

2 | 保健学習の指導

(1) 保健学習の授業の前に

①保健学習の歴史
1) 学制発布[注1]から戦後間もないころ

　わが国において保健教育に関するものが学校教育で取り上げられたのは、明治5（1872）年に学制が発布され、小学校で実施すべき科目等が示された時であるとされる。このころ、小学校で教師が用いたとされる『健全学』は、杉田玄瑞[注2]が著わしたもので、「人身体の論」、「健全及び疾病の論」、

表3−4　学校体育指導要綱に示された「衛生」の内容（1947年）

小学校	1,2,3年	4,5,6,年	中学校	高等学校
身体の清潔	手・足 口・歯・顔 髪 からだ	手・足 口・歯・顔 目・耳・鼻 髪 からだ	衣食住の衛生 皮膚の摩擦 姿勢	衣食住の衛生 姿勢 身体の測定
衣食住の衛生	衣服 食事 消毒	衣服 食事 消毒 採光・換気	身体の測定 病気の予防	病気の予防 社会生活の衛生
休養・睡眠	休養 睡眠	休養 睡眠	社会生活の衛生	精神衛生
皮膚の摩擦	摩擦	摩擦	看護法（消毒法を含む）及び救急処置 精神衛生	性教育
姿勢	静止時 運動時	静止時 運動時		
身体の測定	体重	体重 身長 胸囲		
病気の予防	トラホーム 近視 むしば 寄生虫病	トラホーム 近視 むしば 結核 急性伝染病 寄生虫病		
傷害の防止	けが やけど	けが やけど		
看護法（消毒法を含む）及び救急処置		看護法 救急処置		

注1　学制発布：第1章の注1（3ページ）参照。
注2　杉田玄瑞：1818−1889。三河出身の蘭学者。開成所教授として、新島襄らの多くの人材を育てる。東京神田に共立病院を創設する。

「大気浴場及び運動を論ず」[1]などが示されており、これらは、今日の学習指導要領で示され、保健学習で取り上げているものと関連している項目と考えられる。

教育課程上、現在のような固有の目標を持ち、内容が構成されるようになってきたのは第2次世界大戦後になってからである。昭和22(1947)年に発行された『学校体育指導要綱』によれば、保健に関するものとして「衛生」というまとまりがあり、そこには表3－4のようなものが示されている[2]。

2）保健体育科の成立へ

現在の中学校および高等学校の保健体育科が成立の始まりは、昭和24(1949)年に公(おおやけ)にされた『中学校保健計画実施要領』において「健康教育」の項が設けられ、その必要性、目標、内容などが示された[3]のが始まりといえよう。昭和26(1951)年には中学校および高等学校が、それまでの体育科から保健体育科に名称が改められた[4]。このような変更は、それまで保健の内容が「衛生」として体育の内容とともに実施されてきたことや、アメリカのHealth and Physical Educationの影響を受けて「体育の一翼」として位置づけられており、体育と学校衛生が密接であったこと、保健の指導者が不足していたことなどがあげられている[5]。

現在、平成20(2008)年、平成21(2009)年に改訂された中学校および高等学校学習指導要領保健体育科の目標においては、「心と体を一体」としてとらえることが引き続き重視されている[6],[7]。このことは、これまで以上に体育と保健が結びつき、関連し合って、保健体育科という教科がより強固なものとして、どのように固有性を打ち出していくのかが問われているといえよう。

②保健学習の目的、意義

保健学習の目的は、科学的認識の形成にあるといってよい。『学習指導要領解説』によれば、小学校は「実践的に理解すること」[8]、中学校は「科学的に理解すること」[9]、高等学校は「総合的に理解すること」[10]である（図3－9）。ここでいう「理解」とは、「内容を単に知識として、また、記憶としてとどめることではなく、生徒が現在および将来の生活において健康・安全の課題に直面した場合に、科学的な思考と正しい判断の下に意志決定や行動選択を行い、適切に実践していくための思考力・

図3－9　小、中、高校における保健学習の目標のイメージ
小学校は実践的に、中学校は科学的に、高等学校は総合的に理解することが求められている。

表3-5「保健学習・保健指導・総合的な学習の時間」の関連（2009：今関）

	①保健学習	②保健指導	③総合的な学習
目標	○科学的思考力の発達と科学的認識（判断力）の育成 ○健康に関する意志決定と行動選択のための資質や能力の育成 ○長期的 ○意図的・計画的、組織的 ○教科の枠組みや目標を持つ	○具体的な日常の健康課題に即した実践的な態度と能力の育成 ○臨機的（流行） ○意図的・計画的（行事）、組織的、個別的 ○健康の枠組みを持つ	○横断的・総合的な学習や探究的な学習を通して、よりよく問題を解決する資質や能力の育成 ○学び方やものの考え方を身に付け、問題の解決や探究活動に主体的、創造的、協同的に取り組む態度を育てる ○自己の生き方を考える ○各学校において目標、内容を定める（H20.3中学校） ○発展的（長期と臨機を包含する） ○問題解決的（学習者の興味・関心と意図・計画）、組織的、個別的 ○教科の目標を統合、または教科や健康の枠組みにとらわれない
内容	○現在から将来に向けての健康課題を中心 ○一般的・基本的な概念 ○保健の科学（健康の理論、学際領域） ○構造的（系統性・関連性） ○範例的 ○基礎的・基本的事項	○当面する健康課題を中心 ○実際生活（実践） 　ただし保健の科学に裏打ちされていることが求められる ○臨機的（季節） ○直接的 ○健康課題への対処	○横断的・総合的な（健康という領域にとどまらない）課題、生徒の興味・関心、地域や学校の特色に応じた課題についての課題を中心 ○教科・科目および特別活動で身に付けた知識・技能等を相互に関連づけ、学習や生活において生かし、それらが総合的に働くようにする。（教科の内容にとらわれないで、自己の在り方生き方や進路について考察） ○構造と実際生活の統合 ○体験的 ○基礎から深化、総合化へ
教育課程	○教科・科目	○教科外（特別活動、学校生活における各種の機会）	○総合的な学習の時間 ○教科・科目と同じ、一つの領域 ○教科に分配されているものを統合
機能	○教科教育（学習指導）	○生活指導	○体験的指導
過程	○教授＝学習 ○問題解決的思考	○指導（ガイダンス、カウンセリング） ○問題解決的思考	○「教授＝学習」を含む体験的、問題解決的思考。生徒の学習状況に応じて適切な指導。
対象	○学級集団	○個人または集団	○個人または集団
領域	○小：体育科、保健領域 ○中：保健体育科、保健分野 ○高：保健体育科、科目「保健」	○学校行事 ○季節 ○具体的・個別的健康課題	○例：国際理解、情報、環境、福祉・健康など ○諸教科を合科的に
教授方法（学習・指導）	○講義 ○習得、知識を活用する学習活動 ○発見的学習 ○実験・実習	○学級活動、学校行事等 ○体験的学習（ロールプレイングなど） ○健康相談活動 ○ヘルス・ガイダンス ○ヘルス・カウンセリング ○啓発：掲示物・配布物 ○保健委員会 ○保健管理からの教育 （○学校保健委員会）	○問題（課題）の解決や探究活動 ○自然体験や職場体験活動、ボランティア活動などの社会体験、ものづくり、生産活動などの体験活動、観察・実験、見学や調査、発表や討論などの学習活動 ○グループ学習や異年齢集団による学習などの多様な学習形態、地域の人々の協力も得つつ全教師が一体となって指導にあたるなどの指導体制、地域の教材や学習環境の積極的な活用
教材	○概念や法則を貫く教材	○日常的・個別的な健康	○体験的・問題解決的な課題

判断力などの資質や能力の基礎を育成すること」[11]である。科学的な思考能力の基礎のない行動がいかに場あたり的で、応用能力にも欠け、「はいまわる経験主義」的でもろいものであるかは、戦後のわが国の保健教育の歩みが明らかにした。保健の科学的認識の欠如した習慣や行動はいかにもろく、場合によっては有害であり得る[12]ことが指摘されている。

したがって、保健学習を学ぶ意義は、保健の科学的認識に基づく習慣や行動となる基礎を学ぶことにあるといえよう。注意しなければならないことは、日常生活で実践できることが保健学習の目的・意義なのではないということである。

表3-5は、保健学習、特別活動、総合的な学習の時間における、それぞれの目標、内容等について関連性をまとめたものである。

【セルフチェック】——1

保健は必要か不要か？…あなたはどう思いますか。以下の内容に、YESからNOかで答えよう。

（回答例は105ページ参照）

1．児童・生徒は教室で保健を学ぶよりも、グランドで体を動かすほうが健康のためになる。
　　　　　　　　　　　　　　　　　　　　　　　　　　　　　　YES　　NO
2．保健は、理科担当の教師や養護教諭が行うべきだ。　　　　　　YES　　NO

(2) よい保健学習の授業を展開するために

①教材と教材づくり

教材とは、例えば保健学習などにおいて授業者が子どもに学習内容を獲得するために用いる具体的な例である。教材は、日常生活のなかにあるものを素材として用いられることもあるし、資料やビデオを素材として用いられることもある。

教材の利用にあたっては、子どもが「わかる」ことにとって欠くことができない。

「わかる」とは、少なくとも次の条件を兼ね備えていることであると考えられる。[13]

・全体像をつかむこと
　地図のように全体を鳥瞰できるように示すことである。
・整理すること
　グループごとに分類したり、分類したものを上や下、左や右に位置関係を図表などによって表わしたりするものである。

第3章　保健体育教師の仕事とは

・筋道をつかむこと
　事象と事象の原因と結果、関係、過程といったものを表わすものである。また、事象にかかわる時間、事象の解釈、説明などにより表わすものである。
・空間関係をつかむこと
　視覚の空間把握である。例えば、右の図は、左上の面から右下の面に向かっての横たわっている立方体にもみえるし、右下の面が底辺となって左上に向かって縦長に立っている立方体にもみえる。しばらく眺めていると、その双方がクルクルと入れ替わるであろう。目の付け所によって空間の把握が変わる例である。この図は、あえて双方にみえるように通常であればみえない線を引いている。もののみえ方は、空間関係の把握の仕方によってわかり方が変わるのである。
・からくり（しくみ）がわかること
　原理、原則、構造といったものである。

教材づくりにあたっては、これらの「わかる」に向かえるように行われることが大切である。

②**よい教材の条件**

　よい教材の条件としては、具体性、現実性、意外性といったものがある。ここでは、具体性の例をあげて説明する。
　具体性の例としては、「老婆と若娘」[14]（図3−10）と「盲点の話」（図3−11）の教材例で説明する。
　図3−10は、「老婆と若娘」の図である。この種の図は、「だまし絵（多義図形）」と言われ、このほかに「ルビンの壺」など多くのものがある。この図は、「老婆」と「若娘」の双方にみえる絵である。
　この「だまし絵」を保健学習で教材とするには、教える学習内容とその学習内容にせまるための展開の仕方の学習方法を組み立てなければならない。
　例えば、次のようにする。
　始めに、この絵をみせて、次のように発問する。

　Q　人物の絵です。どんな人物に見えますか？

図3−10　　　　　　　　　　　　　　　　図3−11

しばらく時間を取り、適宜指名により発言を求める。

児童生徒の回答は、「若い女の人」、「年取った女性」などとなる。多くの場合、「若い女の人」にみえる。数人を指名して「若い女の人」が続いた場合には、追発問として「他の人物にみえた人はいますか？」と尋ねるとよいであろう。すると、「年取った女性」といった回答が出てくる。そして、それぞれにみえた方に挙手で答えるという方法でこの教材を取り上げることができる。

次に、「盲点の話」（マリオットの暗点[15]）の教材について説明する。

この教材は、図3-11のように、「ろうそくと王冠を示した図」（以下図と示す）を用いて簡単な実習を伴うものである。その実習は次のように行う。

1) まず、始めに片方の手（ここでは右手）で図の印刷プリントを持つ
2) 左手で左目をふさぎ、前がみえないようにする。そして、右目の正面に「ろうそく」の絵が来るようにする。さらに、顔と印刷プリントの距離は目にあたらないくらいに近づけておく。
3) その状態から、印刷プリントをゆっくりと顔から離していく。その時、右目の正面に「ろうそく」があり、その右にあるようにする。右側の「王冠」は同様にぼやけてみえる。
4) さらにゆっくりと、印刷プリントを顔から離していく。この時、注意しなければならないことは、決して王冠の方に右目を向けないことである。ぼんやりと、焦点が合わなくても、目の正面にあるろうそくをみて、自分の右目の視界の右端に「王冠」があるようにする。
5) そして、顔から10cmくらい離れると、「フッ」と「王冠」の絵が消える位置が出てくる。右目の正面にある「ろうそく」は何も変わらないが、右目の視界の右端にある「王冠」が消えるのである。
6) 印刷プリントを、さらに顔から離していくと「フッ」と「王冠」が現れる。消えている位置はほんの数センチメートルであるが、とても不思議な感じのする体験となる。

この「老婆と若娘」「消える王冠」の2つの教材は、それぞれに具体性の高い教材である。多くの児童生徒にとっても、実感できるものである。

この教材は、「何を」教えるために用いられるのだろうか。教材である以上、教師が教えたい学習内容の材料として用いるものである。

例えば、学習内容としては、次のようなものがあげられる。

> ストレスの影響は、ストレスの原因となる物理的要因や心理的・社会的要因など様々な要因そのものの大きさと、それを受け止める人の精神や身体の状態によって異なること[16]

この学習内容に向かうために、具体的に「もののみえ方は目の付け所によって異なる」ということを「老婆と若娘」と「盲点の話（マリオットの暗点）」でとらえさせて、さらに、みえ方の違いや、みえていると思っていても実はみえないところがあるということから、「（ストレス）そのものと受け止める人との状態によって異なること」、「ストレスの原因となる物理的要因や心理的・社会的要因」と「精神や身体の状態」の学習へと進むのである。

注意しなければならないことは、この教材自体の「人物の見え方」や「王冠の消え方」を教えることがここでの、保健の学習内容ではないということである。

③展開のある授業をつくる

授業の流れについては、「導入―展開―整理」が代表的なものであろう。よい保健学習の展開をするには、「導入―展開―整理」がつながりを持っているようにしておきたい。

「導入」では、「導入」で「展開」につながるようにしておくことである。児童生徒の注意や関心を引きつけることが大切である。しかも、脈絡なく引きつけるのではなく、次に行う展開につながるものとして、授業の立ち上がりを構成する。

「展開」では、その授業の核心部分が出てくる。その授業でこそ教えたい内容に向かうような様々なしかけが出てくる。例えば、前出の「老婆と若娘」と「盲点の話（マリオットの暗点）」のような教材が用いられる。そして、動機付けた児童生徒をさらに思考をゆるがすような発問、問答などが準備されるのである。

授業を展開することよりも、展開のある授業をつくり、実際に展開することを重視して授業を考えておきたい。

その際、注意しておきたいこととして、1つは、目標と展開を一致させることがある。これは、授業づくりをしていると、おもしろい教材や授業方法を用いている時は特に注意しておきたい。図3－12[17]の「⑤」は、授業の出発点から進んだが、はじめから目標に向かわずにどこに行ったのかわからない授業である。例えば、授業でワイワイと子どもたちは活動しているが何を学んでいるのか、何を学んだのかがわからない授業となってしまうことである。また、「⑥」は、はじめは授業の目標を目指していたが、途中から目標から外れてその授業の目標とは異なる目標を実現することになった授業である。少なくとも、「⑤」と「⑥」の授業展開は避けたいものである。

注意しておきたいことのもう1つは、よい発問をつくるということである。発問とは、授業展開の角度を鋭く決めるものである。よい発問は、児童生徒たちの思考を促し、引きつけられていくも

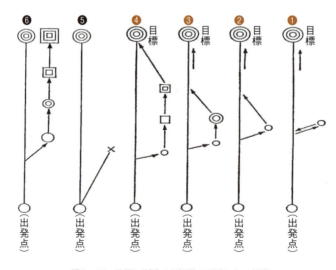

図3－12　目標に到達する授業と到達しない授業
❶、❷、❸、❹は目標に到達する授業で、❺、❻は到達しない授業。

のである。少なくとも、「そのグラフの○○年はどうなっていますか」や「○○には何と書いてありますか」といったものではない。児童生徒にとって、正解がわからないものの、予想や問答、意見交換をするなかで、教師の教えたい学習内容へとたどり着く始まりとして投げかけられるものである。よい発問をつくるには教材研究の時間が必要となる。しかし、展開のある授業をつくるには、極めて有用な方法となる。

　展開のある授業づくりで、特に注意しておきたいことは、思考力・判断力などの育成をめざして行われる知識を活用する学習活動において、目標を確実にめざすということと、目標に確実に向かいながらよい発問によって思考力・判断力などを育成するということである。

④具体と抽象の往復をする

　よい保健の授業を展開するために、重要なこととして、具体と抽象の往復をするように授業展開や方法を用いることがある。

　図3－13は、「発問1」と「教材1」によって児童・生徒の思考を促し、「ねらい1」にたどり着き、次に「発問2」と「教材2」によって「ねらい2」にたどり着くことを示そうとしている。手前にある「具体」とは、「教材」「方法」である。奥にある「抽象」とは学習内容である。

　授業の展開とは、このような往復をすることであり、展開のある授業とは、この往復をダイナミックに、まさに「展開」することであろう。

　これらのことから、保健の授業づくりには、具体性、現実性、意外性のある教材を用いて、思考力・判断力などの働く発問、話し合いなどの方法により授業展開を組み立てることが大切であるといえよう。

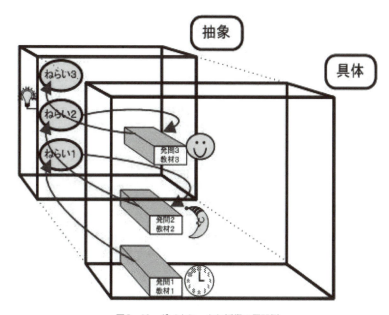

図3－13　ダイナミックな授業の展開例

表3-6 保健体育科の授業をみるときの視点(2006年 今関)

1 最初の一言 (何を教師は言っているか)	(1)意欲を引き上げる働きかけ ① 児童生徒の様子の観察(健康観察)による働きかけ ② 指示、説明を聞かせる働きかけ(秩序の維持,統制) (2)本時に学ぶ内容 ① これを、いつ出すか ② 出さないまま活動に入るか(教師は,明確に意図していたのか) (3)学習上の約束事、活動上の注意事項
2 活動の始まり	(1)児童生徒は十分に意欲を高めて学習活動をしているか (2)教師の意図を意識しているか(学ぶ内容の方向性を意識しているか)
3 活動中	(1)教師は何をしているか ① 立っている場所、動き ② 何を追加の指示で出しているか ・児童生徒の学習活動の状況により、説明したことの補足、修正 ・説明していないことへの新たな指示(指示したことをさらに修正) (2)児童生徒は何をしているか ① 学習活動活動の状況 ・注意を向けて意識しているか(関心・意欲・態度) ・グループ活動などで仲間と協力しているか(関心・意欲・態度) ・みつけたり、選んだりして思考力を使っているか(思考・判断) ②教師の説明、指示に対する学習(この場面、この時間で、何を学んでいるか) ・学んでいる知識は何か(事実、名称など) ・学んでいる方法は何か(保健学習の内容で取り上げられている方法など) ・学んでいる概念は何か(健康の保持増進のための考え、原理、原則など)
4 活動終了後	(1)教師は、学習内容が定着する働きかけをしているか。(本時、次時への方向性) (2)児童・生徒は、授業に満足しているか。 ① 学習場面で自分の発言や意見が認められて学習できたから満足している。 ② 友だちと一緒に学習活動ができたから満足している。 ③ 知らないことを学んだ、よくよく納得してわかったことがあるから満足している ④ 学習にねばり強く取り組むことができた、力を出し切ったから満足している。 (3)児童・生徒は、この時間で何を学んだかを言えるか。 ① 学習内容の知識(名称) ② 学習内容のなかで抽象的な概念に関わる方法(原理、原則に関わる方法) ③ 学習内容の抽象的な概念(原理、原則)

⑤授業をみる視点を養う

　よい保健学習の授業を展開するには、授業を観る視点を養うことである。授業者が、自分以外の実践を観察することは、自分自身の実践の観察力を伸ばすことにもなる。その視点としては、表3－6のようなものをあげることができる。

⑥保健指導との混同を避ける

　保健学習の授業のなかには、特別活動で行う保健指導との混同をしているものがよくみられる。教育課程上、各教科、総合的な学習の時間、特別活動、(小学校および中学校は道徳)という領域があり、それぞれには固有の目標と内容がある。このことを踏まえて、保健学習の授業を展開しなければならない。そのためには、教育課程の各教科における体育科・保健体育科という独立した教科の領域で行われるものであること、その目標と内容を明確にしておくことが大切である。

表3-7　学習指導要領における特別活動の目標[18)19)20)]（アンダーラインは著者）

小学校	中学校	高等学校
望ましい集団活動を通して、心身の調和のとれた発達と個性の伸長を図り、集団の一員としてよりよい生活や人間関係を築こうとする<u>自主的、実践的な態度を育てる</u>とともに、自己の生き方についての考えを深め、自己を生かす能力を養う。	望ましい集団活動を通して、心身の調和のとれた発達と個性の伸長を図り、集団や社会の一員としてよりよい生活や人間関係を築こうとする<u>自主的、実践的な態度を育てる</u>とともに、人間としての生き方についての自覚を深め、自己を生かす能力を養う。	望ましい集団活動を通して、心身の調和のとれた発達と個性の伸長を図り、集団や社会の一員としてよりよい生活や人間関係を築こうとする<u>自主的、実践的な態度を育てる</u>とともに、人間としての在り方生き方についての自覚を深め、自己を生かす能力を養う。

●教科の学習指導⇒目標〔知識―理解―応用―思考・判断―態度（一部）〕
●特別活動⇒目標〔教科の学習を基礎とし、態度―実践〕

図3-14　教科の学習と特別活動の目標

　保健学習と保健指導の明確な違いは、保健学習は科学的な認識の形成であるのに対し、保健指導は実践的態度の育成であることである。それぞれは、固有の目標と内容があり独自の方向性を持って展開されなければならない（84ページ「保健学習・保健指導・総合的な学習の時間」の関連も参照）。
　教育課程に位置づけられた保健指導は、特別活動の学級活動（ホームルーム活動）と学校行事で主に行われる。特別活動は、表3-7に示すように実践的態度を育てることを目標としている。
　図3-14は、教科の学習と特別活動を「知識」～「実践」の幅でとらえようとしたものである。保健学

> **ひとくちメモ①　「教員採用試験で出題された「保健」に関わる問題」**
>
> 1．生活習慣病を2つあげ、それぞれの疾病について説明しなさい。（埼玉県・さいたま市の高等学校、平成20年度2次）
> 2．インフォームド・コンセントとセカンドオピニオンについて説明しなさい。（埼玉県・さいたま市の高等学校、平成20年度2次）
> 3．「食に関する指導の手引き」（文部科学省　平成19年3月）に示された中学校保健体育科における食に関する指導の進め方の例に関する記述として適切なものは以下のどれか（東京都、中・高校、平成21年度）
> 4．喫煙防止に関する記述として適切なものは、以下の4つのうちどれか。（東京都、中・高校、平成21年度）
> 5．科目「保健」について、高等学校学習指導要領解説の中では、「原則として入学年次及びその次の年次2か年にわたり履修させるものとする」とあるが、そのねらいと背景について答えなさい。（平成21年度宮城県・仙台市公立学校第1次）
>
> このほかについては、第5章を参照

第3章　保健体育教師の仕事とは

> **ひとくちメモ②　読んでおきたい保健に関わる書籍**
>
> - 医学の歴史、中公新書
> - WHOライフスキル教育プログラム、JKYB研究会訳、大修館書店
> - マズローの心理学、フランク・ゴーブル著／小口忠彦監訳、産業能率大学出版部
> - 病気の社会史、立川昭二、NHKブックス
> - 日本人の病歴、立川昭二、中公新書
> - 医学の歴史、小川鼎三、中公新書
> - 生活習慣病と健康、森本兼曩監訳／星旦二編訳、HBJ出版局
> - ガンはどれだけ避けられるか、R.Doll/R.Peto著／青木国雄・大野良之訳、名古屋大学出版会
> - 国民衛生の動向（厚生の指標　臨時増刊）、厚生統計協会、（毎年８月末に発刊）
> - これからの小学校保健学習、保健学習推進委員会編著、㈶日本学校保健会
> - これからの中学校保健学習、保健学習推進委員会編著、㈶日本学校保健会
> - これからの高等学校保健学習、保健学習推進委員会編著、㈶日本学校保健会

習を始めとする教科の学習では、「知識―理解―応用―思考・判断―「態度（一部）」」が目標になっている。特別活動では、教科の学習を基礎としたり、子どもの経験や特別活動における学びをもとに、「態度―実践」を目標とし、実践的態度を育てることが目標となっていることを示そうとしている。

(3) 知っておきたい保健学習の授業のコツ（教育実習で最低限知っておきたいこと）

①授業づくりにあたって

　教育実習の授業に限らないが、授業にはそれまで教師が蓄積したものが表れるものである。事前の準備をしっかりと行っておくことが大切である。まずは、授業の準備は多めに行っておくことである。準備は、時間が足りなくなるくらいでちょうどよいであろう。そして、その時間で教えるべき内容を明確にしておくことである。また、学習資料やプリント、話し合いなどの準備をすることが考えられるが、それらの説明をする際に児童生徒の実態に照らして具体例を準備しておくことも大切である。

　授業中や授業のまとめの時に、児童生徒から疑問が出されることがある。この場合の説明は、自分がよく理解できていないことは言わないということが大切である。出された質問で答えられないものは、次の時間までに調べて回答するようにする。

　保健学習の授業は、教材と学習活動をどのように組み立てるのかが大きい。そして、学習指導要領および解説に書かれている内容を逸脱しないことである。この２つは、授業づくりとして、子どもの実態から出発して、子どもの興味や関心を引きつける授業とすることと明確にした授業の目標

の達成をめざすことの双方を重視しなければならないことでもある。

　注意しなければならないことは、子どもの興味や関心を引きつけることに終始してしまい、子どもは活動しているが何を学んでいるのかが不明瞭になってしまったり、授業の目標とは異なる方向に進んでしまったりすることである。逆に、目標にとらわれるあまり、子どもの興味や関心を引きつけていなかったり、一方的な説明や解説になったりすることである。

　その時間で教えるべき内容を明確にした上で、子どもを引きつけ、揺さぶり、思考力・判断力等を育む授業づくりを模索したいものである。

　保健学習の授業を作成するにあたっての手順は、図3－15に示す。

　この図は、授業の指導案ができるまでの過程を示している。著者(今関)がどのように授業づくりをしているのかをまとめたものである。大きく分けると以下の3つの段階がある。

授業の指導案ができるまでの過程
２００９年（今関）

Ⅰ. 抽象⇒具体 … (1)作成しようとする授業の目標・ねらいに照らして教材を探す。
　　　　　　　　(2)教材の収集、精選、場合によっては教材つくり（目標・ねらいに照らして）。
　　　　　　　　(3)教材の解釈をする。
Ⅱ. 抽象⇔具体 … (4)現実の子どもたち（学習者）をイメージする。
　　　　　　　　(5)授業の構想を練る（指導案づくり）。
　　　　　　　　(6)各時間の目標・ねらいにもどる。
　　　　　　　　(7)授業の構想の再編成（指導案づくり）。
　　　　　　　　(8)ムリ、ムダ、ムラのある教材を精選する。
Ⅲ. 具体⇒抽象 … (9)現実の子どもたち（学習者）をイメージする。
　　　　　　　　(10)展開の方法。解説、発問や話し合いなどの学習活動の決定
　　　　　　　　　　（今までの授業や作成する授業の布石や積み上げをもとにして）。
　　　　　　　　(11)各時間の目標・ねらいにもどり、確認する。
　　　　　　　　(12)指導案の流れが、時間の流れに対応した表記になっているか（たてとよこ）を
　　　　　　　　　　確認する。
　　　　　　　　(13)中心となる展開が、授業の目標・ねらいと評価規準、評価方法が合っているか
　　　　　　　　　　を確認する。

図3－15　保健の指導案づくりの手順（2009、今関）

第3章　保健体育教師の仕事とは

【始めの段階】抽象から具体である。授業づくりにあたっては、その授業で「何を」教えるのかを明確にすることである。それには、学習指導要領および解説や年間指導計画にもとづいて、その1時間で教えるべき内容を明確にしておく。保健体育科の学習指導要領および解説は、内容が文章記述されている。内容は抽象的な記述だが、その内容を学習できるように教材と方法を準備するのが授業づくりの第一歩である。

抽象から具体で始めに行うのは、教材を集めることである。教えるべき内容に照らして児童生徒に教える内容に迫ることができるような材料、事例を集めることである。そして、集めた教材は全て授業で使うのではなく、児童生徒たちの実態に照らして精選する。場合によっては、授業者が加工して作り替えることも出てくる。

これらの教材づくりをするにあたっては、目標・ねらいに照らして行うことが大切である。そして、ある程度できあがった教材を解釈し、さらに具体例となるものをメモなどで記録しておくことも後に役立つであろう。

【二番目の段階】抽象と具体の往復である。絞り込んだ教材が、現実の児童生徒たちに合っているのかどうか、授業のなかの、どの内容、どの場面で用いることができるのかどうかについて検討する。そして、児童生徒と授業の流れが、その時間の目標・ねらいに向かうことができるのかどうかを確認する。

次に、目標・ねらいから戻って授業の流れを再編成する。このとき、準備していた教材が児童・生徒の発達段階に照らして無理がないか（ムリ）、目標・ねらいを突き通す教材か（ムダ）、目標・ねらいを達成するのに十分なものか、児童生徒たちの集中が持続するものか（ムラ）といったことを検討する。

【最後の段階】具体から抽象である。指導案の仕上げともいえる。今一度、現実の児童生徒をイメージして、準備してきた授業展開の方法を決定する。具体的には、どのようなお話し（説明、解説）をするのか、その具体例には何を用いるのか、発問や話し合いはどのような方法で行うのか、といったことを検討する。本授業に至る前の授業はどのような流れだったのか、本時のなかでの展開に向かう布石や積み上げはどのようになっているのかといったことについて検討する。

次に、目標・ねらいにもどって、できあがりつつある展開を確認する。また、指導案の流れが授業時間の流れに対応して記述できているかどうかを確認する。時間配分は適切か、展開場面での教師の働きかけは具体的かつ端的に記述できているか、といったことについて、時間の流れと各場面での対応を確認する。

最後に、本時の中心となっている展開が、授業の目標・ねらいと合っているか、評価規準と合っているか、そのための評価方法で評価情報をとることができるか、といったことについて検討する。

これらのことは、教育実習中に全ての手順を踏んで指導案の作成をしなければならないというものではなく、どの程度実行できるのかが大切である。

②知識を活用する学習活動を工夫する

　保健の授業には、「知識を活用する学習活動」を重視することが求められている。このことは、思考力・判断力等を育むことができるように学習活動を工夫することが求められていることであるといえよう。

　「習得、活用」をめざす授業の展開例として、第5学年の「けがの防止」単元の「けがの手当」[21]を例に取り上げる（これは、中学校や高等学校にも、同様に用いることができる考え方の例である）。

　表3－8には、けがの手当の方法を「つかむ」ことから、けがの手当のきまりと結びつけて「あてはめる」、さらに手当のきまりを用いてその他のけがに「活かす」という学習の展開となる参考例を示している。資料中に「◆」として示したものは、「習得」、「活用する学習活動」との関わりで参考となると思われるものである。教材としては、事前に対象となる子どもたちのけがの状況を把握した資料などを用いることが考えられる。

　小学校に限ったことではないが、けがの手当などの学習には、保健室から得ることのできる情報が有用である。けがの手当など、授業で用いられる資料が自分たちの身近な資料（ここでは、けがの発生状況）であれば、これから学ぶことは「自分のことだ」「自分たちのことだ」と実感することが容易になるからである。このように、用いる資料に自分の経験とのつながりを持たせることは大切なことである。

　授業展開の方法としては、ここでは発問と実習を用いることとしている。実習は自分の体で具体的に実感することができる。実習による具体性は、けがの手当のきまりの習得を助けるであろう。また、発問をどのようにするかも工夫が必要である。最も教えたい学習内容に向かえるように、的確な発問づくりが求められる。発問は、思考を促したり、深めたりして、知識を活用する学習活動を展開するのに有効な方法の1つである。

　注意しなければならないことは、身近な例を用いることや教材の具体性を重視するあまり、教えるべき学習内容が曖昧になってしまうことである。具体的な日常生活などとのつながりを重視することは、実用的なもの、役立つものを並べればよいということではない。

　実習を用いる場合であっても、方法として用いた実習によって「何を」学ぶのかを明確にしておくことが大切である。

　例えば、鼻血の手当の実習で「下を向くこと」や「押さえる場所」にばかり注意がいってしまい、「押さえて出血を止める」という学習内容がどこかに飛んでしまうことがよくみられるからである。たとえ実習を取り上げているにしても、具体例の知識の注入の学習にとどまっているのであるならば、教えるべき内容の学習が抜け落ちてしまうことが考えられる。

　これらを避けるためにも、授業で取り上げた、けがの手当の学習をとおして、知識としての原則を他のけがにもあてはめて使えるように知識を活用する学習活動が展開される授業づくりをすることが肝要である。そのためには、「自分で、その場でできるけがの手当には、きず口を清潔にする、押さえて出血を止める冷やすことがある」という学習内容を明確にしたうえで、これを習得し活用する学習活動となるように授業を組み立てたい。けがの手当としての基本的な原則を、生活経験と

表3−8 「けがの手当(小学校第5学年)」の授業の展開例〈参考例〉

(1) ねらい
- けがの手当について、友達との意見の出し合いに、進んで取り組もうとすることができるようにする。（関心・意欲・態度）
- けがの手当について、その他のけがの手当を、習得した手当ての決まりを効果的に使って、予想したことを説明することができるようにする。（思考・判断）
- けがの手当には、きず口を清潔にする、押さえて出血を止める、冷やすなどの方法があることについて、言ったり書き出したりすることができるようにする。（知識・理解）

(2) 展開

過程	学習内容及び活動	教師の支援	その他
注目する (3分) つかむ (15分)	1　本時の学習の確認 2　けがの手当の方法を、実習を通して理解する。	・校内のけがの状況を示す。 ・本時は簡単なけがの手当について学習することを伝える。	
	Q1-1　すりきずの手当は、「消毒」と「水洗い」のどちらを先にしたらよいでしょうか？		◆「きず口をせいけつにする」ことの学習（習得） ワークシート
	（予想） ・水洗いが先 （理由） ・砂とかを先に洗ってから消毒する。	・予想した理由も考えてみよう。 ・水洗いを先に行い、汚れを落としてから消毒することを説明する。出血している場合の手当も説明する。	
	Q1-2　鼻血が出たときは、「上を向く」「下を向く」のどちらがよいでしょうか？		◆「押さえて出血を止める」ことの学習（習得） ワークシート
	（予想） ・上を向く （理由） ・鼻血がたれないように ・上を向くように言われた ・鼻血が止まるように ・たくさん出てこないように ・下を向く ・鼻血がのどの奥に入らないように （止血の実習） ・止血するところ、押さえる強さを確認する。	・予想した理由も考えてみよう。 ・「上を向く」「下を向く」の人数を挙手により集計し、そのように回答した理由を板書していく。 ・「下を向く」こと及び鼻血の出血するところと止血するところを説明する。 ・止血するところを実習で押さえさせる。押さえる強さも確認する。	◆実習により「押さえて出欠を止める」ことの学習（習得）
	Q1-3　やけどの手当は、冷やすときに水道水を「直接当てる」「ずらして当てる」のどちらがよいでしょうか？		◆「冷やす」ことの学習（習得） ワークシート 評価【知識・理解】
	（予想） ・直接当てる （理由） ・よく冷えるように ・きず口が汚れているかも知れない （予想） ・ずらして当てる （理由） ・直接当てると痛いから ・水の勢いで痛いから ・水がしみる	・「水道水をやけどの部位に直接当てる」「水道水をやけどの部位よりも少し上にずらして当てる」を部位に印を付けて例示し、予想させる。 ・「ずらして当てる」こと及びやけどをしたところは皮膚が弱っていること、水ぶくれはつぶしてはいけないことを説明する。	
	3　けがの手当の決まりを具体例に活かす ・自分で、その場でできるけがの手当には、「①きず口をせいけつにする」、「②押さえて出血を止める」、「③冷やす」などの方法がある。	・けがの手当のきまりには、「①きず口をせいけつにする」、「②押さえて出血を止める」、「③冷やす」などの方法があることについて説明する。	◆けがの手当のきまりの学習（習得）
あてはめる (7分)	Q2　すりきず、鼻血、やけどは、手当のきまりのどれにあてはまるでしょうか？		◆具体→抽象 ワークシート 評価【思考・判断】
	（予想） 1) すりきず 2) 鼻血 3) やけど （手当のきまり） ①きず口をせいけつにする ②押さえて出血を止める ③冷やす	・ワークシートに3つのきまりと1)～3)の具体例で、関係の強いものを線で結ばせる。 ・記入ができない児童には、板書やワークシートを確認するように助言する。	

活かす 予想する (13分)	Q3 けがの手当のきまりを使うことができるけがには、他にどんなものがありますか？		◆抽象→具体 ◆習得した手当の決まりを効果的に使って、その他のけがの具体例について、手当を予想したことを説明する。（活用する学習活動） ワークシート
	（予想） ・足をくじいた（ねんざ） ・骨折 ・ぶつけてうちみになった（だぼく） ・きりきず	・始めに、ワークシートに習得した手当の決まりを、考えるときの枠組みに活用してけがの予想をさせる。次に、予想したけがにあてはまる手当について関係の強いものを線で結ばせる。 ・予想のときに「だぼく」が出て来なかったら加える。 ・記入ができない児童には、板書やワークシートを確認するように助言する。 ・「骨折」については、外見では判断できないことから、けがの手当をするときは、近くの大人に知らせることを確認する。 ・関係の強いものを説明する。 ・けがの手当のきまりは、本時の事例以外のけがの手当に当てはめることができるものもあることを説明する。	
	（予想） 4）だぼく 5）ねんざ 6）きりきず 7）骨折？ （手当のきまり） ①きず口をせいけつにする ②押さえて出血を止める ③冷やす		
			評価【思考・判断】
振り返る (7分)	4 振り返る ・ワークシートの説明欄に記入する		

関連づけたり実習によって体験したりして習得することができるように、けがの手当の具体例や実習による学習が行われるようにしたい。これによって、きまり、方法、用語を習得し、知識を活用する学習活動を展開したい。そして、授業からさらに広がって探究活動へと段階的につなげたいのである。

　保健学習は、知識を活用する学習活動となるように授業づくりをすることが重要である。そのためには、例えば、子どもの学びが身近な具体例から抽象的な学習内容に向かえるようにすることである。そして、抽象的な学習内容から自分の生活の具体例にあてはめるようにすることである。このことは、具体と抽象を振り子を振るように往復することであり、生活の経験と学習内容とを双方向に向かって振りながら深まっていく学習の展開をつくることである。具体性を高めた教材や実習、思考力を深める問いかけによる方法によって生活とのつながりを具体的につかみ、身につけた知識が生きてはたらくようにしたい。

　このことは、学ぶ意欲を高め、思考力・判断力等を育成することにつながるであろう。

③**学習内容を特定する**

　表3－9には、表3－8に示した「けがの手当」の学習内容の整理である。ここには、「何を」教えるのかという学習内容、それに関わる具体例や手当の方法、用語の整理を試みた例を示している。

　このような内容整理表を作成することは、保健の授業づくりで、学習内容を明確にするうえで大切なことである。作成にあたっては、次のようなことに留意する。[22)23)]

1) 全般的なこと

　学習内容を記述することは、「何を」教えるか、「どのように」教えるかを明確にすることになる。基本的には、学習指導要領および解説をもとに作成することである。記述される内容は、一般的、客観的となるようにし、多くの場面や事例に共通するもので、抽象的に一般化したものとする。

2) 書き表し方について

　例えば、次の5つのことを踏まえながら記述すると明確になると考えられる。

第3章　保健体育教師の仕事とは

表3-9　「けがの手当」に用いる学習内容の整理〈参考例〉

学習内容（手当の決まり）	手当の決まりにかかわる具体例や手当の方法		具体例や方法に用いる用語
・自分で、その場でできるけがの手当には、 「①きず口をせいけつにする」、 「②押さえて出血を止める」、 「③冷やす」 ことがある。	・すりきずの手当は、水洗いを先にすること。 （すりきずの手当は、きず口をせいけつにしてから消毒する。）		・すりきず　・水洗い ・せいけつ　・消毒
	・鼻血の手当は、下を向いて鼻を押さえること。 （鼻血の手当は、出血したところを押さえて出血を止める。）	・鼻とのどは、体の中でつながっている。	・鼻血 ・下向き（上向き） ・出血　・押さえる ・鼻とのどのしくみ
	・やけどの手当は、冷やすこと。	・水道水で冷やすときは、やけどをした部位の少し上に水を当てて冷やす。 ・やけどの水ぶくれは、悪化するのでつぶしてはいけない。	・やけど　・冷やす ・部位　・水ぶくれ
	・だぼくの手当は、冷やすこと。		・だぼく　・冷やす ・皮膚　・出血
	（・ねんざの手当は、○○こと。（「冷やす」を入れて説明する。））		（・ねんざ）

①主部と述部からなる文章で記述する

　主部と述部からなる「だぼくの手当は、冷やすこと。」というように表現された文章は、「けがについて」や「冷やす」といった表記に比べて、何がどうなのかが明確である。

②文体は、「○○には、△△がある」を基本形とする

　文章表現は、基本的に単文として表現する。また、「○○には」とするのは、ほかにある可能性を認める表現として用いることとする。少なくとも「○○」はいえるという表現である。

③強制する表現は用いないこととする

　「○○は、△△すべきである」といった強制する表現や、「○○は、△△である」といった断定した表現は、「A＝Bである」ということが成り立つ場合に用いることがあっても、他の要因があることを認めない表現であることから、なるべく避けることとしておく。

④述部には、「条件」や「要因」を示す表現とする

　主部で示していることに対して、主部に対する「条件」や「要因」を述部で示す。この表現の仕方については、十分な検討をすることが求められる。

　例えば、次の例をもとに考えてみる。

> ・　感染症は、病原体が主な要因となって発生すること
> ・　感染症の発生には、病原体が主な要因となること
> ・　感染症の発生の主な要因には、病原体があること

のなかでどれがよいかである。

　感染症について幅広く述べるのであれば、1つ目の「感染症は、病原体が主な要因となって発生すること」が、また、「発生」の条件や要因を述部で示すのであれば、2つ目の「感染症の発生には、病原体が主な要因となること」が考えられる。また、3つ目の「感染症の発生の主な要因には、病原体があること」は、主部が長すぎて意味が取りづらくなる可能性がある。しかし、「要因には、病原体

があること」という表現は、端的でわかりやすいとも考えられる。

　主部で「感染症」とするのか、「発生」とするのか、「要因」とするのかによって、何が学習内容となるのかが変わってくる。そこで、主部で述部につながることをどこまで示すのか、「条件」や「要因」がどのように表現できるかといったことを十分に検討する。

⑤できばえや能力を含めないで記述する

　記述される文章は、一般化されたものである。できばえや能力が出現するもととなっている知識、学習する内容としての一般化される知識を記述する。

　例えば、「疾病は、主体の要因と環境の要因が関わりあって発生することを進んで調べようとする」という例は、「進んで調べようとする」という意欲の表れとなる構えが示されている。そこで、学習内容は、「疾病は、主体の要因と環境の要因が関わりあって発生する」というように、疾病の発生要因が明確になるように記述する。

3）内容を明確に記述することについて

　学習内容を明確に記述するために、主部と述部からなる文で表現する（概念記述をする）には、表現上、的確で、強制的ではない表現とする。保健学習にとって妥当であり、発達段階を踏まえていることが肝要である。

　また、この記述をする際の利点として、情報を組織化できるということがある。概念や原理、原則などは、個々の情報としての知識を体系化することを可能にし、知識を活用する学習活動を行ううえでの助けとなるであろう。情報を組織化する記述は、関連する事柄の情報を、一つの文として示すのに十分なほど広く、包括的なものとなるようにする。

　このことは、関連する情報をつなぎ合わせ、考えの枠組みを身につけることを助けるであろう。考えの枠組みを持った「幅広い意味をも持つ概念」としての学習内容を身につけると、児童生徒たちが関連のある多くの情報をカテゴリー化したり、利用・応用、分析、判断・評価するのに役立つと考えられる。

　広すぎもせず、また狭すぎることもない概念を記述することは、時間のかかる作業を伴うものである。概念を記述することのむずかしさには、次の４つが考えられる。

- 学習内容そのものを特定すること
- 包括的な程度により表現を書き分けること
- 記述したものを分類したり配列したりすること
- 発達段階に照らして適時性を踏まえて記述すること

　保健の学習にとって、学ぶ内容としての知識を明確にし、具体例との往復により学習をしていくことは重要なことである。なぜなら、概念や原理、原則などは、個々の知識を体系化することを可能とし、知識を活用する学習活動を展開することにつながると考えられるからである。

　これらのことを踏まえつつ、学習内容を明確にし、わかりやすい具体例と的確な指導方法が選択されることにより、さらに充実した保健学習の指導が展開されることにつながることが期待できる。

第3章　保健体育教師の仕事とは

【セルフチェック】——2

よい保健の授業を展開するには、何が大切ですか？
以下の例にならって、空欄を埋めてみよう　　　　　　　　　　　　（答えのヒントは、105ページ参照）

1．学習内容を明確にする。
2．よい教材をつくる。
3．「導入・展開・整理」につながりを持たせる。
4．
5．
6．

【セルフチェック】——3

よい教材をつくるために、考えるべきこととは？
以下の例にならって、空欄を埋めてみよう　　　　　　　　　　　　（答えのヒントは、105ページ参照）

1．学習目標と学習内容を明確にした具体性のあるものを設定する。
2．学習指導要領や解説書の内容を逸脱することなく、学習者の興味・関心を引きつけるものを考える。
3．
4．
5．
6．

【セルフチェック】——4

授業をみる際のポイントとは、何ですか？
以下の例にならって、空欄を埋めてみよう　　　　　　　　　　　　（答えのヒントは、106ページ参照）

1．授業の最初に、教師は何を言ったかについて着目する。
2．本時の学習内容をいつ、説明したか。それとも説明しなかったか。
3．
4．
5．
6．
7．

(4) 保健の指導案例

　学習指導案の形式は、学習指導要領のように定まったものがあるわけではない。各地域や学校によって、創意工夫されたものが用いられている。学習指導案は、授業の設計図であり、流れが読めるものとなっていることが求められよう。授業前に指導案が配られた時に、本時の目標や展開の流れ、もっとも中心的な展開場面としての授業の山場がみえるように書かれていることが大切である。
　ここでは、よく用いられている指導案の例を取り上げる。学習指導案には、次の丸数字で示す11項目を満たすような様式が考えられている。[24]

【保健の分野の例】
①「○○学習指導案」… 学習指導案の名称を示す。
②「授業日、何校時、時間」… 実施日や時間を示す。
③「対象学年、組、生徒数」… 指導案に該当する対象を示す。
④「本時の展開」… 単元計画における本時の位置や授業の場所を示す。
⑤「担当教諭」… 担当者を示す。
⑥「1　領域・単元名」… どの内容を取り上げる指導案なのかを示す。
⑦「2　単元の目標」… 評価の観点を踏まえて、一文で、もしくは観点別で記述する。
⑧「3　指導にあたって」… 単元で取り上げる中心的な内容、本時の内容を学習指導要領および解説を踏まえて記述する。また、授業展開の方法などについて、端的にまとめて示す。
⑨「4　評価規準」…「領域の評価規準」、「単元の評価規準」、「学習活動における具体の評価規準」を作成し表で示す。
⑩「5　指導と評価の計画」…「学習内容・活動」、「指導上の留意点」、「評価等」といった見出しを用いて表で示す。また、単元のなかの本時の位置を示す。
⑪「6　本時の指導」… 本時の「目標」は、観点別学習状況の評価の観点を踏まえて、一文または観点ごとに記述する。「展開」は、指導と評価の計画の本時分について、展開場面中のどこでどのような発問を行い資料などを提示するか、これによって児童・生徒たちをどのように引きつけて授業を展開させていくかといったことを記述する。

第3章　保健体育教師の仕事とは

表3-10　学習指導案(保健)の例

※各項目の丸数字は、上記の丸数字に対応している
※「＊」を付している文は解説である。

①学習指導案

②平成○年○月○日(○)○校時(○時○分～○時○分)
③第○学年○・○・○組　○名(男子○名・女子○名)
④授業の展開：○時間目／○時間、場所：○○○○
⑤担当教諭　　○○○○

⑥1　領域・単元名　　　領域：○○　　単元：○○○○　　授業タイトル：○○○○

⑦2　単元の目標　＊評価の観点を踏まえて記述する。
（1）(関心・意欲・態度)
（2）(思考・判断)
（3）(知識・理解)

⑧3　指導にあたって
＊単元で取り上げる中心的な内容、本時の内容を学習指導要領および解説、子どもの実態を踏まえて記述する。また、授業展開の方法などについて、端的にまとめて示す。

⑨4　評価規準(表3-11参照)中学校の例

表3-11　観点別評価規準の記述例

	関心・意欲・態度	思考・判断	知識・理解
領域の評価規準	(例) ・○○について関心をもち、学習活動に意欲的に取り組もうとしている。	(例) ・○○について、○○などにより、科学的に考え、判断し、それらを表わしている。	(例) ・○○について、課題の解決に役立つ基礎的な事項及びそれらと生活との関わりを理解している。
単元の評価規準	(例) ・○○について関心をもち、学習活動に意欲的に取り組もうとしている。	(例) ・○○について、○○などにより、科学的に考え、判断し、それらを表わしている。	(例) ・○○について、課題の解決に役立つ基礎的な事項及びそれらと生活との関わりを理解している。
学習活動に即した評価規準	(例) ①○○について、○○するなどの学習活動に進んで取り組もうとしている。 ② ③ ④	(例) ①○○について、○○を見付けたり、選んだりするなどして、それらを説明している。 ②○○について、○○や○○と比較したり、関係を見つけたりするなどして、筋道を立ててそれらを説明している。 ③ ④	(例) ①○○は○○であることについて、言ったり書き出したりしている。 ② ③

⑩5　指導と評価の計画
＊単元全体の流れを示す。
＊学習内容は、98ページに示すような内容整理表や学習指導要領および解説から導き出されるものを波線で囲むなどして示す。学習活動は、話し合いや資料のまとめなどの授業の方法論を示す。
＊指導上の留意点は、学習内容・活動に対応させて、教師の働きかけの留意点を示す。
＊評価については、単元の評価規準に対応させる。全文を記述するのにスペースが少ない場合は、番号などをつけて一致させて示す。

第3章 保健体育教師の仕事とは

表3−12 指導と評価の計画表の例

過程	学習内容・活動	指導上の留意点	評価・資料等
はじめ 第○時			
なか 第○時〜第○時			
まとめ 第○時			

⑪6 本時の指導（○時間目／○時間）
(1) 目　標　＊評価の観点を踏まえて記述する。
・（関心・意欲・態度）
・（思考・判断）
・（知識・理解）

(2) 展　開

表3−13　展開例

過程	学習内容・活動	指導上の留意点	評価・資料等
はじめ 10分	＊子どもの学習活動を時間の流れに沿って書く	＊教師の働きかけを記述する。 【説明】 【指示】	
なか 35分	＊発問やねらいを書く ＊子どもが活動することを示す。 ＊子どもの反応の予想を示す。	【説明】 【指示】 ＊話し合いの仕方、方向性などの指示 【配慮事項】 【作業促進】 ＊作業が遅れている場合の、補足や促進のための働きかけ 【評価情報の収集】 ・評価方法を示す。	(1)関心・意欲・態度
	＊発問やねらいを書く ＊本時に取り上げる学習内容にもっとも迫る展開上の位置に、学習内容を波線内に示す。 ＊学習内容は、「○○は、□□であること」という文体で端的に示す。	【説明】 【指示】 【作業促進】 【配慮事項】 【評価情報の収集】	(2)思考・判断
まとめ 5分		【説明】 【指示】 【説明】	(3)知識・理解

【セルフチェック】——1の回答のヒント

答え：「1」「2」ともNO。
理由：体を動かすことによって、体がよりよく動くことになったとしても、学習者は、健康の保持増進のための考え方（科学的認識）が身につくことはない。そのため、学習者に対して自らの健康を管理し、改善していく資質や能力を形成させる保健の授業は不可欠である。

また、保健体育教師とは、「スポーツコーチ」でもなく「体育教師」でもない。中学校及び高等学校の保健体育科の教授を担当する専門職なのである。これに相当する小学校体育科の担当は、全教科を担当する学級担任である。

問いにあるように、理科担当の教師や養護教諭が行うことを主張するのであれば、保健体育教師は必要ないということを自ら宣言するようなものである。他の領域の専門職には、情報提供を求め、保健体育教師自身の授業改善に役立ってもらうように連携することが大切である。保健学習を担当するのは、他ならない保健体育教師の職務なのである。

【セルフチェック】——2の回答のヒント

1. （学習内容を明確にする。）
2. （よい教材をつくる。）
3. （「導入・展開・整理」につながりを持たせる。）
4. 導入では、学習者の注意や関心を引きつける。
5. 目標と展開を一致させる。
6. 動機づけをした学習者に対して、その思考をゆるがすような発問をつくる。

【セルフチェック】——3の回答のヒント

1. （学習目標と学習内容を明確にした具体性のあるものを設定する。）
2. （学習指導要領や解説書の内容を逸脱することなく、学習者の興味・関心を引きつける。）
3. 誰がみても複数のみえ方がある教材を選ぶ（正解は1つとは限らない例）。
4. 自分の体や感覚で実感できる例を選ぶ。
5. 抽象的な学習内容とのつながりが持ちやすい例を選ぶ。
6. 自分の考えや感覚とは異なる例で学習内容に向かいやすい例を選ぶ。

第3章　保健体育教師の仕事とは

【セルフチェック】——4の回答のヒント

1. （授業の最初に、教師は何を言ったかについて着目する。）
2. （本時の学習内容をいつ、説明したか。それとも説明しなかったか。）
3. <u>活動の始まりで、学習者は十分に意欲を高めて活動しているか。</u>
4. <u>活動中の教師の立ち位置は学習者の学習活動を促進しているか。</u>
5. <u>活動中の教師の指示や補足説明が展開を促しているか。</u>
6. <u>活動終了後に、教師は学習内容が定着する働きかけをしているか。</u>
7. <u>本時の目標とした学習内容が学習者に身についたか。</u>

【参考・引用文献】
1）保健科教育、現代学校保健全集3、吉田瑩一郎／森昭三編著、S56.11、ぎょうせい、P2
2）学校体育指導要綱、文部省、大日本図書、S22.6
3）中学校保健計画実施要綱、文部省、S24.11
4）学習指導要領一般編、文部省、S26.7
5）前掲書1）、P38
6）中学校学習指導要領解説保健体育編、文部科学省、P16、東山書房、H20.9
7）高等学校学習指導要領解説保健体育編／体育編、文部科学省、H20.8、HP：http://www.mext.go.jp/component/a_menu/education/micro_detail/__icsFiles/afieldfile/2009/08/03/1282000_5.pdf
8）小学校学習指導要領解説体育編、文部科学省、P10、東洋館出版社、H20.9
9）中学校学習指導要領解説保健体育編、文部科学省、P16、東山書房、H20.9
10）高等学校学習指導要領解説保健体育編／体育編、文部科学省、P12、H20.8、HP：http://www.mext.go.jp/component/a_menu/education/micro_detail/__icsFiles/afieldfile/2009/08/03/1282000_5.pdf
11）前掲書8）、P17
12）前掲書1）、P51
13）「わかる」とはどういうことか、山鳥　重、ちくま新書、2002年
14）社員教育教科書、産業能率大学出版部、P167、経林書房、1987年
15）どうしてものが見えるのか、村上元彦、P39、岩波新書、1995年
16）前掲書9）、P110
17）授業の展開・教育学のすすめ、齊藤喜博全集第6巻、齊藤喜博、P404、国土社、1984年
18）小学校学習指導要領、文部科学省、P112、H20.3
19）中学校学習指導要領、文部科学省、P118、H20.3
20）高等学校学習指導要領、文部科学省、P294、H21.3
21）特集「習得、活用、探求」の学習をどのように実践するか、今関豊一、子どもと保健64、光文書院、2008.7
22）保健学習の指導の改善に向けて（2）、今関豊一、ぎょうせい、中等教育資料、2008.5
23）新学習指導要領が体育教師に求める新たな役割と力量、今関豊一、大修館書店、体育科教育2008.7
24）体育科・保健体育科の指導と評価、今関豊一編著、ぎょうせい、2009.4

3 | 運動部活動の指導

(1) 学校教育活動における部活動とは

①部活動の位置づけとその流れ

　学校における部活動は、大きな教育的意義を有しているが、平成20・21年の学習指導要領改訂時に、部活動がこれまで果たしてきた意義や役割などが評価され、総則において教育課程に関連する事項として明確に示された。しかし、正規の教育課程には今でも位置づけられてはいない。すなわち、現在の学校教育で部活動が授業科目や特別活動の1つとして組み込まれてはいないのである。

　ところで、部活動は明治以降、運動部活動を中心に発展してきた。明治以降の日本は欧米の教育システムを積極的に取り入れ、身分や出自にとらわれず、誰でも平等に学べる学校教育制度を確立してきた。すなわち、四民平等である。この過程で学校教育制度が次第に確立され、教育課程外の活動も積極的に行われるようになった。

　その嚆矢となった活動は、明治11(1878)年、クラーク博士が在籍した札幌農学校での運動会である。それより古くは、明治7(1874)年に英国人ストレンジが海軍兵学校で行った運動会があり、この運動会は東京大学でも行われた。同じ名称の「運動会」であるが、様々な記録をみると、現在全国の小・中・高等学校で行われている運動会の源流は、札幌農学校であった。後者のストレンジが行った運動会は、その後「体育会」として組織され、大学での「体育会」組織を母体にした活動が、今日広く学校で行われている放課後の「部活動」へ発展していったと考えられる。

　戦後は、特に昭和33(1958)年の学習指導要領改訂において「特別教育活動」(現行学習指導要領で

図3-16　英国人ストレンジが海軍兵学校で行った運動会(棒倒し)

は、「特別活動」)が正規の教育課程に位置づけられた。この改訂以後、例えば「運動会」は健康安全・体育的行事の一環として教育課程に組み込まれ、現在に至っている。

　一方、部活動は正規の教育課程には位置づけられていない。まさに、部活動は教科外活動(extracurricular activity)なのである。教育課程内に位置づけられた活動としては、「クラブ活動」がある。これは特別活動の一つとして昭和43(1968)年の小学校学習指導要領に明示され、年次移行措置によって中学校学習指導要領(昭和44年)、高等学校学習指導要領(昭和45年)にも取り入れられた。これが時間割に組み込まれた「必修のクラブ活動」であり、特に中・高等学校では「クラブ活動」と「部活動」が長期にわたり併存していくことになる。
　その後、部活動は生徒数や学校数の増加もあり、隆盛を極めてくる。野球やサッカー、バスケットボール、バレーボールその他のスポーツを中心として甲子園大会、選抜優勝大会、選手権大会、インターハイなど、全国規模の大会が増えてきたことからもその傾向がうかがえる。教科外活動とはいえ、部活動はもはや学校教育には欠かせないものとなっていく。この頃から学校現場では、「クラブ活動」と「部活動」併存の矛盾が徐々に問題視されてくるようになった。
　平成元―平成2(1989―1990)年の中・高学習指導要領では、部活動への参加をもってクラブ活動の履修に替えられる「部活動代替措置」が認められた。このことによって、教育課程(時間割枠内)からクラブ活動が姿を消していった学校も少なくなかった。そして、平成10-11(1998-1999)年の中・高学習指導要領から、「クラブ活動」は廃止された。

　この約30年間(1969-99年)にわたる課外活動としての部活動は、行政的な解説や法的な位置づけが十分に明示されないまま暗黙のうちに学校が実質的には計画し、顧問を配置し、その責任下において見守る体制が敷かれてきた。法的な観点に立てば、この部活動における教職員の指導は、就労

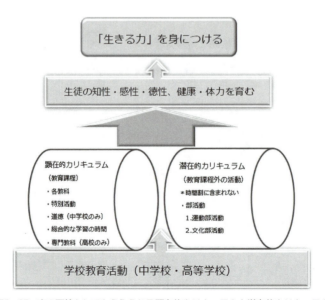

図3-17　車の両輪としてとらえられる顕在的カリキュラムと潜在的カリキュラム

義務の範囲ではないため、顧問教員のボランティア活動とも言える。しかし、その一方で、学校教育活動における部活動の教育的意義や必要性は、多くの教員が認めるところである。

このようにみると、日本の部活動は、教育課程における各教科や特別活動等の「顕在的カリキュラム」に対し、「潜在的カリキュラム」として位置づけられてきたと考えることができる。学校では各教科の学習が、最も重要且つ、最優先であることが前提である。しかし、学校教育活動全体を通してみた時、この2つは車の両輪としてとらえることができよう。

以上の関係を図示する、図3－17のようになる。

このような変遷を経て、平成20-21（2008-2009）年の中・高学習指導要領に部活動に関する内容の取り扱いが以下のように示された（中・高学習指導要領　総則　第3章　5節13）。これらの内容は、今後の運動部活動を考えるうえでも特筆すべき事項である。

> **部活動の意義と留意点等**
>
> 生徒の自主的、自発的な参加により行われる部活動については、スポーツや文化及び科学等に親しませ、学習意欲の向上や責任感、連帯感の涵養等に資するものであり、学校教育の一環として、教育課程のとの関連が図られるように留意すること。その際、地域や学校の実態に応じ、地域の人々の協力、社会教育施設や社会教育関係団体等の各種団体との連携などの運営上の工夫を行うようにすること。

さらに次の指摘もなされている。

> ①スポーツや文化及び科学等に親しませ、学習意欲の向上や責任感、連帯感の涵養に互いに協力し合って友情を深めるといった好ましい人間関係の形成等に資するものであるとの意義。
>
> ②部活動は、教育課程において学習したことなども踏まえ、自らの適性や興味・関心等をより深く追求していく機会であることから、第2章以下に示す各教科等の目標及び内容との関係についても配慮しつつ、生徒自身が教育課程において学習する内容について改めてその大切さを認識するよう促すなど、学校教育の一環として教育課程との関連が図られるようにするとの留意点。
>
> ③地域や学校の実態に応じ、スポーツや文化及び科学等にわたる指導者など地域の人々の協力、体育館や公民館などの社会教育施設や地域のスポーツクラブといった社会教育関係団体等の各種団体との連携などの運営上の工夫を行うとの配慮事項、をそれぞれ規定したものである。
>
> 各学校が部活動を実施するに当たっては、本項を踏まえ、生徒が参加しやすいように実施形態などを工夫するとともに、休養日や活動時間を適切に設定するなど生徒のバランスのとれた生活や成長に配慮することが必要である。

以上、部活動の意義や重要性が明記されたのは、戦後の学習指導要領で初めてである。特に、「学校教育の一環として、教育課程との関連が図られるように留意すること」という指摘は、部活動が正規の教育課程に入っていないとはいえ、極めて大きな意味がある。保健体育科の教員は、運動種目に関して専門性を有している。したがって、その専門性をより活かせる場が公に認められたとも言える。しかし、次の指摘も見逃してはならない。

それは、「各学校が部活動を実施するにあたっては、生徒が参加しやすいように実施形態などを工夫するとともに、休養日や活動時間を適切に設立するなど生徒のバランスのとれた生活や成長に配慮することが必要である」という記述である。部活動の指導においては、この指摘を十分に踏まえる必要がある。

第3章　保健体育教師の仕事とは

②学校と教員、保護者そして部活動の現在

　戦後学校教育の充実とともに発展してきた部活動であるが、現在は多くの課題も抱えている。その課題とは、部活動を取り巻く環境や人的状況と言ってもよい。そのキーワードは、「少子化」と教員の「高齢化」である。

　ちなみに、平成26(2014)年の中学生の数は約350万人で、1986年(昭和61)の約57％、高校生のそれは約333万人で約64％に激減している（＊特別支援学校、中等教育学校を除く、表3－14）

　また、2010年(平成22年)時点では、中学校本務教員の平均年齢は42.8歳、高等学校は44.7歳であり、この10年ほどの間に3.1～3.8歳も高齢化している（表3－15）。さらに、本務教員の年齢構成をこの年度間で比較すると、25－35歳の割合は、中学校24％→21％へ、高等学校20.2％→15.7％と減少傾向を示した。これと相反するように、50－60歳では中学校19％→34％へ、高等学校28％→37％となり高齢化の進行がうかがえる。

　このような背景から、部員数確保の困難さ、教員の高齢化と教員採用数の減少に伴い、指導者の不足がここ数年来懸念されるようになってきた。そこで全国の各自治体、教育委員会や中学校・高等学校では、様々な部活動改革に取り組み始めた。表3－3は、その内容であるが、部活動の現在とその将来を考える上で多くの示唆を与えてくれる。

　表3－16の部活動改革には、メリットもあるが、解決していくべき課題も数多く存在する。例えば表で示した内容の他に、②や③の合同部活動や合同チームの場合、生徒の移動に伴う安全の確保をどうするか、といった問題もある。部活動の充実、発展には、生徒・保護者のニーズに応えられる学校組織体制（人的、物的、地理的、時間的、空間的）の存在とそれを支える地域の支援や協力が不可欠である。しかし、国公私立を問わずこれらの諸条件を満たす学校は極めてまれであろう。部活動改革への着手が必然性を持つ由縁である。

　もちろん、いろいろな部活動に対して、すべての教員が優れた指導力を発揮できれば、部活動は充実し、生徒の満足度も高くなる。他方、教員が専門的力量を備えていても当該校にその種目が存在しないこともある。特定の部が存在しても、部員が集まらないこともある。あるいは、スイミングやサッカースクールなどが地域で盛んに行われ、部活動が衰退しているところもある。つまり、部活動を取り巻く環境は、地域の実態によって大きく異なっていることを認識しなければならない。

表3－14　中・高校生の生徒数(万人)

	昭和61年(A)	平成26年(B)	B/A×100
中学生	約610	360	57.3
高校生	約525	335	63.4

表3－15　教員の平均年齢(歳)

	平成13年	平成22年
中学校	40.4	44.2
高等学校	42.7	45.8

表3－16　おもな部活動改革の内容とメリット・問題点

項　　目	内　　容	メリット・問題点
①クラブ活動廃止	必修クラブの廃止によりクラブ活動の部活動代替制度がなくなった。したがって、制度上生徒全員加入から、自由意志による加入となった	1. 部活動と教育活動のバランス 2. 生徒指導機能の低下懸念
②合同部活動	これは部活動の学校間連携を意図したもの。自分の学校に参加したい部活動がない場合、近隣の学校への部活動参加を認めること。	1. 部員・指導者不足を解消できる 2. 部員同士のコミュニケーションをどう図るか 3. 中・高体連主催の大会参加の問題
③合同チーム	大会参加が部員数不足でできない場合、臨時に複数の学校でチームを編成し参加するもの。高校野球で実施されている。日常の練習は当該校で行う	1. 地区大会レベルまでの参加 2. 各学校での練習内容の調整 3. 指導者と部員間の意思疎通
④外部指導員	小規模校での顧問教師不足、専門種目顧問不足を補うもの。学校長裁量で教師以外の指導者を指導や引率の面で顧問と同等の責任を与える。	1. 人材確保と広報活動 2. 各学校の教育目標と部活動指導理念との乖離問題への対応 3. 外部指導員の資質の見極め
④地域との連携・移行	部活動を地域の社会教育や社会体育と連携させるもの。使用施設は、既存の学校体育施設や公共スポーツ施設。総合型地域スポーツクラブに代表される活動。文科省も推進している。	1. 中・高体連主催の大会参加の問題原則としてこれらの大会参加は不可能 2. 受益者負担の問題

　そこで、次に各学校の実態から考えられる教員と部活動の関係をカテゴリーに分けて、取り上げてみたい。

- **カテゴリーⅠ**：部活動指導に熱心で専門性を備えた教員が多く、それに対応した部活動が存在している
- **カテゴリーⅡ**：学校、教員集団の問題ではなく、地域性から学校に存在する部活動が少なく、学校外で活動している生徒が多い
- **カテゴリーⅢ**：部活動に熱心な教員は多いが、部活動種目に対応して専門性を備えている教員の人数は(ある程度いるが)十分ではない
- **カテゴリーⅣ**：部活動に熱心な教員は多いが、部活動種目に対応して専門性を備えている教員の人数が不足している
- **カテゴリーⅤ**：部活動に理解を示す教員は多い。しかし、部活動種目との対応から専門的指導に不安があるため、躊躇している。
- **カテゴリーⅥ**：部活動に理解を示す教員は多い。しかし、自ら指導していこうとする教員はあまり多くない。(＊家庭的事情や年齢構成上の背景も含め)
- **カテゴリーⅦ**：部活動に理解を示す教員はあまり多くない。

　カテゴリーⅢ～Ⅶについては、さらに部活動種目が「ある程度揃っている」「あまり揃っていない(生徒が少ないため部員が集まらない)」の２つに分かれる。その他、地域の実態を考慮すればこのカテゴリーはさらに多くなる。

第3章　保健体育教師の仕事とは

図3－18　様々な教育的意義がある運動部活動
新学習指導要領「総則」で教育課程に関連する事項として位置づけられた。

　したがって、学校教育活動における部活動の位置づけや教育課程との関連、また部活動に対する学校全体の考え方等々は、保護者会などをとおして学校長が責任を持って伝えるべきである。特に、大多数の保護者は、「部活動が学校に存在して当然」、「教員は顧問となって指導にあたるのが当たり前」と認識している。保護者によっては、昨今のモンスターペアレントではないが、専門性を備えた教員が十分いないことに対する理解もないまま、理不尽な要求を突きつける場合もある。個々の部活動を担当する教員の考え方、指導方針は十分に尊重されるべきであるが、学校全体として今置かれている状況を保護者に正確に伝えておかないと、専門的指導力に不安を抱えている教員は、ますます部活動から遠ざかっていくであろう。

　それでもなお、部活動を担当している顧問の71％は、中学校での部活動の必要性を認めている。なお、「必要性を認める」と回答したなかで、3割強の顧問は、ほとんど部活動に関与しないか、週末だけの指導にとどまっている(2008年6月16日；日本経済新聞朝刊)。

　実際、教員として赴任し、生徒たちに囲まれ部活動の指導にあたることの意味は大きい。それは教員自身、最も自覚していることであるが、教員の日常は多忙を極めていることも事実である。

(2)運動部活動の目的や意義、指導のあり方

①現在の中高生運動部・文化部入部の実態

　これまで、運動部や文化部を問わず部活動の変遷やその位置づけを論じた。そして上述したように、部活動指導にあたる教員の負担も大きいことがわかる。このなかで教科との関わりも深いことから、保健体育教員の多くは、運動部活動の指導を中心に熱心に取り組んでいる。そこで、この節では運動部活動に焦点を当ててその目的や意義について述べてる。

　まず、中・高校生の部活動入部状況はどうなっているだろうか。図3－19は、西島等1)の調査に

よる中学生の部活動入部状況を示したもので、2年生男女、1都6県(東京都、新潟県、岐阜県、静岡県、島根県、高知県、鹿児島県)の生徒を対象に2001年3月に調査された結果である。

　さらに著者(鈴木)は中学校1～3年生男女、1都2県(東京都、千葉県、青森県)の生徒を対象に2007～2008年にかけて同様の調査を行った(図3－20、図3－21)。実施時期は、6月～9月であった。実施時期や対象学年の違いから、西島らの結果とは異なる傾向を示した。特に、3年生は、概ね7月末～8月に運動部活動から退くことが多いなどによって、異なった結果を示したと推察される。

　しかし、この結果には共通点もある。それは男女学年を問わず、運動部への入部率が高いことである。男女別にみれば、男子の運動部入部率は約80%と女子の約70%に比べやや高い傾向を示した。

　一方、高校生の状況はどうであろうか。図3－22は、前出の西島等の結果を基に作図したもので、1都2県(東京都、新潟県、静岡県)の2年生男女、4,784人を対象に行われた。

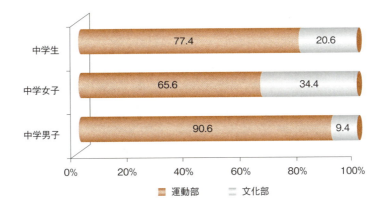

図3－19　1都6県の中学生(4,206名)の運動部・文化部の加入率
(西島　央他『部活動　その現状とこれからのあり方』学事出版　2006. より著者作図)

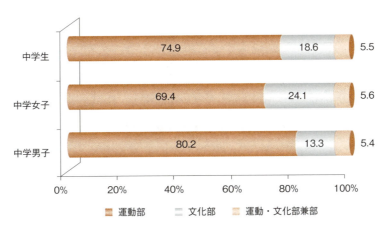

図3－20　1都2県の中学生(1,450人)の運動部・文化部の加入率
(2007～2008年、著者未公表データより)

第3章　保健体育教師の仕事とは

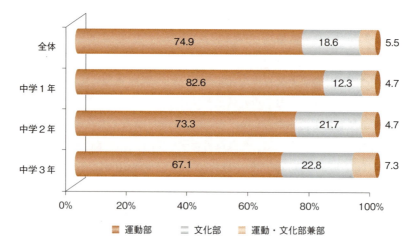

図3-21　学年別にみた1都2県の中学生(1,450人)運動部・文化部の加入率

(2007〜2008年、著者未公表データより)

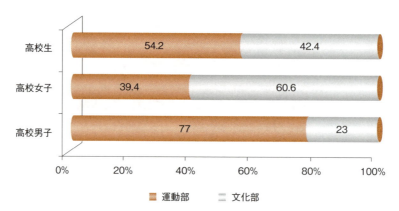

図3-22　1都2県の高校生(4,784人)の部活動加入率

(西島　央他『部活動　その現状とこれからのあり方』学事出版　2006. より著者作図)

　高校生では男子の運動部加入率は約77%、女子は約39%であり、女子の運動部加入率は文化部より低い。全体でみると運動部加入率が文化部のそれより上回っているが、これは男子の運動部加入率の高さによるものである。
　以上の結果を総合的にみた時、中・高生にとって運動部活動の比重が大きいと言える。運動部活動の指導とその充実は、彼らに対して大きな意味があると思われる。

第3章 　保健体育教師の仕事とは

【セルフチェック】——1

中学生の運動部加入率は、なぜ男女とも高いのだろうか？

　例にならって、思いつくものを列挙してみよう。

1．中学校入学時では、男女の体力の差はそれほど大きくないことや運動やスポーツに対する関心にも性差が少ないから。
2．運動部に入って活動する生徒が大半を占めており、スタートラインが同じで上手・下手に関係なく、興味のある運動部に入りやすいから。
3．
4．
5．

【セルフチェック】——2

高校女子の運動部加入率が低いのはなぜだろうか？

　例にならって、思いつくものを列挙してみよう。

1．中学校時代に比べ、運動部活動がより高度で専門的になり、体力的にも技術的にもついて行く自信がないから。
2．通っている高校の運動部活動への女子の参加率が低いから。
3．
4．
5．

第3章　保健体育教師の仕事とは

●資料1
【運動部所属の生徒数の推移と中学校体育連盟と高等学校体育連盟加入の生徒数、および中学校の合同部活実施校数】

> 中学校における所属生徒数は減少しているが、所属率はほぼ横ばいで推移している。

○中学校における運動部所属生徒数の推移

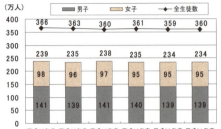

○高等学校における運動部所属生徒数の推移

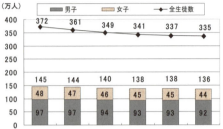

○中学校における運動部活動の参加率

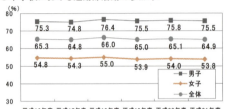

○高等学校における運動部活動の参加率

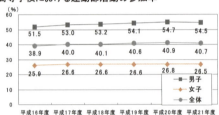

中　学　校：(財)日本中体連調べ(全国中学校体育大会種目のみを合計)
高等学校：(財)全国高体連及び(財)日本高野連調べ(インターハイ種目及び硬式野球・軟式野球を合計)

主な全国中学校体育大会競技加盟の推移(男子)

	陸上競技		軟式野球		剣道		卓球		バレーボール	
	学校数	生徒数	学校数	生徒数	学校数	生徒数	学校数	生徒数	学校数	生徒数
平成24年度	6,441	129,701	8,886	261,527	5,501	62,710	6,857	147,078	3,309	50,639
平成25年度	6,729	132,151	8,788	242,290	5,548	60,864	6,872	145,257	2,989	50,852
増　減	288	2,450	−98	−19,237	47	−1,846	15	179	−320	213

主な全国中学校体育大会競技加盟の推移(女子)

	バドミントン		ソフトテニス		卓球		バレーボール		バスケットボール	
	学校数	生徒数	学校数	生徒数	学校数	生徒数	学校数	生徒数	学校数	生徒数
平成24年度	3,585	88,660	7,175	196,379	5,968	90,874	8,409	161,427	7,450	146,953
平成25年度	3,580	88,931	7,145	197,227	6,009	93,835	8,325	159,990	7,445	140,227
増　減	−5	271	−30	848	41	2,961	−84	−1,437	−5	−6,726

加盟生徒数

	男子	女子	男女合計
平成24年度	1,370,359	920,274	2,290,633
平成25年度	1,358,925	915,450	2,274,375
増　減	−11,434	−4,824	−16,258

主な中学校合同部活実施校数(平成25年度)

種目	バスケットボール	サッカー	軟式野球	バレーボール	ソフトボール	合計
実施校数(校)	47	55	154	177	61	494

主な全国高等学校体育連盟加盟の推移(男子)

	バドミントン		陸上競技		卓球		バスケットボール		バレーボール	
	学校数	生徒数	学校数	生徒数	学校数	生徒数	学校数	生徒数	学校数	生徒数
平成24年度	3,556	50,371	4,353	68,179	4,257	49,405	4,521	89,720	2,816	35,905
平成25年度	3,556	50,762	4,377	69,385	4,227	48,407	4,500	92,623	2,750	35,597
増　減	0	391	24	1,206	−30	−998	−21	2,903	−66	−308

主な全国高等学校体育連盟加盟の推移(女子)

	バドミントン		陸上競技		バスケットボール		バレーボール		ソフトテニス	
	学校数	生徒数	学校数	生徒数	学校数	生徒数	学校数	生徒数	学校数	生徒数
平成24年度	3,795	54,992	3,983	37,305	4,035	61,288	4,075	57,858	2,850	35,704
平成25年度	3,807	54,591	3,977	37,346	4,012	60,215	4,029	56,055	2,839	34,587
増　減	12	−401	−6	41	−23	−1,073	−46	−1,803	−11	−1,117

加盟生徒数

	男子	女子	男女合計
平成24年度	772,182	438,723	1,210,905
平成25年度	776,339	433,217	1,209,556
増　減	4,157	−5,506	−1,349

②運動部活動の目的、意義

　平成12(2000)年に策定され、公表された「スポーツ振興計画」では、運動部活動の意義や目的が次のように示されている。

運動部活動の意義等

1)体力の向上や健康の保持増進を図るだけでなく、生涯スポーツへの契機となる能力や態度を育てる。

2)異学年、異年齢の生徒が自発的・自主的に活動を組織、展開することにより、生徒の自主性・協調性・責任感・連帯感などを育成する。

3)生徒同士や生徒と教師(顧問)との人間関係の深まりや学校生活の充実に大きく寄与することができる。

4)教科体育で身につけた技能などを発展・充実させ、逆にその成果を体育の授業で生かし、他の生徒にも広めて行くことができる。

(2000年9月「スポーツ振興計画」より)

　運動部活動には上記のような意義があり、これらは学校教育の他の活動でもあてはまる部分が多い。しかし、運動部活動と各教科や特別活動との大きな相違は、設定された「時間」の長さである。毎日のように繰り返される運動部の活動は、それ自体問題点もあるが、「時間」の持つ意味は大きい。例えて言えば、「同じ釜の飯を食う」時間が長いのである。だからこそ、体力の向上、生徒同士の連帯感、生徒や教員との人間関係の深まりなどが期待されるわけである。さらに、教科保健体育は様々な運動部活動の活性化にも繋がる可能性を秘めている。

　したがって、授業に取り組む教員は、運動部顧問の顔ではなく、専門教科を教える保健体育教員として常に研鑽を重ねる必要がある。運動部活動の意義は、図3−21のような関係でとらえることができる。

第3章　保健体育教師の仕事とは

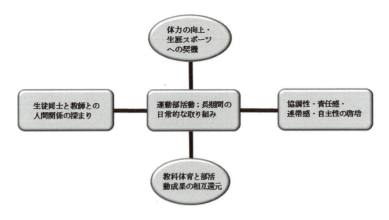

図3-21　運動部活動の意義

ところで、スポーツ振興計画はその後も見直しが行われ、平成18(2006)年9月に改定された。このなかでも「運動部活動の改善・充実」が取り上げられた。以下、現在の実態を踏まえ、次のような指摘がなされた。

> （4）　運動部活動の改善・充実
> 　到達目標
> 　児童生徒のスポーツに関する多様なニーズに応えるため、学校の実態等に応じて複数校合同で運動部活動等が柔軟に実施できるようにする。
> 　現状と課題
> 　運動部活動は、学校の指導のもとにスポーツに興味と関心をもつ同好者で組織し、部員同士の切磋琢磨や自己の能力に応じてより高い水準の技能や記録に挑戦する中で、スポーツの楽しさや喜びを味わい、豊かな学校生活を経験する活動であり、学校教育活動の一環として位置付けられている。運動部活動では、教員は顧問や監督など指導者として重要な役割を果たしている。

さらに、続けて運動部活動が抱えている課題については次のように指摘した。これは前出の記述と重複する部分もあるが、今後の運動部活動を幅広い視点から考える上で、示唆に富んだ内容となっている。

> 　しかしながら、最近、少子化による生徒数の減少、運動以外の活動への興味・関心等による運動部活動への参加生徒数の減少、指導者の高齢化や実技指導力不足のために競技種目によっては、チームが編成できない、あるいは、十分な指導ができなくなるなどの状況があり、生徒数の減少等により単独の学校では運動部活動を継続することが困難な場合も出てきている。スポーツを行いたいという生徒の関心や意欲に応えるため、複数校合同の運動部活動の円滑な運営を促進することやその全国大会への参加の道を拡げていくことなど環境の整備が必要である。
> 　なお、運動部活動の運営については、学校週5日制の趣旨も踏まえつつ、競技志向や楽しみ志向など児童生徒のそれぞれのスポーツニーズに応じて、複数の種目に取り組むことや地域のスポーツ活動を同時に楽しむことができるよう、必要に応じて見直しを図っていく必要がある。また、運動部活動について、一部では、地域のスポーツ活動との関係が疎遠になっているとの問題点も指摘されており、地域の実態等に応じて、運動部活動と地域のスポーツ活動が連携して児童生徒のスポーツ活動を豊かにしていくための関係者の取組が求められている。

以上の記述からわかるように、心身ともに発育・発達の顕著な中・高校生にとって、運動部活動の持つ意味は極めて大きい。それだけに、克服すべき課題も多いが、その一方で、様々な困難を抱

図3-22　生徒同士の連帯感、生徒と教師の人間関係の深まりにも寄与する運動部活動

えながらも奮闘している教員が数多くいる。保健体育教員は、目先の勝利にとらわれることなく、幅広い視点で運動部活動の指導に取り組む牽引役を果たしていかなければならない。

　そして、全国には、運動部活動が抱える様々な困難に直面しながら、生徒の指導に真っ正面から取り組んでいる教員が多数いることを理解してほしい。

　特に、2006年に改定されたスポーツ振興計画では、複数校合同で運動部活動が柔軟に実施できるようにすることを運動部活動の改善・充実のための到達目標として明示した。これは、学校を単位として行われてきたこれまでの運動部活動を根本的に見直すことが提起されたと言ってもよい。したがって、特に保健体育教員をめざす者は、旧来の、あるいはこれまでの経験にとらわれることなく、地域や学校の実情や生徒の実態に対応した柔軟な組織づくりや指導が求められる。

　運動部活動には様々な課題が横たわっているが、その意義はまさに生徒に「感動体験」を与え続けることである。言うまでもなく、それを実現するためには、指導にあたる教員の資質が重要である。

図3-23　地域や生徒の実態に応じた柔軟な組織づくり・指導が求められる運動部活動

> 第3章　保健体育教師の仕事とは

COLUMN ① 高校時代の部活動が与えてくれたもの

国際武道大学体育学部体育学科　バレーボール部
栗田あや

　私は、決してバレーボールが上手なわけではありません。身長がすごく高いわけでもありません。バレーボールのエリートコースを歩んでいるわけでもありません。正直、大学まで13年間、バレーボールを本気で続けているなど、昔の私からはとても想像できないことです。久しぶりに会った昔の友達や先生は、私が今でもバレーボールを続けていることを知ると皆、とてもびっくりします。私は、ただバレーボールがすき、という気持ちだけで今までバレーボールを続けてきました。

　高校時代は朝5時に起き、6時の電車に乗り、7時には体育館で朝練を行い、お昼休みには昼練、夜も遅くまでボールを追いかけ、土日や長期休みは合宿を行っていました。毎日毎日監督に怒鳴られ、怒られ、嫌になることもありました。

　こんな日々でしたが、ある時、体調を崩し、何日かバレーボールから離れなければならないことがありました。するとすぐにバレーボールがしたくてたまらなくなりました。その時、やっぱり私はバレーボールがすきだ、と再確認しました。

　「バレーボールの魅力は何か」と問われたら、私は「仲間」と答えます。決して1人ではできないバレーボール。上手な人が6人いれば勝てる、と言ったわけでもなく、チームワークが1番大事なスポーツだと思います。私はこのバレーボールを通して、かけがえのない「仲間」と出逢うことができました。いくら監督に怒られても一緒に泣いて、笑って支えあった仲間がいます。この仲間がいたから今までやってこられたのだと思います。

　高校時代の辛くて、苦しかった練習も、試合で勝ったら忘れてしまいました。仲間がいてくれたから頑張れました。尊敬する先生がいて、支えてくれた家族がいてくれたからやり遂げることができました。私はそんなバレーボールがいつまでも大すきです。

第3章　保健体育教師の仕事とは

【セルフチェック】──3

生徒に感動体験を与えるには？

例にならって、思いつくものを列挙してみよう。

1．「今日は力を出し切った！」と思える練習内容を常に考え、部員全員の活動量を十分に保証する。
2．部員みんなが試合に出られるよう、練習ゲームを工夫する。その体験をとおしてスポーツの楽しさ、競い合う面白さを体得させる。
3．
4．
5．

③運動部活動指導者に求められる資質とは？

　よい教師、優れた指導者は、子どもたちをうまく束（たば）ね、1つの目標に向かわせることができる。これは、学級担任や教科の指導でも共通に求められる資質である。したがって、優れた教員（運動部活動の顧問を含む）は、授業や学級活動、生徒指導などのあらゆる場面で、生徒の持っている諸能力をうまく引き出すことができる。

　教科指導や学級指導、生徒指導、運動部活動指導で共通に求められる教員の資質は以下のようにまとめることができる。

1）心身ともに健康である。
　　すなわち、心身ともにバランスのとれた健康を保っていること。
2）よく耳を傾けることができる。
　　　すなわち、教員（指導者）は「聞き上手」であること。
　　　＊例えば、学習面に自信のない生徒や技能面で劣る部員の声や訴えに耳を傾けることができること。裏返せば、自信過剰な教員（指導者）は、生徒の話を聴かず一方的に自己の主張を押しつけがちである。
3）非言語コミュニケーションができる。
　　　すなわち、言葉だけでなく、豊かな表情、身振りや手振りなど、多様なコミュニケーション手段を持っていること。
4）自分自身の言葉で語ることができる。
　　　すなわち、体験に根ざした、借り物でない言葉で生徒や部員に話ができること。多様な体験に裏打ちされた教員の体験談は貴重である。
5）（よい意味での）妥協しない頑固さと信念を持っている。
　　　すなわち、子どもの意見をすべて安易に受け入れることなく、それを適切に取捨選択し、明確な方向性を提示できること。
6）洞察力や観察力が鋭敏である。
　　　すなわち、生徒や部員の何気ない表情や行動を見つめ、その変化に気づけること。

第3章　保健体育教師の仕事とは

　以上の内容は、運動部活動指導者のみならず、教員として求められる資質の一端を示したものである。

　次に「運動部活動の指導」に限ってみた場合には、その活動が日常的に行われ、且つ長期にわたることから、さらに以下のような視点を持つ必要がある。

1) 活動場所や部員の安全に関すること。運動部活動では、部員が怪我をすることは避けられない。したがって、それを最小限にとどめる注意深い指導が求められる。実際、体育やスポーツ活動では、多くの怪我や事故が発生している。その実態を「資料2」に示した(124ページ)。このことを十分に認識する必要がある。したがって、怪我や重大な事故発生に対する危機管理として、養護教諭との連絡を密にし、拠点医院や救急病院の連絡先、専門医の有無などを確認しておくことは必須要件となる。

2) 運動部の活動方針、目的、練習計画等を綿密に立案すること。年間の、月間の、1週間単位の活動計画をしっかりと立て、それを毎日の練習で具体化する。計画を実践に移すことが具体化であり、練習日誌をつけること、チームと個人の目標を長期、中期、短期に分けて記述させること、練習ゲームのねらいなどを予め確認することが実践である。

3) 部員の個性に応じた指導を行うこと。すなわち、部員の身体的能力や精神的能力、過去のスポーツ経験は毎年一様ではない。部の活動方針や目的を明示しつつも、年度ごとの部員の実態に応じて柔軟な指導を心がける。

4) 校内の教職員や管理職(学校長等)、および外部指導者との連携を図ること。高校の運動部活動では、専門性を求められることが多い。したがって、指導者一人の力量ですべてをカバーすることが困難な状況もある。そのため、部の活動方針を踏まえつつ、校内のみならず、外部指導者(あるスポーツ種目の専門家、トレーナー、医師、接骨医など)の助けを借りることも必要である。

　この1)～4)を踏まえた指導を行っていても、学校の方針や保護者の考えと乖離が生じることもある。したがって、その背景や意味を吟味し、部の活動方針や目的を柔軟に変更できることも必要であろう。

　具体的には表3—17のような例が考えられる。保健体育教師を目指している立場から、右端の欄に自分なりに解決策を考えてみよう。

　さらに、今回改訂された学習指導要領やスポーツ振興計画等の記述にみられるように、運動部活動は、正規の教育課程に含まれないものの学校教育活動の一環として位置づけられている。したがって、運動部活動の指導においても、常に学校教育活動全体との関連を視野に入れて行う必要がある(図3—24)。

　このようにみると、運動部活動は、特に生徒指導との関連が強いことがわかる。実際、運動部活動に熱心に取り組んでいる生徒は、授業や学校行事への取り組みも良好であると報告されている(前出；西島等)。

　【生徒指導とは】生徒指導とは、文科省の手引きに2)によれば、次のように定義されている。

　「生徒指導とは、一人一人の児童生徒の個性の伸長を図りながら、同時に社会的な資質や能力・態度を育成し、さらに将来において社会的に自己実現ができるような資質・態度を形成していくた

第3章 保健体育教師の仕事とは

表3−17 顧問の願いと運動部活動の実態・状況、および解決法・対処法

	顧問の願い	運動部活動の実態や状況	あなたの考え（解決策や対処法）
事例1	活動場所をいつも十分に確保して指導したい	グラウンドや体育館はいつも複数の部で共有しながら活動している。正規のコートを確保できない。	
事例2	学年を超えて、それぞれの良さを発揮できる活動にしたい	上級生だけが練習スペースを占有し、下級生はほとんど活動することができないでいる。また、上級生・下級生の仲間関係がよくない	
事例3	けじめのある、メリハリのある運動部活動にしたい	一部の部員は熱心であるが、大半はいつも時間にルーズで、だらだらした活動が慢性化している。	
事例4	他校との練習試合をたくさん組んで、部員全員にゲームの面白さを味わってもらいたい	土日や休日を活用した試合や練習にはあまり賛同しない部員や保護者が多い。また、遠征に伴う経済的負担に対してあまり賛同しない保護者が多い	
事例5	保護者の協力や理解を得ながら部活動を進めてきたい	顧問に非協力的である保護者が多い。さらに、選手を決める時にはクレームをつけくる保護者がいる。	
事例6	運動部活動のみならず、教科の学習やその他の活動にも熱心に取り組める部にしていきたい	専門種目経験者が多く、部としての活動は全体的に活発であるが、そのことで、学校の様々な活動や教科の学習に真面目に取り組まない雰囲気がある	
事例7	自分の専門種目を活かして、運動部活動をしたい	現在、勤務している学校では、生徒数の減少から、経験してきた専門種目がなく、他の運動部顧問を引き受けることになった	
事例8	活動の成果が出るように、試合である程度の結果を残せる運動部をつくりたい	部員は厳しい指導に慣れていないこともあり、顧問教師の考えに反発する部員が多い	

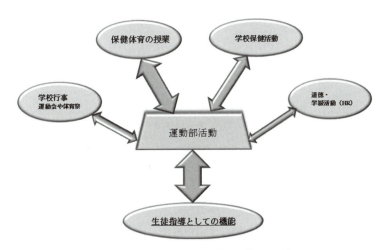

図3−24 運動部活動の学校教育全体との関連
矢印の太さは便宜的に関係の強弱を示している。

第3章　保健体育教師の仕事とは

●資料2
授業や運動部活動中の障害発生件数

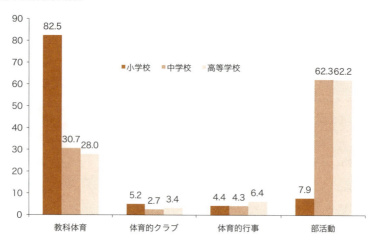

学校種別にみた体育活動中の負傷発生率
『学校の管理下の死亡・障害事例と事故防止の留意点』（平成19年版日本スポーツ振興センター）

注：ここでの「障害」とは、失明を含め、後遺症が残るような大怪我を指している。日本スポーツ振興センターでは、障害を1級〜4級に分け、その障害の程度に応じて給付額を決めているが、障害によっては、死亡給付金（約2,500万円）よりも多くなることもある。

　これとは別に、医療費が5,000円を超えると給付対象となる怪我（傷害）の数は、平成19年度で約216万2,000件となっている。これは、1年間300日と計算すると、毎日約7,200件もの怪我を負っている児童生徒が発生していることになる。

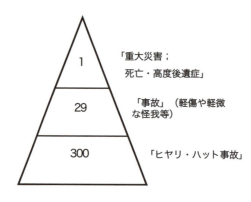

ハインリッヒの法則（1929年）

注：損害保険会社の技術調査部に勤務していたハインリッヒは、1件の重大災害の背景には、29件の軽傷や軽微な怪我が発生し、さらに傷害に至らない300件の「ヒヤリ、ハット事故」がおきているということを、労働災害5,000件あまりを統計的に調べた結果、明らかにした（1929年）。

めの指導・援助であり、一人一人の自己指導能力の育成を目指すものである」

　運動部活動の意義やその機能を考えた時、生徒指導の目指すところと重複する点が多いことに気づくであろう。

④運動部活動指導のポイント

　以上の視点を踏まえながら、教員は日々の運動部活動指導にあたる必要がある。もちろん、前述したように、「子どもたちをうまく束ね、一つの目標に向かわせることができる」指導が要諦(ようてい)となる。専門的技能を有していることは必要条件であっても、十分条件ではない。

　日々の指導場面でのポイントをあげると以下のようになる。

1)指導は段階を踏んで行う

　運動部は学年にまたがったタテ社会で構成されている。そこで、ややもすると新入部員は、運動部活動の目的を理解しないまま、上級生の指示どおりに行動しがちである。

　したがって、新入部員には部活動の目的や活動内容、練習時間、体力づくりの計画、チーム内での役割など、初期指導の段階で「手をかけ、目をかけ、細やかに、ていねいに」指導する必要がある。次に、部員達が所属する部の活動や雰囲気に慣れ、技能や体力が向上してきたら、「手は離しても、目を離さない」指導へと移行する。また、上級生下級生を問わず、部員の成長にあわせ、部員が自己決定(脚注：練習メニューを部員達が考えて作成する、体力トレーニング内容を自ら構成する等)できる場面を徐々に増やしていく。つまり、よい部活指導とは、部員の実態を見極め、そこに手を差しのべながら、教員が理想としている部活動へと導いていくことである。

2)活躍の場を設定する

　所属部員の資質や個性を見極めながら、活躍できる場面を指導者がつくる。運動部活動を大別すれば、日々の「練習」と練習の成果を試す試合(大会参加も含む)の2つである。そこで、次のような流れが出てくる。

　①日々の「練習」→部員の資質を「見つける」、次に部員を「育てる」
　②「試合」→部員を試合で「試す」、次に適材適所で「活かす」

　このような場面をつくっていくことが必要となる。試合とは競い合うことだけでなく、文字どおり「試し合う」ことでもある。練習の成果は各校チームの代表選手が競い合う公式試合の結果だけで決定されるのではない。非レギュラーの部員同士、補欠同士が集まって試合を行うことでも確認できる。

　また、試合を運営するためには、日時や場所の決定、審判や記録、用具の準備、怪我への対応など、必然的に運動部内で様々な役割が生まれる。このような役割を担うことによって、部員たちは生き生きと活動に参加することができる。これが「活かす」ことを含めた広義の「試合」である。

(3)教育実習生の運動部活動指導

　教育実習生として学校に勤務した時の運動部活動指導は、どのように考えるべきであろうか。基本的に運動部活動の指導は、すべて指導教員の指示に従わなければならない。しかし、過去十数年にわたり保健体育科の教育実習生を引き受け、指導してきた著者の立場から言えば、実習期間中、運動部活動に関わる時間はほとんどない。保健体育の授業準備に追われ、放課後指導を行う時間的余裕はないからである。指導教員に依頼された場合を除き、教育実習生の職務からみれば、これは当然のことである。

第3章　保健体育教師の仕事とは

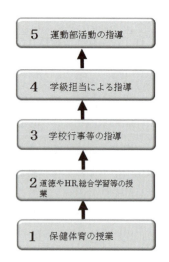

図3-25　教育実習生の実習時における優先順位

保健体育の授業を行うためには、徹底した教材研究が求められ、その一回あたりの所要時間は十数時間を要する。
そのため、教育実習生は、授業には最優先で取り組まなければならない。

　教育実習生としての最も大きな課題は、保健体育の「授業力」を身につけることである。学校教育活動全体からみれば、授業以外にも様々な指導が日々展開されている。したがって、実習生がそれらの指導に関わることも求められる。運動部活動の指導もその一つである。教育実習生の職務に優先順位をつければ、図3-25のようになる。

　保健体育の授業を行うためには、徹底した教材研究が求められる。50分の授業には、教えるべき内容を理解し、それに見合う教材（専門書、教科書、学習指導要領、映像資料など）を用意し、学習指導案を書き、板書方法を研究し、配付資料を準備して臨まなければならない。したがって、一回の授業に費やされる時間は膨大となる。一回の教材研究には十数時間を要する。

〈部活動の指導に参考になる書籍類〉
『一瞬の風になれ1〜3』佐藤多佳子著　講談社文庫
『バッテリー』あさのあつこ著　角川文庫
『サッカーボーイズ　13歳』はらだみずき著　角川文庫
『Rookies』森田まさのり著　集英社
『Dear Boys』八神ひろき著　講談社

COLUMN ② バスケットボール部顧問が女子部員から学んだこと

兵庫県公立高校バスケット部顧問（教師歴25年）　田中一郎（仮名）

「こら、全力で走れ！」「何で手を抜くの」「何やってる！」
　体育館での練習を終え、外に出てトレーニングをやらせていた時、ある部員に思わず発した言葉であった。他の部員達は、監督の指示にしたがい必死でダッシュを繰り返していた。しかし、何故か、その部員だけが全力で走ろうとしなかったのである。身長は148㎝。バスケットボールをやるにはあまりに大きな身長のハンディ。
　しかし、入部してから1日も休まず練習に取り組んでいた。レギュラーにはほど遠く、いつも先輩の後についていくだけだった。それでも誰よりも早くコートに来て、シュート練習を繰り返していた。チームは、部員数の確保にも苦労する弱小軍団ではあったが、勝つことを第一目標に部活動に取り組ませていた。
　トレーニングを終えて、件（くだん）の部員を呼んだ。「どうして、一生懸命走らないの？」
　そう尋ねた瞬間、彼女の涙が止まらなくなってしまった。しばらく沈黙が続き、ようやく重い口を開き、「先生、実は赤ちゃんの時に股関節を脱臼して、それから直らない状態が続いています。踏ん張りたくても踏ん張れないのです」「でも、部活は大好きです」と答えた。間髪を入れずに出てくる言葉は「すみません」「すみません」の連続だった。そして、チームメートにも知られたくない心情を吐露してくれた。
　入部して2年。試合には一度も出ることのない選手であったが、コツコツと取り組む姿は、チームメートに伝わっていた。辛さを口にせず、ハンディを抱えながらでも部活動に取り組む姿を見たとき、「何故、もっと早く気づかなかったのだろう」と自責の念に駆られた。「勝つために、強くするために部活動はある」、そう信じて疑わなかったこれまでの自分を振り返った瞬間でもあった。観察している、見ている、教えているつもりが、そうではなかったのである。
　短い会話であったが、この部員からたくさんのことを考えさせられ、また、学ぶことができた時間でもあった。

第3章　保健体育教師の仕事とは

COLUMN ❸　運動部活動についてディスカッションしよう

　あなたが顧問だとしたら、以下の内容をどのように考えますか。友達同士でディスカッションをしてみよう。

1．部の目標や練習計画は、顧問が1人で決めるべきだ。
2．部員数が多ければ、3年間試合に出られない者が出ても仕方がない。
3．日頃から「フェアプレーとは何か」、「よき敗者とは何か」について話をする必要がある。
4．顧問は、時には自らの失敗談を部員に話すことはよいことだ。
5．下級生が上級生の持ち物運びをするのは当然だ。
6．試合で手を抜いたり、失敗したりした部員には、みんなの前で叱責する。
7．部員には、自分の所属するスポーツだけに関心を持つようにさせる。
8．試合に出場する者の選考は、技能の優劣のみで判断する。
9．顧問は、目先の勝敗にとらわれず、部員の将来も見据えた指導が望まれる。

◆ディスカッションのヒント

　運動部部活動は、これまで述べてきたように、日本のなかで独自の発展を遂げてきました。そして、日本の文化や風土にもあっていたのでしょう。学校教育にとって欠かせない地位を占めるようになりました。それを支えて、発展させてきたのは、言うまでもなく、全国の先生方です（保護者や地域の協力、校長先生や学校全体のバックアップを欠かすことはできませんが…）。
　でも、中心となって指導するのは運動部活動顧問を引き受けた先生方です。保健体育の先生だけではありません。国語や数学、理科や社会、技術家庭科や英語の先生…。いろいろな専門教科の免許を持った先生が、ほとんどボランティアで部員達の指導にあたっているのです。このなかには、担当した運動部種目と自分が経験してきたスポーツ種目とが一致する先生もいれば、全く経験したことのない運動部を持つ先生もいます。経験のないスポーツ種目の指導はできるのでしょうか。誰もがそう思います。それでも、生徒達のために、一生懸命指導してくれる先生がたくさんいるわけです。なぜなら、運動部活動の魅力が運動部の日々の活動（試合、練習、トレーニング、ミーティング、部員同士の葛藤や連帯感）にたくさん詰まっているからです。部活動をとおして、生徒達の、部員達の「人間としての成長を心から願っている」先生は、自分の専門種目の指導力に不安を抱えていても、顧問を引き受けてくれるのです。

　さて、運動部活動には、実に様々な顔があります。千差万別という言葉が最もあてはまるでしょう。伝統があって、結果を残している強いチーム、初心者だらけでルールも知らない部員が多いチーム、たくさんの部員を抱えているチーム、部員集めもままならないチーム、あまりやる気がみられ

ないチーム、規律が厳しく、先輩-後輩のタテ関係がはっきりしているチーム、部員同士がバラバラでまとまりのないチーム、練習時間も場所もふんだんにあるチームとそうでないチーム、勝利はどうでもよく、練習よりもおしゃべりの時間が多いチーム、保護者が協力的なチームとそうでないチーム、部員同士の話し合いが少なく、勝手に活動しているチームなどなど。

それでも、矛盾だらけかもしれませんが、部員達はうまくなりたいと思って活動しています。初めて出会った部員達と仲良く、充実した活動を望んでいます。

皆さんは保健体育教師をめざしています。さて今まで述べてきたこんな顔を持った運動部の顧問として、どう対処し、どう指導していきますか。

気がついたと思います。「コラム3」のディスカッションには正解はありません。例えば、初心者だらけでルールもよく知らない部員が集まっている運動部で、レギュラーを部員同士の話し合いで決めることが可能でしょうか。顧問の指導力で可能かもしれません。しかし、不可能かもしれないのです。部員達の民主的な話し合いは理想ですが、うまく行くでしょうか。

こんな風に考えて下さい。いろいろな顔を持った運動部の指導を想定してチェックリストを活用して下さい。皆さんの想像力を、これまでのスポーツ経験を最大限発揮して、考えてみることが大切です。

保健体育教師になって、自分の専門とするスポーツ種目の指導にあたることが理想でしょう。そして、結果も残せれば最高かもしれません。その結果とは、自ら指導する運動部だけが強くなればよいのでしょうか。英語の先生が顧問なら、それも許されるかもしれません。しかし、保健体育教師の立場は違うと思いませんか。

そのことに思いを馳せない、そのことに考えが及ばない保健体育・スポーツを専攻している学生は少なくとも、保健体育教師としての道を選択すべきではないと考えます。豊かな発想、広い視野を持って学校の生徒全員の体や心を育むのが「保健体育」の先生です。

〈参考文献〉
1）西島　央編著「部活動　その現状とこれからのあり方」　学事出版　2006.
2）文部科学省「生活体験や人間関係を豊かなものする生徒指導」1988
3）文部科学省「みんなでつくる運動部活動」　東洋館出版、1999.

第3章　保健体育教師の仕事とは

4 | 学級担任の仕事

(1) 学級が大切な訳

　「自分の帰るべき家がなくなったらどうします？」と言われたら、ほとんどの人が「そんなことは考えられない」と言うだろう。
　学級のことをホームルームと言うが、このホームという言葉は、「自分の帰るべき場所」という意味である。海外では、学級（ホームルーム）がない学校もあるが、そのような学校は学級や学年単位で行事を行うことは、ほとんどないようだ。
　私たちになじみ深い「学級」という単位は、単なるハコではなく学級のみんながホッとできる場所である。もし、学級がなければ、教科の学習が終わって帰る場所もないし、学級対抗の行事や修学旅行も成立しない。運動会も個人での出場となる。学級は、みんなで感動したり、讃え合ったり、支え合ったりする関係を構築する大切な場所なのである。
　学級担任は、生徒たちのさまざまな関わりを見つめながら、一人ひとりをつなげていく存在である。さながら、昔のガキ大将のようだ。いつも一緒にいながらも、遠くを見定め、みんなを導き、くじけそうな人には常に寄り添う人。それが学級担任である。
　ここでは、そんな学級担任のやりがいや楽しさ、心構えなどについて紹介する。

(2) 学級担任のやりがい、楽しさ

　学級担任は、「とっても大変だけれども面白い！」の一言に尽きる。生徒がトラブルをおこしたり、学校と家庭の間の問題がおきたりした時、学級担任がまず対応することになる。時には警察に行くこともあるし、家庭訪問をすることもある。何かと手のかかる仕事であることは間違いない。しかし面白い！　こう言うと生徒に対して失礼なので、とても充実した時空間を過ごすことができる、と言い換えよう。
　企業に就職した場合、はじめから中核的な業務を任されることはないが、教師だけは、はじめから一人前として、すべての業務を任される。そこに大変さがあるのだが、そこにこそやりがいが生まれる。
　学級で問題があった時、長い時間をかけて生徒と話をして何とかわかってくれたと思った矢先に、また同じ問題がおきることもたびたびある。手の中に収めたと思った瞬間、スルリとすり抜けられる感じである。そうかと思えば、掃除の時間などに、何となく声をかけたことを卒業後に「あんなぁ、せんせぇあのとき（掃除の時）こんなこといってくれたよな」と言われることもある。いつも思いどおりの結果にならないところが、この仕事の魅力である。
　人間は、他人に承認されることによって個人となる。私たちも「この人の言うことは、なんだかわからないけど聞いてみよう」と生徒に承認された時に教師となり担任となる。生徒と担任とが互

図3－26　生徒の笑顔に、教師の苦労が吹き飛ぶ卒業式

いを映し合う鏡のようになり、「私のクラスの生徒↔僕たちの担任の先生」という関係ができあがった瞬間、「学級担任としての私」が生まれる。損得を超えた生徒との関係におけるやりとりに学級担任の醍醐味があり、そこに楽しさが生まれる。

　私たち教師は、卒業式を無事迎えたとき、教師という職業を選んでよかったと実感する。卒業式では、3年間の生徒とのやりとりが走馬燈のように思い起こされ、辛かったことも楽しかったことも、この瞬間からいい思い出となる。とってもやんちゃだった生徒が卒業式で涙を流したり、最後に「せんせぇ、ありがとう」と言ってくれたりした瞬間、それまでの教師としての苦労は吹き飛んでしまう（図3－26）。

　本来、仕事というのは、嫌でも辛くても生きていくために辛抱して勤めるものである。教師というのは、仕事として給料をもらいながら、こんなに感動できる職業なのである。みなさんにも、ぜひ同じ感動を味わっていただきたいものだ。

(3) 初めての学級担任

① 初めての学級担任失敗談

　初めて学級担任となった若い先生は、ついつい学生のノリのまま突っ走ったり、教師らしく振る舞わなければいけないと思ったりして、生徒の目線とズレてしまうことが往々にしてある。以下は、私の失敗談である。

　教師という仕事の大変なところは、3月31日までは学生であったのに、就職をした直後の4月1日からは、一人前の教師としてみられることである。当たり前であるが、生徒や保護者は1年目であろうと10年目であろうと担任教師には、「私の担任の先生」という視線を浴びせる。新任担任であった私は、その視線に応えなくてはと思って知らず知らずのうちに、「体育の教師だから、はじ

第3章　保健体育教師の仕事とは

めが肝心！ビシッとしなくては…」と、次のような気持ちでいっぱいだった。

・生徒に聞かれたことに対しては、全てしっかりと答えることができないとダメだ。
・ベテランの担任の先生と同じようにできなければダメだ。
・はじめから生徒になめられてはいけない。

　このように、精一杯背伸びをして頑張ろうとしたのだが、頑張れば頑張るほど生徒との距離が離れていったように感じた。だから、ちょっとしたことにも怒ったり、生徒が「一緒に何かしよう」と声をかけてくれても距離をおいてしまったり、どんどん悪循環となるばかりであった。
　そんな時、学級対抗大縄跳び大会（図3−27）があって、ある生徒が「先生、体育の先生やから作戦教えて！」と声をかけてくれた。その時、自然と「じゃあ、全体に背の高い人は真ん中で、男子で力の強い人が縄を回そうか」など、いろいろとアドバイスをした。生徒たちは真剣に話を聞いてくれて、何とか作戦を実践しようとみんなで練習をやりはじめた。
　私も一生懸命アドバイスをしたけれど、結果は思わしくなかった。「せっかく生徒が、頑張ってくれたのにダメだった。また生徒と溝ができてしまった」と一人しょげていた。けれど生徒は「先生、結果はダメだったけど、いいアドバイスをしてくれてありがとう！」「次の体育祭もよろしく！」と元気に声をかけてくれた。
　その時、私の心のなかに「あれでもよかったの？」という気持ちが湧きおこった。今ならば、「学級担任の成果は、生徒とじっくり関わった後にみえるものだ」といえるが、その時は、すぐに目にみえる成果を出すことしか頭になかった。

図3−27　学級対抗大縄跳び大会
担任教師がこのようなイベントを支援し、積極的に関わることも大切である。

第3章　保健体育教師の仕事とは

　長年学級担任をしてわかったことがある。実は「学級担任と生徒との関係」でいうと、生徒の方がベテランであるということだ。生徒は担任を上手に見守ってくれて、うまく声をかけてくれる。学年のはじまりでは、生徒は必ずこちらにチャンネルを開いて関わろうとしてくれる。大切なことは、生徒との絆を結ぶチャンスを逃さないことなのだ。

②初めての学級担任の不安解消法──
1）生徒の名前を覚えよう
　初めて学級担任になる教師のほとんどは、ワクワクしながらも入学式が近づくと、学級担任としてうまくやっていけるかな？　と不安いっぱいになる。それは、入学してくる生徒の様子がわからないからだ。入学式を終えて生徒と顔を会わせるまで、生徒のことはわからない。わからないことを考えても仕方がないと思うのだが、やはり不安になってしまう。そんな時は、次のことを実践してみよう。
　学級運営のベースは、生徒と学級担任との関係である。「この先生は、自分を個人としてみてくれている」と思わせることが大切だ。それには、はやく生徒の名前を覚え、個人名で生徒を呼ぶことだ。名前を呼ばれた生徒は、「この先生は僕のことを覚えてくれている。わたしを個人としてみてくれている」と思うはずである。その証拠に、生徒はよく「せんせぇ、私（僕）の名前覚えてる？」と教師を試しにやってくる。
　逆にいうと、こちらが生徒の名前を覚えている時、生徒との関係はうまくいきやすい。入学式前の生徒の様子はわからないが、名前を覚えることはできるだろう。これが、初めての担任不安解消法だ。
　入学式が終わって自分の学級に入り、みんなの前で出席簿をみることなく出席をとることができれば、担任教師のスタートとしてはベストである。
　ここで、名前と顔が一致しないとまずいという不安がよぎる人もいるだろう。でも、1日目の学級では必ず出席番号の順番に座っている。だから、出席番号1番の生徒から顔を見て、さも顔と名前を覚えているふりをして点呼しよう。1人や2人ぐらい名前を忘れて名簿をチラッとみても大丈夫。なぜなら、生徒は結果を求めているのではなく、学級担任の態度をみているからだ。一生懸命名前を呼んであげよう。最後の2人か3人になると、学級全体が「ほんとに最後までいえるのかな？」とワクワクした雰囲気になる。最後に拍手がおこるかもしれない。こうなれば、しめたモノだ。その成果については、あなたがもしそんな学級担任の生徒だったら、その先生のことをどう思うかを想像してみればわかるだろう。
　この他、学級担任は、どうあるべきかについてアドバイスをしておこう。

2）わからないことは「わからない」と言おう
　生徒になにかを聞かれて、もしわからないことがあった場合、知ったかぶりはしないことである。わからないことは素直に「わからない」と言おう。ただし、その後なるべく早くに情報を収集して、その生徒に回答することが大切である。聞かれた内容に対する答えがみつからなくても、「調べてみたけれど、わからなかった。答えがみつかったら教えるね」と答えなければならない。そうする

ことで生徒は、「この先生は、自分のためにわざわざ時間をとって調べてくれたんだ」という気持ちになる。このような関係の積み重ねが学級経営には非常に大切だ。

3) 生徒と一緒に答えを探ろう

　生徒が、学級担任に助言を求める内容には、うまく答えられないものが往々にしてある。その場で、うまく答えを返すことができない相談の場合、まずはじっくり話を聞くことが大切である。会話のやりとりをしているうちに、生徒自身で答えをみつけることがよくある。学級担任とのやりとりのなかから、生徒は自分の考えを自ら整理して、自分自身で納得できる答えを出すのである。

　このように、自分で何かしら納得していくプロセスに対して、一緒につきあうことが大事なことだ。結果を出すことも大切だが、それ以上に一緒に答えを出そうする態度を生徒はみている。

③アサーティブ・コミュニケーション

　「自分を大切にし、相手も同じように大切にする」ことをアサーティブな態度という。

　学級担任と生徒との関係もこのような在り方が大切である。しかし、私たち教師は、往々にして相手との関係がうまくとれていない状態で強い命令口調で話したり、先入観を持って対応したりする場合がある。その結果、互いの関係に大きな溝ができてしまい、その後の関係修復に、とてつもなく時間がかかってしまうことがある。知らず知らずのうちに、相手の状況を考慮せずに、自分目線の考えを押しつけている状況があることをまず認識しよう。

　例えば、ある生徒に委員会の連絡を頼んだにもかかわらず、連絡ができていなかった場合、教師は、「何してたんだ！　連絡の一つもできないのか！」と言ってしまう。もしかすると、生徒にも何らかの事情があったのかもしれない。これは事実を確かめることなく一方的に非難する言い方である。

　相手のことを考えた場合、まずはじめに「委員会の連絡が伝わっていなかった（事実を言う）ようだけど、何かあったの？」と、事実を行った後、何か伝えられなかった事情がある可能性を考慮し、そのことを話せるように聞く。もし、何らかの事情があった場合には、その事情を聞きながらも委員会の連絡がいかに大切なものであるのかを伝える。

　また、何も事情がなく忘れていただけなら、そのことによって誰がどのように困るのかを話して、その後に自分の気持ちを伝える。生徒を指導をする時、一方的に怒った場合と、まず相手の言い分を聞いてから叱った場合とでは、指導に対する相手の受け止め方が違う。特に思春期の生徒たちとの関係は、ほんのちょっとしたきっかけで変わってしまうことがあるので気をつけよう。

　このように、自分を大切にし、相手も同じように大切にするコミュニケーションの方法をぜひ身につけておこう。

(4) 学級担任の仕事

①年間行事の見通しと担任業務

　学級担任の業務は、学級をまとめ円滑に学級運営することである。そのためには、年間行事の日

程を見据えて、その行事に至るまでに、いつ、何をすべきかを考えながら計画的に業務を進めなければならない。各行事に向けて、学級および学年で必要な取り組みの工程表をつくることが有効となる。体育祭を例にあげると、表3－18のようなスケジュールが考えられる。

表3－18 体育祭までのスケジュール例（学校によって流れは異なる）

7月1日	体育祭種目内容アンケート
7月10日	体育祭種目決定
夏休み	体育祭応援・ダンス練習付き添い
9月3日	体育祭出場メンバー決定
9月4日～12日	体育祭に向けた練習（放課後居残り練習：担当教員で分担）
9月13日	体育祭準備のクラス役割分担
9月14日	体育祭予行（集合時間、持ち物の確認など）
9月15日	体育祭当日

どんな決めごとを、いつの学級活動（中学校）、ホームルーム活動（高等学校）で行うのかという流れをつかんでおくことが大切だ。文化祭や修学旅行などについても学級活動（ホームルーム活動）の内容や生徒に対するアドバイスの仕方などを事前に考えておくとよい。

②日々の担任業務

日々の学級担任の業務には、表3－19のようなものがある。

表3－19 学級担任の日常業務の例

項　目	内　容
出欠確認	朝礼：始まりの出欠確認 終礼：終わりの出欠確認（早退や遅刻などの確認も行う）
生徒連絡	朝礼：今日の学習に関する連絡、日直の確認 終礼：明日の授業や持ち物の連絡、連絡プリントの配布など
帳簿整理	出席簿の記入 学級日誌のチェックと記入
学習環境整備	学級内の破損箇所や修理箇所のチェック、教室掲示物の作成・掲示など
生徒指導	遅刻指導、清掃指導、昼食指導など（昼食指導のない学校もある）
その他	欠席や早退した生徒への家庭連絡[注1]

このなかでも清掃指導時は、生徒がよく話しかけてくれる時間であり、生徒の様子がよくわかるので、この時のコミュニケーションを大切にして学級指導に活かすとよい。また、生徒は、学級日誌や学年通信（図3－28）を学級担任が読んでいるかチェックしているし、学級担任が、どんなコメントを返してくれるのかを楽しみにしている。このような小さなやりとりの積み重ねが信頼関係の礎となる。

注1　家庭連絡：欠席した生徒に対する確認の家庭連絡は、家庭から欠席連絡があった場合は、生徒の様子を聞くことが目的となる。家庭からの欠席連絡がない生徒の場合には、生徒が学校を休んでいたことを保護者に直接伝えて、欠席の理由を確認することが大切である。

第3章　保健体育教師の仕事とは

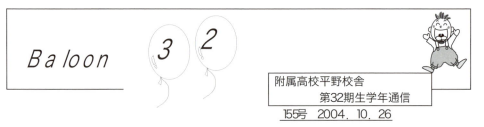

附属高校平野校舎
第32期生学年通信
155号　2004．10．26

バルーン　SPORT　バレーボールの巻　その4

　さて、バレーボールも佳境に入ってきました。各チームとも非常にレベルアップ!3組では、数時間前最下位だったチームが、前の時間には最強チームを破るまでに成長しました。
　バレーボールは、「ミスがつきもの」なのです。そのミスをみんなでいかにカバーするかということが、チームの力となるのでしょう。3組もそうですが、1，2組もみんながよく動いているチームが上位に食い込んできています。最近ちょっと調子が悪いなぁというチームの人は、「みんなが動いて、それぞれをカバーする!」ということを意識してみてはどうでしょう。
　あと、やはりサーブカット!この練習をよくしているチームが強くなってきているように思います。
　さあ、公式戦が始まりました。勝利をめざして、みなさんがんばって下さい。

　1，2組は総当たりリーグ戦、3組は、3チーム総当たり3回戦・勝ち点制のゲームをします。

　1，2組の対戦は次の通りです。1，2組は、9点ゲーム3セットマッチで行います。
　10月25日現在の結果を表示しています。

主将	1	2	3	4	5	6
1 M.Y		× (1–2)	（　－　）	× (1–2)	（　－　）	（　－　）
2 S.M	○ (2–1)		（　－　）	（　－　）	（　－　）	（　－　）
3 N.T	（　－　）	（　－　）		× (1–2)	（　－　）	（　－　）
4 S.H	○ (2–0)	（　－　）	○ (2–1)		（　－　）	（　－　）
5 T.T	（　－　）	（　－　）	（　－　）	（　－　）		○ (2–1)
6 Y.O	（　－　）	（　－　）	（　－　）	（　－　）	× (1–2)	

　　　かっこ内はセット数　勝ち数、対戦者、得セット数により順位を決定します。

図3－28　体育授業について触れた「学年通信」

③学級経営のタイプ

　中学校や高等学校の学級経営は、生徒指導の方針に影響されることが多い。生徒指導の方針は、学校の指導方針を示しているので、それに合わせたかたちで学級の経営方針が導かれる。

　これまで学級経営のタイプとしては「管理指導型」か「放任指導型」という対極で示されることが多かった。それは、学校全体の生徒指導の方針が、どちらかのスタイルを示すことが多く、学級経営の方針がそれに左右されてきたからである。ここでは、この両者の違いや、第3の選択肢として学級で起こった予期せぬ出来事（ハプンスタンス）を活用した学級経営の在り方を紹介する。

　ハプンスタンス型の指導とは、教師が何か活動を投げかけた時、それに対して生徒が「いやな顔をした」とか「にやっと笑った」とかというしぐさを、次の活動を仕組む際に大きな情報として捉えて指導にあたるものである。そこでは、生徒の反応や集団の変容を捉える目、トランジション（節目）を見抜く目を持つことが重要となる（表3-20）。

表3-20　管理型指導、ハプンスタンス型指導、放任型指導の特徴

	ハプンスタンス型指導 （複雑系を活かす）	管理型指導 （教師の管理・生徒の管理）	放任型指導 （適切な指導を行わない）
指導の方向付け	生徒の反応が活動を方向付ける	教師が活動を管理し方向付ける	方向付けはなされないことが多い
活動への意欲	自主的・自立的な活動が発生しやすい	自主的な活動が成立しにくい	活動意欲が喚起されにくく自立的な行動をとれない
集団の性質	ゆらぎが生じ、新たなシステムが生まれる	ゆらぎがなくシステムが固定化される	集団ががばらばらになりやすくシステムが成立しにくい
生徒の関係性	複雑な個性がぶつかり合い活動的である	個性を出さないように逼塞して過ごすようになる	グループ化しがちで、固定的な関係性となりやすい

蘭千壽・高橋知己「キャリアアップ学級経営力 ハプンスタンス・トレーニング 中学校編」誠信書房　2008

　「初めての学級担任失敗談」で紹介したが、私の初めての学級経営の方向性は「管理指導型」であった。「体育の教師だからビシッとしなくては…」という形式で生徒を縛りつける学級経営を行いながらも、心のなかでは「何か違う？　生徒とのズレをどうしたらいいのか？」と悩んでしまった。私の場合は、そんな時「学級対抗大縄跳び大会」という、学級の雰囲気が変わる節目が訪れた。これは偶然のことであるが、この大縄跳び大会を境に、私の学級経営の在り方が変わったことは間違いない。管理指導型からハプンスタンス型への転換である。それまでは「何とか私の言うことを聞かそう」と思っていたが、その後は「大まかな方向性をもって、何かあった時に学級の状況や生徒との話し合いのなかで、その時その場で判断していけばいいんだ」と考えられるようになった。

④家庭との関係　〜親のモンスター化に対して〜

　生徒の親のなかには、とんでもないクレームを持ち込む人がいるだけに、これからの学級担任は、モンスター化した親に、いかに対応できるかが非常に大切になる。モンスター化した親は「自子（己）中心」となり、まわりとの関係がみえなくなっていることが多い。そんな時、まわりとの関係を持ち出しても耳を傾けてくれない。そのような親に対応するには「日頃の生徒との関係」が最も大切である。教師も人間だから「しまった！」と思うことも多々ある。そのような時、教師と親の間をうまくつないでくれるのが生徒である。生徒は、日頃の教師の対応を本当によくみている。また、その

第3章　保健体育教師の仕事とは

様子を家庭で話している。そのような教師―生徒―家庭の関係が、親をモンスター化させるかどうかに大きく関わっている。

　学級担任の場合、生徒と日頃うまく関係を持てていれば、クレームが寄せられることはないはずである。

　よく教師の言葉が問題になることがあるが、それは前後の文脈なく「その一言」だけが家庭に届くからである。よくよく全体の状況がわかると「そういうことだったんですね」と理解されることが多い。

　生徒との関係のとり方に関しては、前述の「アサーティブ・コミュニケーション」をぜひ実践することを勧める。始めから生徒を色眼鏡(いろめがね)でみたり、教師の立場を守る言葉ばかりを発言していれば、生徒との関係はどんどん離れてしまう。教師の言葉が「教師の立場を守る言葉」なのか、「生徒のことを考えながら話してくれている言葉」なのかを見抜く生徒の眼力は、私たちの想像以上であることを忘れてはいけない。

⑤道徳と学級活動（中学校）・ホームルーム活動（高等学校）

　中学校における道徳・学級活動、高等学校におけるホームルーム活動は、学級担任が受け持つことが多い。

1)道徳について

　道徳は、中学校に設定されている内容である。道徳の学習は、各教科、「総合的な学習の時間」および特別活動と密接な関連をはかりながら、全教員が協力して展開するものである。カリキュラムは、3年間を見据えて、学校全体で計画的・発展的に作成される。担任としては、3年間の全体計画から示された各学年の計画を実行するため、各教科、「総合的な学習の時間」との連携を踏まえて道徳の授業を展開していくことになる。

　内容としては、「主として自分自身に関すること」「主として他の人との関わりに関すること」「主として自然や崇高(すうこう)なものとのかかわりに関すること」「主として集団や社会とのかかわりに関すること」の大きく4つに分類される。

2)学級活動・ホームルーム活動について

　ここでは主に中学校の学級活動について述べておく。中学校における学級活動は大きく3つの内容に分かれている。

　〔1〕学級や学校の生活づくり

　ここでは、学級内の組織づくりや仕事の役割分担、学校における集団生活の向上に関することが内容となる。学級委員、体育委員、文化委員、保健委員、美化委員などの各委員や清掃活動分担、日直当番など、よりよい学校生活を支援する組織づくりがなされる。また、各学校システムの理解もここでの内容となる。

　中学校では、小学校の学級担任制から教科担任制に大きく変わるため、その違いを説明するとともに、中学校における学校生活の在り方に関して、ていねいに指導することが必要である。小学校

から中学校への変化は、生徒にとっても保護者にとっても大きなものである。そのため、保護者に対しては、文書による連絡なども頻繁(ひんぱん)に行うこととなろう。

また、保護者が、初めて中学生の子どもを持つのかどうかも調べておくとよい。なぜなら、以前に中学生を育てた保護者と、初めて中学生を持つ保護者とでは、学校の年間の流れや子どもの戸惑いに関する理解が違うからである。特に初めて中学生を持つ保護者は、教科担任制の戸惑いや、違う小学校から来た生徒との人間関係など、中学校生活に対してたくさんの不安を抱えている場合が多い。そんな保護者には、家庭訪問や授業参観日の懇談などで、より手厚く不安解消のための説明をしておくことである。

高等学校では、教科・科目の履修や単位認定システムなど中学校との違いを説明することが必要である。

〔2〕適応と成長及び健康安全

ここでは、思春期の中学生、青年期の高校生の悩みやその解決、自己および他者理解、社会のなかの一員としての自覚と責任、男女相互の理解と協力、ボランティア活動、心身の健康と健全な生活態度や習慣の形成などについて学ぶことが内容となる。

中学生では性的な発達や食習慣など、高校生では国際理解や社会生活および生命の尊重などが、各発達段階における学習課題として上記内容に付け加えられる。特に、生徒のこころとからだが大きく変化する中学校においては、それぞれの発達段階に合わせて内容を吟味することが大切である。また、高校生においては、個人と社会の関係、社会の一員としての自覚をしっかりと意識させるように導くことが必要となろう。

〔3〕学業と進路

ここでは、学ぶことと働くことの意義の理解、自主的(中学校)・主体的(高等学校)な学習態度の確立と学校図書館の利用、望ましい勤労観・職業観の形成(中学校)・確立(高等学校)、進路適性の吟味(中学校)・理解(高等学校)と進路情報の活用、主体的な進路選択と将来設計などについて学ぶことが内容となる。高等学校においては、これらに教科・科目の適切な選択が加えられる。

⑥学年団や校務分掌との関係

学級経営は、学級担任の裁量で決定できることと、そうでないことがある。例えば、各学校には学校目標があるので、その方向から大きく外れることはできない。また、学校目標から導かれた生徒指導の方針に関しても配慮が必要となる。

学年の方針に関しては、学年を編成した時に学年団で方向性を話し合って決めることが多い。宿泊行事の配置や修学旅行の取り組みなどは、学年単位で協働して行うことが通例である。学級担任は、学年団としての顔、校務分掌担当としての顔、教科担当としての顔、部活動の顧問としての顔など、さまざまな立場で生徒に接することができなければならない。

第3章　保健体育教師の仕事とは

(5) 学級担任の日常　～とある日の担任～

最後に、学級担任のとある日の様子を記載しておく。実際の仕事の状況をつかんでいただければ幸いである。

表3-21　とある日の担任の一日（左は中学校、右は高等学校）

文化祭前のとある日

時間	項目	内容
7：40	出勤	朝の打ち合わせ
8：25	朝の会	朝の連絡・出席確認
8：40～9：30	1時間目	体育授業
9：40～10：30	2時間目	体育授業
10：40～11：30	3時間目	道徳の授業準備
11：40～12：30	4時間目	道徳
12：30～13：20	昼休み	生徒と一緒に昼食
13：20～14：10	5時間目	授業準備
14：20～15：10	6時間目	体育授業
15：10～	終わりの会	明日の連絡・出席確認
15：25～	清掃	教室掃除
15：45～	放課後	学級にて生徒と文化祭準備
17：30	下校	生徒下校確認
17：40	帳簿整理	出席簿確認・欠席生徒への連絡
17：40	帳簿整理	学級日誌のチェック
18：10	授業準備	明日の授業準備
18：45	家庭訪問	家庭訪問
20：30	帰宅	家庭訪問後、帰宅

受験期間のとある日

時間	項目	内容
7：40	出勤	授業準備・打ち合わせ
8：30	朝礼	朝の連絡・出席確認
8：40～9：30	1時間目	授業準備
9：40～10：30	2時間目	体育授業
10：40～11：30	3時間目	体育授業
11：40～12：30	4時間目	委員会活動打ち合わせ準備
12：30～13：20	昼休み	昼食後委員会活動打ち合わせ保健授業準備
13：20～14：10	5時間目	保健授業
14：20～15：10	6時間目	ホームルーム（進路関係）
15：10～	終礼	明日の連絡・出席確認
15：20～	清掃	教室掃除
15：40～	放課後	生徒への個別進路相談
17：30～	部活動	部活指導
18：30	帳簿整理	出席簿確認・欠席生徒への連絡
18：30	帳簿整理	学級日誌のチェック
18：45	授業準備	提出物チェック・明日の授業準備
19：30	業務終了	かたづけ・帰宅

なお、グラビアにある手紙は、3年生の1年間だけ担任をした生徒から卒業式の前日にもらったものである。帰りの電車のなかで思わず涙してしまった。学校や担任への想いが詰まっている。教師冥利に尽きる。

【セルフチェック】――1

学級担任とは？　以下の内容にYESかNOかで答えよう。

（回答のヒントは、141ページ参照）

1．学級担任は全てのことを理解して指導できなければならない。　　　　　　　YES・NO
2．ハプンスタンス型指導は、いきあたりばったりの指導のことである。　　　　YES・NO
3．これからの学級担任は保護者に対する対応能力が問われる。　　　　　　　　YES・NO
4．アサーティブ・コミュニケーションは、自分を大切にし、相手も同じように大切にするコミュニケーションの方法である。　　　　　　　　　　　　　　　　　　　　　　YES・NO

COLUMN ① あなたは、こんな時どんな対応をしますか？

——アサーティブ・コミュニケーション——

> 「コンサートのチケットを買うために並んでいると、横から割り込んできた人がいる」
> ①『並んでいるのが見えないの！ 割り込むのやめてもらいます!?』
> ②『……（並んでいるのに！）』
> ③『あの！最後はあっちですよ』
> ④『……（仕方がない、入れてあげよう）』
>
> （岩松展子、渋谷武子 「アサーティブ」PHP研究所　2005　P.37-38　より）

　①の対応は、自分の思いを感情のままぶつけている。自分としては、してやったりという気持ちだろうが、相手が言い返して喧嘩になるかもしれない。

　②の対応は、自分が不服に思いながらも、言葉に出さず悶々とするパターンである。これが積み重なると、とてもストレスになり自分がしんどくなる。

　③の対応は、現在の状況を相手に伝えて、自分の思いもうまく伝えている。もしかすると、相手は知らずに並んだかもしれない。その場合も想定した対応である。また、故意に割り込んだ場合でも、相手がもしかすると間違って並んだかもしれないことをまわりに周知しながら、はっきりと指摘されたなら相手はその言葉に従いやすくなる。

　④の対応は、日本人によくありがちな対応である。自分さえ我慢すればいいんだという対応だ。しかし、この対応を続けていると本来主張しなければならない時に、言わずに過ごすことになるかもしれない。

　アサーティブな態度とは「③」の対応をいう。教師として、いろいろな場合をシミュレートしてみることが大切である。

【セルフチェック】——1の回答とそのヒント

1. NO（教師は、人を相手にする仕事であり、必ず正答がある仕事ばかりではない。また、一人で全ての業務を完璧にこなすことも難しい。大切なことは、よりよい仕事をするために、常に学んでいく姿勢をもち続けることである。本文P.132-133を参照。）
2. NO（ハプンスタンス型の指導は、生徒と生徒、生徒と教師の関わりのなかで、人間がよりよく生きていくこと、社会の福祉に意味・価値あるものへ、場面場面の状況に応じて指導していくスタイルのことである。基本理念のないいきあたりばったりの指導ではない。本文P.134を参照。）
3. YES
4. YES

〈参考文献〉
小野田正利　『悲鳴をあげる学校』旬報社　2006

第4章
教育実習のねらいと実際

第4章　教育実習のねらいと実際

1 教育実習の目的と意義

(1)教育実習に行く前に

　教育実習に行く前に、ぜひともあなたに考えてみてほしいことがある。それは、「なんのために教育実習に行くのか」ということだ。「教員免許状をとるために必要」とか、「生徒と実際に触れ合うために」とか、「大学で学んだことを実践するために」とか、いろいろな答えが出てきそうに思う。でも、このようにあなたが答える時、それはどこまで「本当にそう思っていること」だろうか。あるいは、そういう理由は、あなたにとってほんとうに「腑に落ちる」ことなのだろうか。

　せっかく2週間〜6週間ほど、普段の大学生活とは全く異なる体験をするのである。「こういうことをするために来ているんだ」という目的意識をはっきり持って取り組んだほうが、より活発で充実した経験となるはずである。充実したワクワクする体験は、まわりが用意してくれるのではなく、自分で創りだしていくものである。

　この意味でも、あらためて「教育実習とは何か」ということについて、教育実習に行く前にこそ、ぜひとも本章をとおしてじっくり考えてみてほしい。

(2)教育実習の目的と意義

　教育実習の目的は、一般的に次のようなことが挙げられる。
①教育職員免許法上の「教職に関する科目」における必修として、「教育実習」という単位を取得するため。

図4-1　一生に一度しか体験できない教育実習

②大学で学んだ様々な知識や技能を、実際の教育現場で活用することをとおして、教師としての基本的で実践的な力量を習得するため。
③生徒との触れ合いをとおして、生徒の理解を深めるとともに、生徒との関係の取り方を習得するため。
④学習指導に限らず、日常的な学校業務の実際に携わり、教師の職務について理解を深めるため。
⑤教師としての使命や誇り、教育者としての自覚を育てるため。
⑥教育実習をとおして得た経験を、大学での今後の学びや研究活動に生かして、大学生活を充実させるため。

　このように挙げられる目的は、どれも大切なものだ。ただ、これらはなんとなく「たてまえ」的すぎるきらいがある。もう少し、実感できるレベルで、考えることができないだろうか。
　今、この文章を読んでいるあなたは、おそらく保健体育教師をめざしている大学生であるはずだ。だとすれば、あなたにとって、教育実習に行くということは、大学生のあなたにとって「どんないいこと」があるのだろうか。
　こんなふうに、「自分にとってどうなんだろう」という目線から、一度、考えてみてはどうだろうか。そうすると、すぐにでてくるのは、大学生であるにも関わらず、学校のなかで実際に「先生」と呼ばれ、「先生」の仕事を体験する機会を、あなたは初めて得ることになる、ということだろう。これは、あなたの人生にとって画期的な出来事である。
　なぜなら、これまでの学校生活では、あなたはずーっと「教えられる人」、つまり生徒の立場であったからである。塾やスポーツクラブなどで、すでに教える経験を持っていたとしても、それは「公教育」のなかでの役割ではない。学校という「公教育」のなかで、「先生」という立場になるのであるから、これはいつもとちょっと違う感覚である。教育実習に行くとは、まず、このような全く新しい立場をあなたが経験することができることなのである。
　この「先生」という立場になる経験は、あなたを変えることになるはずだ。生徒の側からすれば、あなたが「実習の先生」であろうと、あなたが受け持った授業の時間やあなたが関わった学校生活のなかでの時間は、かけがえのない、まさにその時だけの人生の1コマでしかない。自分以外の人間の人生に、ある程度の責任を負って関わる体験ともいえるわけだ。「先生」という立場になる経験は、こういう体験としてあなたに襲いかかってくる。
　一方で、実際に生徒と関わり、授業を計画して教えたり、部活動を指導したり、指導教員の先生といろいろ話をしたり、他の先生とも話をしたりすることは、あなた自身のやりがいを生み出したり、知識を広げたり、また大学では「頭」で理解していたことを、実際に活用できる「行動力」へと変化させたりしてくれることだろう。
　また、教育実習の経験が、将来の体育教師としての資質や適正に逆に疑問を持ち、自分をもう一度振り返るようなことがあるかもしれない。つまり、「先生」という立場になる経験が、広くあなた自身を、確実に成長させてくれるのである。自分自身を成長させるためという視点から、教育実習の目的を、今一度考え直してみることを、ぜひ勧めたいところである。
　このように考えると、企業等に就職し大学卒業後に保健体育教師への道を選ばなかったとしても、

第4章　教育実習のねらいと実際

教育実習の経験は大変意義深いものであるにちがいない。先生という立場に立って、一生懸命に生徒に関わろうとする経験は、結局のところ、他でもないあなた自身を広く確実に成長させてくれるからである。あなたにとって教育実習が、積極的な意味づけのなかでこのうえもなく有意義なものになることを心から願うところである。

【セルフチェック】──1

教育実習に関連して、次のような考えにあなたは賛成ですか。YESかNOか、あなたはどちらに○をしますか。

1．教員が第一志望ではないので、ソツなく無難にこなせればよい。　　　　　　YES　　　NO
2．体育授業を指導する時には、自分のこれまでの運動部活動の経験をもとに考えればよい。
　　　　　　　　　　　　　　　　　　　　　　　　　　　　　　　　　　　　YES　　　NO
3．体育は実技が中心なので、教室で行う授業は実習中にはあまり携わらない。　YES　　　NO
4．実習中は、教科や担当クラスの指導教員だけでなく、他の教員にも積極的に話を聞く場を持つ。
　　　　　　　　　　　　　　　　　　　　　　　　　　　　　　　　　　　　YES　　　NO
5．生徒とは授業以外であまり関わらないほうがよい。　　　　　　　　　　　　YES　　　NO
6．実習生なので、でしゃばらずに言われたことだけをこなすようにする。　　　YES　　　NO

【セルフチェック】──1の回答のヒント

1．NO（教員が第一志望ではなくとも、教育実習は、人生にとって一度しかない貴重な体験であり、あなたを確実に成長させるまたとない機会である。そのためにも、全力でぶつかる必要がある。「ソツなく無難に」では、なにも自分は変わらない。）
2．NO（部活動は、「やる気のある生徒」「好きな生徒」が集まって自主的に行うのに対して、体育授業は、「運動の嫌いな生徒」「やる気のない生徒」「運動技能の低い生徒」など、多様な生徒に対して教育目標を掲げ、それを達成させるために責任を持って教えなければならない。
　そのために、ただコーチをするだけでは体育授業は成り立たない。教材研究や指導法の工夫など、部活動の経験にはない新しい側面に努力することが強く求められる。）
3．NO（教育実習中は、体育理論の授業や保健の授業も担当することになる。教室での授業は、実技の授業以上に事前の準備がその成否を分ける。しっかりと準備して臨もう。）
4．YES（直接に話を聞く、ということほど人間を成長させる場はない。学校には様々な先生が様々な役割を持って生徒の指導にあたっている。機会を見つけてはいろいろな先生の話を聞くことは、あなたにとってまたとないチャンスとなろう。）
5．NO（教育は、教える子どもへの深い理解がなければ成り立たない。生徒たちと様々な場面で関わり、いろいろなことを話し、聞き、様々な場面で活動をともにすることで、世代の違う生徒たちの特徴を実感するものである。教育実習同士で時間を過ごすことはもっとも慎まなければならない行為の一つである。）
6．NO（教育実習生は、「学生」ではない。教員のいわば「見習い」として、積極的に学ぼうとするものであると同時に、生徒たちにも「先生」としての責任を持つ立場でもある。「言われたことだけをこなす」といった受動的な態度は、単なる「甘え」でしかない。積極的に自分で何をなすべきか探すことから始めよう。）

2 | 教育実習の内容

(1) 教育実習の始まりから終わりまで

一般的な教育実習の流れは、表4-1のようなものである。

表4-1 教育実習の流れ

第1期 オリエンテーション	ア）大学におけるオリエンテーション、事前指導 イ）実習校におけるオリエンテーション
第2期 実習の予備的理解と観察	ア）実習校における学校・学年・学級の特性についての理解 イ）配属学級や指定学級、指定教科指導の参観 ウ）実習計画に基づく担当生徒及び教科の確認 エ）生徒の観察 オ）地域の実状の把握
第3期 教育活動への参加と研究	ア）教科指導の実践 イ）道徳・特別活動の指導の実践 ウ）実習生による授業公開 エ）教材の自作、教育機器の利用研究 オ）総合的な学習の時間の指導の実践 カ）上記以外の教育活動への参加と研究
第4期 教育活動の拡充と発展	ア）公開授業と研究授業 イ）学習評価の実地研究 ウ）教師の研修活動についての研究と自己の研究課題の発見 エ）他校参観
第5期	ア）各種記録の提出とまとめ イ）大学における事後指導

おおよそ、2週間から6週間の日程で、実際の実習期間が設定され、その前後を含めて最大2ヶ月らいの間、該当する学年では教育実習に取り組むというのが一般的である。単に、実習校に行く時間だけが教育実習でないことに注意を促しておきたい。

次に、特にそのなかでも中心となる教育実習の内容について少し触れてみよう。

(2) 教科指導

教育実習のなかで、もっとも大きな割合を占めるものが、教科としての「保健」や「体育」の学習指導である。生徒の実態を知り、授業の計画を立て指導を受けつつ練り込み、実践し、そして指導を受けつつ振り返り、計画を修正するとともに、次の授業へと繋げていくという、「P(plan)-D(do)-C(check)-A(action)」のサイクル（第2章の図2-2参照）がここでの中心的な内容となる。授業と反省の繰り返しを行うのであるが、最初からうまくできる人がいるはずはないから、焦らずに一歩一歩前進するように心がけることが望ましい。

この時に、特に留意しなければならないことは、生徒の実態をとらえることと教材研究の大切さ

である。体育の学習指導においては、部活動などでの運動のコーチや指導と異なり、「運動が好きな子も嫌いな子も、上手な子も苦手な子も」混在する集団を指導することにある。いわば「やる気のある」生徒ばかりが集まっている部活動の指導に対して、授業の指導は、本当に一人ひとりの生徒をよく理解して、生徒たち一人ひとりが確実に力を伸ばせる指導が必要となる。

そのためには、生徒の技能のレベルのみならず、興味・関心、知識、学び方、学習経験など、様々な角度から生徒を理解し、それに見合った指導計画を作成する必要がある。これは、保健の学習指導でも同じであろう。

また、こうした学習を支えるのは、その単元で扱う「教材」への教師の深い認識や理解である。教材研究にかける時間は、多ければ多いほどよい学習指導を行うことができる。そして、このような教科指導の集大成として、実習の最後に研究授業が行われることも多い。臆することなく、全力で取り組むとともに、指摘された意見や反省事項については、自己研鑽のための貴重な資料としてしっかりと残し、実習後の大学生活の礎にしてほしい。

(3) 学級指導

教育実習では、教科担任とは別に学級担任の教員にも指導を受けて、配属され学級にて学級経営に関わる指導も行う。朝の職員朝礼に始まり、朝夕のホームルーム、他の学級活動、掃除、遠足など、他の特別活動など、学級に関わる指導はなかなか多彩で忙しい。配属された学級の生徒たちとのつながりは、おそらく教育実習期間で最も強く、また、あなたの心に残るものになるだろう。教育実習の最終日、配属されたホームルームでの挨拶や、生徒側からのお別れの挨拶や「さよなら会」などは、涙を流してしまう実習生がいるのもよくみられる光景である。

「先生」という職業は、一方では生徒をよく理解し、生徒の立場を常に守ることのできる「親しさ・やさしさ」が不可欠である。しかし他方では、ときに脱線したり、背中を押されたりすることが必要な生徒に対して、適切に注意、指導し、べったりとした関係を突き放すことができる「距離感・厳しさ」も不可欠である。この、相反する態度を、時に応じて適切にとり生徒に関われる力こそが、教師という職業のいわば生命線でもある。

このような教師力や、それを支える生徒の理解、生徒との接し方といった力量は、この学級指導場面において、もっともよく育まれるものであろう。また、保健体育教師は、この学級経営に優れた能力を持つ人が多いというのも、一般的によく言われる話である。運動やスポーツの経験は、こうした生徒とのコミュニケーションや、生徒の集団指導に多かれ少なかれ、生きて働くはずである。自信を持って生徒のなかに思い切って飛び込みつつ、時に距離をとって生徒を厳しく指導するとともに自分自身をも振り返るという経験に、ぜひとも、「ノーガード」で、かつ全力で体当たりしてみてほしい。

(4) その他の内容

教育実習では、教科指導と学級指導がおもな取り組みになるが、そのほかにも、「道徳・特別活

動の指導」「生活指導(生徒指導)」「総合的な学習指導」「部活動」「教育評価」などにも取り組むことだろう。保健体育教師とはいえ、教科指導以外の内容の多さに、教育実習に行ったあなたは驚くかもしれない。もちろん、部活動の指導のように、これまでの経験を生かして自分自身も楽しみにしていた活動もあれば、全く行ったことのない内容もあり、戸惑う場面も少なくないと思う。「先生」という職業は、生徒の生活を支え、生徒の成長に深く広く関わるのが特徴である。免許を持って取り組む教科指導は、その中心ではあるけれども、同時に、それは一部でしかない。

このような体育教師の総合的な仕事の特徴を実感することは、実習後のあなたの学生生活をももう一度考え直させる貴重な経験となるだろう。どんなことにも積極的に、そして自ら取り組む姿勢が、きっとあなたをも成長させるはずである。

ひとくちメモ ❶　モノマネ上手は学び上手

　あたりまえのことだが、教えることの裏には教わることがある。「どうやったら上手く教えられるだろうか？」の問いの反対側には「どうやって学ばれているのだろうか？」という問いがセットになっているということだ。ここからは視点を教える実習生の側から教わる子どもの側に変えてみよう。

　子どもは先生から教えてもらったことを「学ぶ」。この「学ぶ」と「真似る」の文語形である「まねぶ」は語源が同じである。例えば赤ちゃんが言葉を覚える時、親の教え方がよいから言葉の覚え方が早い、教え方が悪いから言葉を覚えないというようなことはあまり問題にはならないだろう。言葉を学んでいく時「教え方」が先にあるのではなく、大人が話していることを真似て、言葉を学んでいく。まさしくこれは「真似る」ことが「学ぶ」ことであるということがよくわかる例だろう。そして、何よりも真似をすることは面白い遊びでもある。子どもはお母さんやお父さん、赤ちゃんの真似をしながらおままごとをして遊ぶのも、真似る面白さがあるからだろうし、大人でも芸能人のものまねをして楽しむことがあるだろう。

　スポーツで考えれば、サッカー選手のフェイントを真似ようと一生懸命練習するのも面白いだろう。そして、真似ることでサッカーがうまくなったり、歌手のものまねをして「本物よりもうまい」と評価される人もいるだろうし、真似をしているうちに真似をしようとしたモデルよりも優れたことを創り出したりすることもあるかもしれない。

　このように真似ることは学びの基本である。また、創造の原点とも考えられることができる。どうやったらうまく教えられるかどうか考える時、どうやって真似をさせるのか、どうやったら真似をしてみたくなるのかを考えてみるのも、教え方を考えるひとつの方法かもしれない。そして、子どもの真似の怖いところは、いつ、実習生の何を真似て、何を学んでいるのかわからないところだ。授業の教え方だけでなく、その姿が子どもにとって良い学びになる場合もあるだろうし、もちろんその逆もあることを忘れずにいたいものだ。

酒本絵梨子(東京学芸大学大学院博士課程)

第4章　教育実習のねらいと実際

3 よい教育実習を実現するために

（1）実習前に準備しておきたいこと

　教育実習に臨むにあたって、漠然と不安に思っている読者も多いのではないだろうか。教育実習前の学生の不安・心配を調査する尺度表の作成を試みた研究（大野木・宮川、1996）によると、実習前の学生の不安・心配は、4因子に分類される（表4−2）。

　これから実習に臨む人は、一度、この各因子に属する質問文についてチェックを行って欲しい。漠然とした不安の中身について、どのような因子に関する不安なのかが整理されるだろう。ちなみに、この研究の結果の1つを紹介すると、教育実習後は、全ての因子について不安得点が低下している。つまり、教育実習に対する不安の多くは、基本的に慣れや実際の経験によって解消、軽減される。

　このように、「まずは実習に行ってみよう！」の気持ちが大切なのだが、それは、それまでに実習

表4−2　教育実習不安に関する因子

第1因子　「授業実践力」	・教え方が未熟で授業を聞いてもらえないのではないか。 ・うまく授業をすることができず取り乱しそうだ。 ・手際よく実験指導、実技指導ができないのではないか。 ・生徒にわかりやすい授業ができるかどうか不安だ。 ・生徒の雑談が多くなり収拾がつかなくなりそうだ。 ・授業中に予想外の質問がでたらパニックになるのではないか。 ・子どもたちが自分の授業をきちんと理解してくれるか。
第2因子　「児童・生徒関係」	・生徒にいじめられるのではないかと不安だ。 ・今までと違う環境なので適応できないかもしれない。 ・生徒たちとうまくやっていけるか心配だ。 ・人前で話すこと自体が不安である。 ・授業の途中に失敗をして生徒に馬鹿にされるのではないか。 ・教育実習生なので生徒がなめてかかってくるのが心配。 ・内気なので学校側とうまくやっていけないのではないか。
第3因子　「体調」	・遅くまで残ることになり体力がもたないかもしれない。 ・連日深夜まで残されて体力的に心配だ。 ・体調が狂いそうである（神経衰弱、胃痛など）。 ・プライベートな時間が減り逃げ出したくなるのではないか。 ・実習中、病気をしたりするのではないか。
第4因子　「身だしなみ」	・服装、髪型はどんな感じがよいのか不安だ。 ・おしゃれ、アクセサリー、化粧などが、どの程度許されるのか気がかりだ。 ・着なれないネクタイ、ブラウスなどで疲れてしまうと思う。 ・カッターシャツ、洋服などの枚数が足りるだろうか。 ・服装を「教育の場に適さない」と指摘されるのではないか。 ・どのような服装をしていけばよいのか心配。

生が心づもり・準備をし、学んでおくからこそ、不安が実際の経験のなかで解消されるという側面も大きい。そうした最低限の準備や努力を疎かにし、教育実習に行きさえすれば教員免許が手に入るという程度の意識で、漫然と学校現場に入ったところで、結局のところ、何もできず、感動もなく実習を終えるのが関の山である。

そうした教育実習前に準備しておきたいことを、教育実習不安因子とも絡めながら、「社会人としての準備」「授業をするための準備」、という2点から述べてみよう。

「社会人としての準備」実習生は、初めて教師という職業人としての訓練を実際の学校現場に出て行うわけである。そういう意味では、教育実習は社会人としての経験の場でもある。この「社会人」としての心構え、振る舞いは、実習前にしっかりとチェックしておく必要がある。このことがわかっていれば、教育実習不安の第4因子「身だしなみ」は、事前に全て不安解消される。

①服装、身だしなみ

社会人として、きちんとした服装で、身だしなみに気を配るというのは、何も教育実習生だけではなく、全ての人に共通することである。

学生は、キャンパスのなかでは、私服やジャージ姿で活動することがほとんどであろう。しかし、実習前の学校長や指導教員への挨拶、実習中の登下校の服装は、当然ながら、私服やジャージ姿というわけにはいかない。

服装・身だしなみについては、図4−2を参照してほしい。

図4−2 教育実習生の標準的な服装と身だしなみ

第4章　教育実習のねらいと実際

　はっきりいって、実習生という立場で服装や身だしなみで個性を主張する必要は全くないし、そんなところで実習生に個性を主張されては、学校現場においては大変迷惑なことである。実習生は、生徒との関わりや授業で自分の個性を発揮するのが本分と心得てほしい。

②挨拶、言葉遣い

　一般的に部活動、とりわけ運動部は、指導者や先輩への挨拶や言葉遣いなどの礼儀を大切にしているものと思われる。保健体育教師をめざす学生の多くが運動部に所属していると思われるが、このような一面は、教育実習でも大いに活かしていきたいものである。

　さわやかに挨拶すること、正しい敬語で目上の方にコミュニケーションをとることは、教育実習のみならず、社会人として非常に重要な点である。教員採用試験などの際にも、こうしたきちんとした身の振る舞い方ができる人物かどうかは大きなポイントになる。しかし、挨拶や言葉遣いは、付け焼き刃で身につけようとしても、うまくいくものではない。日頃の大学生活から、状況に応じてきちんとした挨拶を行い、正しい言葉遣いで話をする習慣を身につけておきたい。学生が使用する敬語を聞くと、残念ながら正しくない場合もかなりの割合で含まれる。次のセルフチェックに挑戦してみよう。全問正解ならば、社会人見習いとしては、なかなか優秀である。

【セルフチェック】——2

正しい言葉遣いかチェックしよう

　以下の例文には、敬語が使われています。用法として正しいと思うならば○、間違いと思うものは、正しい敬語に直しなさい。（回答は167ページ参照）

（他校の校長先生が来校されたのを教頭先生へ報告）
1．○○中学校の校長先生が来られました。

（研修で、議論を聞いていた感想を求められ）
2．先ほど○○先生が申されたことは、とても重要なことだと感じました。

（学校の研究会の受付で、来校者に対して）
3．この欄にお名前をご記入ください。

（自分の子どものことで相談に来たという保護者に対して）
4．ただいま担任をお呼びしますので、しばらく待っていてください。

（学校にかかってきた電話を受けた時に）
5．どんな用件でしょうか。私がお聞きします。

（家庭訪問から帰ってきた指導教員に対して）
6．○○先生、家庭訪問ご苦労様でした。

③実習受け入れ校への依頼・挨拶

　教育実習をする学校は、大学の附属学校での教育実習が決められている場合を除いて、基本的に、実習を受ける本人が、実習を受け入れてくれる学校を見つけて依頼し、その学校の内諾を得なければならない。その後、その学校、あるいは教育委員会に対して正式な文書依頼という手続きを取る。

　実習希望者の多くは、自分の母校か、実習校に通う交通等を考慮した受け入れ校に依頼することになる（自治体によっては教育委員会が窓口になって、個人ではなく、大学からの教育実習の申込みを一括して受け、委員会側が実習生を各学校に配置する場合もある）。

　ここで実習希望者に気をつけてほしいことは、学校には教育実習を受け入れる義務は全くない、ということである。しかも、実習生を受け入れることにより、学校としては、仕事が増えることになるのだ。実際、生徒指導などに大きな労力を割かざるを得ない実情を抱える場合、実習生の受け入れは無理と判断する学校もある。つまり、教育実習は、学校の「厚意」によって支えられている。頼めば実習を受け入れてくれると安易に考えるのは大きな間違いである。

　そのようなことも踏まえて、実習校へ依頼する時には礼儀を尽くしたい。受け入れ校に出向いて実習前の挨拶に行くことを想定して、一般的な留意点を次に挙げておく。学校側に気持ちよく教育実習を引き受けてもらえるように精一杯の努力をしよう。

■実習校の教頭先生に電話をかけ、直接出向いて挨拶に伺いたい旨を話し、訪問日時を相談する。

・学校は非常に忙しい。突然訪問しても対応できない場合が多い。必ずアポイントをとること。

・「○○大学○○学部の○○と申します。」「この度は教育実習でお世話になります。」「事前にお伺いしてご挨拶したいのですが、いつ頃がよろしいでしょうか。」このような内容で日時を約束するとよい。

■学校までの交通手段について確認し、遅刻などの失礼がないようにする。

・約束の10分程度前には学校へ到着するつもりで。

■訪問当日は、服装・髪型・装身具など、実習中の身だしなみと同じ準備をする。

■正しい言葉遣いで、さわやかに挨拶をする。

・学校側は、校長先生、教頭先生、実習担当教師等が対応することになるが、実習受け入れの挨拶は、基本的には学校長に対して行うものである。

・「はじめまして」「○○大学○○学部から参りました、○○と申します。」「○月○日から○週間、お世話になります。」「精一杯がんばりますので、どうぞよろしくお願いいたします。」などの言葉を入れて、はっきりとした声で挨拶すること。

・相手の顔をしっかりみて、堂々と挨拶すること。

　この事前の挨拶例だけでなく、忙しい学校現場で教育実習を受け入れていただいたことへの感謝の気持ちが伝わるようにがんばってほしい。

（2）授業をするための準備

　表4−2にあったように、教育実習不安の第1因子は「授業実践力」である。実際のところ、教師としての専門性が最も発揮されるのが授業場面である。

　教師たるものは、少なくとも授業がきちんとできなければならない。学校で保健体育教師を始め、国語教師、数学教師、英語教師…というような〇〇教師の意味は、「〇〇の授業を行う教師」ということであるはずだ。この点は特に保健体育教師は自覚する必要がある。つまり、「保健体育教師」という呼称は、運動部活動の指導にあたる教師に対してのものではなく、体育や保健の授業を行う教師が保健体育教師なのであり、保健体育教師が存在する根拠は、まずは授業にあるということへの自覚である。

　こうした点からも、教育実習において、最も重視すべきことは「授業実習」であり、保健体育教師をめざす実習生は、授業がきちんとできること、すなわち、実習校において体育や保健の授業力を身につけ発揮させることを1つの大きな目標にしてもらいたい。

　そのためにはあらかじめ、意識して学び、深め、実践しておいた方がよいことがらがある。それは、①学習内容を把握すること、②指導案の書き方を身につけること、③コミュニケーション力をつけることで、これらは「授業実践力」に関する教育実習への不安を軽減させることにつながる。以下、それらについて解説する。

①学習内容を把握しよう

　体育の授業で「何か」を教えるのが保健体育教師である。ところが、この「何か」にあたるところをわかって教育実習に臨む学生は意外と少ない。つまり、教科としての体育科の学習内容が何であるのかをきちんと理解していないのである。

　体育や音楽などの実技教科の教師をめざす学生は、ほとんど例外なく、自らがスポーツ・ダンスや音楽のプレイヤーであるが、自らがある種目の優れたプレイヤーであることと、その種目を教材とする授業のなかで、目の前の生徒に何かしらをきちんと学ばせることができるということは、全く別のことがらである。

　例えば自らがバレーボールのプレイヤーである学生が、教育実習で中学1年生対象にバレーボールの授業をしようとする時、それまで経験してきた部活での練習の進め方や練習メニューをそのまま授業に使えるわけではない。つまり、まず、体育科教育として、何を学ばせ、何を身につけさせるかがわかっていないと「体育の授業」という具体が何も生まれてこない。

　この学習内容を法的な根拠の元に定めているものが学習指導要領である。つまり先ほどの例では、中学1年生のバレーボールの授業づくりのうえで、学習指導要領の示す学習内容を知っていることは必須である。

　この公教育の内容として定められた学習指導要領の表記をどのように読み取り、それぞれの生徒に応じて、具体的な実践の形にするのかが、教材研究という意味では、最も面白い部分であり、授業づくりの醍醐味である。ここにきて初めて、プレイヤーとしてその種目を深く知っているという経験が生きてくる。しかし、この学習指導要領の内容を知らない、あるいは知ろうとしない、では

話にならない。

　本来、このような内容をしっかり押さえる大学の授業が「保健体育科教育法」であり、そのなかで「学習指導要領」とその読み取り方、さらには具体的な実践例との関係を学んでおく必要がある。ここを疎かにせず、保健体育教師として、授業で何を学ばせるのかということを常に意識しながら、教育実習までに研鑽を積んでほしい。

【教育実習までに押さえておきたいこと①】
　学習指導要領・学習指導要領解説で示されている内容、例示されている内容をしっかり頭に入れておこう！

②指導案の書き方を身につけよう

　教科の授業は、学習指導要領の内容に基づき、各校が各校の実情に応じて年間指導計画を立て、

表4-3　一般的な保健体育科学習指導案（正案）における項目例

　　　　　　　　　　　　○年　保健体育科学習指導案
　　　　　　　　　　　　　　　　　　　　　　　　　　　　　　授業者　○○○○

1. 日時　　平成○年○月○日(水)　　　・授業日時を書く
2. 単元名　　　　　　　　　　　　　・「学習する運動」（教材・題材名）を書く
3. 指導にあたって　　　　　　　　　・①「教材観」[注1]　②「児童(生徒)観」[注2]　③「指導観」[注3]を書く
4. 単元の目標　　　　　　　　　　　・「技能」面からの目標
　　　　　　　　　　　　　　　　　・「思考・判断」面からの目標
　　　　　　　　　　　　　　　　　・「関心・意欲・態度」面からの目標
　　　　　　　　　　　　　　　　　　　　　　　　　　※この3観点は本時の目標も同様
5. 学習計画（全○時間　本時第○時）・単元の学習過程（学習の道筋）を書く
6. 本時の学習（○／○時間）
　（1）目標
　（2）展開

学習活動	指導上の留意	評価の観点	備考

・「学習活動」「指導上の留意」「評価の観点」「備考」等の項目で、1時間の授業の流れを表形式で書く
・「評価の観点」は、各学習場面において、目標が達成されたと見なす規準（＝評価規準）を示す項目名の一例で、近年の「指導と評価の一体化」を重視する立場から、このような趣旨の項目を設ける例が増えてきている

注1　教材観：一般的には教材についての解釈を書く。体育科の場合、教材＝単元で学習する運動であるから、単元で取り上げる運動についての解釈を書くことになる。体育科において、運動についての解釈は、「**運動の特性**」という形で記述することが多い。これは、単元の運動には、どのような技術や戦術上の構造的な特徴（構造的特性）があり、どのような特徴的な面白みがあるのか（機能的特性）を表現したものである。また、最近では、記述することが少なくなったが、単元の運動は、どのような体力的向上が期待できるか（効果的特性）を指導との関係であえて記述することもある。
注2　児童（生徒）観：一般的に、「児童（生徒）観」とは子どもに対する見方ということができる。学習指導案で児童観を記述する場合、子どもの実態について、学習準備状況（それまでの学習経験、身についている力、未熟な点など、「レディネス」ともいう）を中心に記述することが多い。
注3　指導観：広義には「授業観」であるが、学習指導案でいうところの「指導観」とは、教師の「こんな授業（指導）を展開したい」という思いを記述したり、さらにその思いを具現化するための授業づくりの具体的ポイント（手立て）を記述したりする。指導案によっては、この具体的なポイントを「指導の手立て」という項目を立てて、授業者の具体的な教具の使用の工夫、場づくり、ルールづくり、チームづくりなどの工夫、学習方法に関する工夫・こだわりを強調する場合もある。

第4章　教育実習のねらいと実際

表4-4　実習生が書いた指導案例

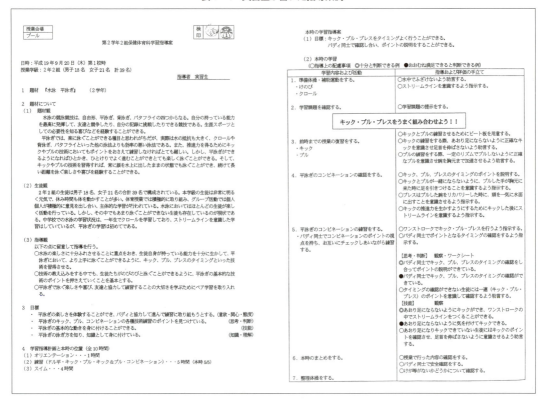

その計画のなかで進めていく。こうした意味で、授業はアドリブで行うものではなく、意図的・計画的に行うものである。この授業の意図性、計画性を記述し、他の教師に提示するものが「学習指導案」である。

　実習生は、教育実習期間中に必ず作成し、それに基づいて授業をしなければならない。この学習指導案の作成は、予備知識や経験がないと非常に苦労するので、これの作成に関する基礎的事項を知って、実習前には何度も書いてみよう。

　学習指導案とは、ある授業の1単位時間の進め方と、その意図性、計画性を記した授業計画書である。作成にあたっては、さらに次のような点に注意を払う必要があろう。

・「特定の形式」は存在しないが、一般的に書くべき項目は存在する（表4-3）。
・一般的な形式で必要とされる項目をほぼ網羅した「正案」と呼ばれるものと、授業の目標や流れのみがわかるように簡略化された「略案」に大別される（そのほか、教師の全ての発問、指示、説明、また、それに対して子どもの予想される回答、活動を事細かに記載した「細案」と呼ばれるものがある）。

　指導案の形式は様々であり、実習校で伝統的に使っている指導案形式や指導教員の考えによっても具体的な項目名や項目の順番なども違ってくる。表4-4は、実習生が書いた実際の指導案例であるが、例として挙げた項目名には、教育実習生の段階でこだわる必要はないものの、どのような内容を指導案に書くべきなのかは知っておかないと、指導案を書かなければならない段階になって、

困ることになる。大学での保健体育科教育法や体育の模擬授業で、一度は指導案を作成しておくことを勧める。

> **【教育実習までに押さえておきたいこと②】**
> 　教育実習までに、一度は体育の学習指導案（略案）を書いておこう！

③コミュニケーション力を身につけよう

　さて、もう一度、表4－2における教育実習不安の研究の話に戻ろう。不安の第1因子は「授業実践力」、第2因子は「児童・生徒関係」であったが、この2つの因子には、別の尺度である「対人不安感」と大きな相関があることがこの研究では指摘されている。この「対人不安感」は「聴衆不安（項目例：「私は人前で話をしている間中、ずっと緊張している。」）」、「相互作用不安（項目例：「私は知らない人の集まりの中にいると、いつも居心地が悪い。」）の2つの尺度から構成されたものである。つまり、授業をすることや児童・生徒の関わりに、教育実習の不安を抱える人の多くが、人前で話したり、人と関わったりすることに不安を感じる傾向にあるということである。

　人との関わりに関する不安は、結局のところ「コミュニケーション」に関する不安といってよいと思われる。そういう意味で、授業をするためには、あるいは生徒との良好な関わりのためには、コミュニケーション力を高めておくことが非常に重要になる。

　著者（田中）は、関西圏のK市で、「授業が成立しない」教師の指導改善研修にあたっている元校長A先生より聞き取り調査を行った。A先生によると、「授業が成立していない」のは、具体的には以下のような現象である。

ⅰ）授業展開を授業者自身がイメージできていない。
　　　　↓
ⅱ）指導案があっても子どもから出てきた意見をコーディネートできない。対応できない。
　　　　↓
ⅲ）子どもが何を勉強したかわからない。
　　　　↓
ⅳ）子どもに落ち着きがなくなり、授業中に手遊び、よそ見、寝そべる、私語の山…など。

　以上のⅰ～ⅳのなかで、特に注目したいのはⅱである。指導力に問題があり「授業が成立しない」という現象は、この点での力量が通常の教師と決定的に違うのである。たとえ指導案があったとしても、子どもが発言した意見を交通整理し、学習の流れをつくれないというのでは、子どもにしてみると、学習に参加していく励みにならないうえに、発言すること自体の意味が失われてしまう。授業から子どもの意識が遠のくのも当然の帰着と言わざるを得ない。

　つまり、授業の不成立には、教師が他者（子ども）からの働きかけに対し、どう反応するのかについて判断停止に陥ることが大きく関係しているのである。

　A先生によると授業が成立しない教員には、さらに次のような特徴的な傾向があるという。

- 教員のなかに、その人らしさという"芯"がない。つまり、子どもにとって「わかりにくい人」という言い方ができる。
- まわりの助けようとしてくれる教員とうまくいかない。
- 「子どもは無条件で教師の言うことを聞くものだ」という子ども観がある。また、常に管理的な言動になるが、いくら管理的に指導しても子どもは言うことを聞かない。

さて、A先生は、このようなまわりとのコミュニケーションに問題があると考えられる教員に対して、数々の指導をしているわけであるが、その指導メニューのなかで、教育実習の授業や生徒との関係に不安を抱える学生もチャレンジしてみるとよさそうなものを次にいくつか挙げてみよう。

- 模擬授業（事前に顔に表情をつけて鏡で確かめるなど、指導の際のパフォーマンスを練習してから行う）。
- 生徒指導での事例研修を行う。
- 指導案のつくり方を覚える。
- 人間関係の築き方を考えてみる。
- 授業見学をする。

教育実習での授業や生徒との関わりに不安を強く感じる学生は、これらの研修の経験を実習前に積んでおくとよいだろう。

特に「模擬授業」は、コミュニケーション力を発揮する場としての授業を実際に経験しておくという意味において、非常に重要である。しかし、大学の授業で模擬授業を行うとなると、受講生の人数の問題があり、必ずしも自分が授業者になれるとは限らない。

体育の授業では、教師の生徒に対する声かけ（相互作用行動）の多さが生徒の授業に対する満足度

図4－4　学生同士によるマイクロティーチング

に大きく関わることがわかっているが、この声かけは、具体的な指導に関わる声かけから、励ましや盛り上げの声かけまで、様々な内容があり、実際の指導場面での具体的な声かけ経験がない学生には、逆に何を言ってよいかわからずに1時間が流れてしまうことが多くみられる。そういった点からも、数人で、授業者と少人数の生徒役に分かれて模擬授業を行う「マイクロティーチング」を、自主的な活動として実習前に経験することをお勧めしたい(図4−4)。

この「マイクロティーチング」は、実習前の経験だけでなく、実習中の本番授業前に、実習生同士で授業練習する方法としても大いに活用できる。体育の運動領域の授業において「マイクロティーチング」の経験によって、声かけの回数が増えていく効果を指摘した研究もみられる。

マイクロティーチングにせよ模擬授業にせよ、それらはあくまで授業のシミュレーションであって、授業そのものではない。生徒役の学生の反応と本物の生徒の反応は当然ながら全く違う。つまり、こうした模擬授業は、「上手くやってやろう」とあまり気負うことなく、「慣れ」のための経験だと割り切って、気楽に回数を重ねるほうが効果的である。そういった意味でも、少人数の仲間で手軽に始められるマイクロティーチングの経験を積んでほしい。

【教育実習までに押さえておきたいこと③】
顔の表情や声かけを意識して、仲間とマイクロティーチングを経験しておこう!

(3) 実習中のがんばりどころ

教育実習において実習生が行うことは、以下のように大きくは、「観察」、「参加」、「実習」の3つに分けることができる。

- 観察：学校現場の様子をしっかりみるということに主眼をおいたもの。
- 参加：現場の教師と一緒になって、学校行事などの運営や指導補助を行ったり、職員研修、日常の雑務などを体験したりすることに主眼をおいたもの。
- 実習：現場の教師の指導を受けながらも実習生が主体となって指導実践を行うことに主眼をおいたもの。

これは、逆から言うと、教育実習中の活動は、基本的にこの3つのどれかを行っているか、そのための準備をしているということである。実習生は、どん欲に学校現場でしか学べないことを吸収してほしい。ここでは、実習生が、朝、登校してから帰宅するまでに留意する点を挙げる。

①朝の登校

実習生は、実習前の打ち合わせで、実習校の担当の先生より、「〜時〜分までに登校してください」という説明を受けるだろう。しかし、この時間は、「それまでに」ということであって、「その時間に」という意味ではない。

特に小学校、中学校という義務教育の学校現場の1日は早い。例えば、1時間目が8時30分からだとしても、生徒は、その時間ちょうどに登校してくるのではない。中学校では、部活動の朝練、

第4章　教育実習のねらいと実際

COLUMN ❶ 忘れ物に気をつけよう!

　教育実習中の一般的な持ち物には、次のようなものがある。前日に、忘れ物がないかチェックしてみよう。

1. 印鑑（出席簿用）

2. 実習日誌

3. 筆箱

4. ジャージ

5. メモ帳
　　（気づきを忘れずに）

6. ハンカチ・ちり紙

7. 運動靴・上履き・体育館シューズ
　　（実習中学校に置かせて
　　　もらえる場合が多い）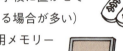

8. データ用メモリー
　　（ノートPC）

9. 折りたたみ傘
　　（万一のために）

（最近では、情報保護やセキュリティ対策のため、USBメモリーなどの持ち込みの規定が定められている場合が多いので、事前に学校に確認しておこう。）

あるいは家庭の事情等からも7時前後から生徒の登校が始まるところも少なくないはずだ。そして、その朝一番に登校してくる生徒よりも早く登校している教師が必ずいるのが、学校というところである。

　ただ、教師にも勤務時間があり、全ての教師が朝早く登校するわけではない。しかし、必ず誰かが生徒よりも早く登校しており、学校は、そういう教師の熱意で運営が成り立っているともいえる。

　実習生は、可能な限り早く登校し、教師の朝の動きを観察し、できることには自主的に参加してほしい。この朝の動きには、次のようなことがある。

○学校周辺の掃除。
○職員室内の掃除。
○校区内の巡視。
○部活動の朝練習での指導。
○教室整美。
○校門に立っての生徒への挨拶。

　これらには、その学校の教師の仕事（校務分掌、当番活動）として決められているものもあれば、その教師が自らの意志で進んで行っているものも多い。実習生も簡単なことでもいいので、教育実習中、何か継続して朝、活動してみよう。そこから教師という仕事や生徒の実態について、体験的に理解できることが必ずあるはずだ。

一方、自ら厳に戒めなければならないのが「遅刻」である。時間にルーズな人間はどんな世界でも通用しないが、教師が遅刻するのと、会社員が遅刻するのとの大きな違いは、学校には生徒がいるということである。教師が遅刻して、その間、生徒に何かあったらどうするのか。教師が遅刻するということは、単に仕事の開始が遅れるということだけではすまないのである。

体調不良でどうしても欠席する場合、あるいは、何かの事情で遅刻する場合は、できるだけ早くに電話連絡をする。この連絡が遅くなると、学校側に、実習生が登校途中、事故にでもあったのではないかと心配させることになる。また、欠席をした後には、書面で理由などを記載した「欠席届」を学校長宛に提出することになる。

そのほか、登校してから1時間目までに行うことは、実習校の実情や日々の予定によっても異なるが、次のようなことがあると心づもりをしておこう。

- ・出勤簿への捺印
- ・運動着への着替え
- ・指導教員との打ち合わせ
- ・職員朝会への参加
- ・朝礼への参加
- ・朝のHR活動への参加

②始業から終業時間まで

・授業観察

朝、生徒が続々と登校する慌ただしい時間が過ぎると、いよいよ1時間目の始まりである。ここから実習生にとってメインになるのは「授業」である。実習の期間にもよるが、実習が始まってからしばらくは、現場の先生方の授業を観察することが多い。

この授業観察では、観点をもって授業をみないと、単に時間だけが無駄に過ぎることになりかねない。運動実技の授業の場合、例えば表4-5のような観点が考えられる。

これらの観点について、ノートなどにきちんと記録・メモしていくことが大切である。学習資料

表4-5 体育の授業観察における視点

教師行動について	・どのような声かけを生徒に行ったか。またそれに対する生徒の反応はどうだったか。 ・教師はどのように動きながら、生徒の活動の場を巡視しているか。 ・全員を集めての指導か、グループごと、個人ごとの指導か。 ・用意していた掲示物、学習資料をどのようなタイミングで使用するか。
授業場面について (授業場面ごとの様子)	・一斉指導での説明や指示の内容はどうだったか。 ・グループでの話し合いの内容はどうだったか。 ・生徒が運動を行う場面の内容はどうだったか。 ・片付けや待機、移動など、学習と直接につながらない場面はてきぱきと行われていたか。
生徒の様子について	・活動場面ごとの生徒の様子はどうか(一斉指導の場面で、グループでの活動中等)。 ・活動の様子から、生徒一人ひとりの人柄、性格などで気づいた点は何か。

※上表の内、教師の声かけ、並びに、授業場面の分類の詳細についてはコラム2(162ページ)を参照されたい

第4章　教育実習のねらいと実際

などのプリントがある場合には、ノートに貼り付けるなどして保存しておくとよい。

　運動実技の授業では、運動場や体育館のに立って、教師と生徒を広いアングルでみる方法もあるが、実習が始まってから最初のほうの観察では、教師の背後に引っ付いて観察する方法が教師行動を理解しやすい。また、保健の授業では、教師の発問や指示とそれに対する生徒の反応、板書事項などを観察・記録していきたい。

　その他、授業観察をするにあたっては以下のような点にも留意して欲しい。
○現職の先生は、それまでの実践と経験に基づいて授業されていることを理解する。
○知識や理論面だけで授業を批判的にみると損をする。「なぜそのように指導しようとしているのか」を考える。
○わからないところはメモをして、謙虚な姿勢で、かつ積極的に質問する。

COLUMN 2　「教師の声かけ（相互作用行動）」「授業場面」のカテゴリーについて

　体育授業の組織的観察法で用いられている教師の声かけ（相互作用行動）のカテゴリーは（下図左）のようになる。学習者からの評価が高い授業では、肯定的・矯正的フィードバックや励ましの声かけの頻度が高いという研究結果が示されている。

　また、同じく組織的観察法で用いられる「授業場面」（下図右）と学習者からの評価の関係でいうと、説明やマネージメント（出席をとったり、用具を出し入れしたりすること）の時間が短く、運動学習場面の時間が豊富にあるという結果が示されている。

教師の相互作用行動の観察カテゴリーと定義

分類			定義
発問			主体的な意見や問題解決を要求する言語的・非言語的行動。 例．「手の付き方はそれでいいかな？」 「この運動の大切なところはどこかな？」
フィードバック	肯定的	一般的	児童の技能のできばえや応答・意見に対する具体的情報を伴わない言語的・非言語的行動（賞賛）。 例．「うまい」、「よかったね」、「いいよ」、拍手する
		具体的	児童の技能のできばえや応答・意見に対する具体的情報を伴った言語的・非言語的行動（賞賛）。 例．「腕の上げ方がとても良くなったね」
	矯正的	一般的	児童の技能のできばえや応答・意見に対する具体的情報を伴わない矯正的・修正的な言語的・非言語的行動。 例．「まだ」、「もう少し」、「うーん、どうかな」、首をかしげる
		具体的	児童の技能のできばえや応答・意見に対する具体的情報を伴った矯正的・修正的な言語的・非言語的行動。 例．「まだ腕の振りがたりないね」
	否定的	一般的	児童の技能のできばえや応答・意見に対する具体的情報を伴わない否定的な言語的・非言語的行動。 例．「だめだ」、「何考えてるんだ」、顔をしかめる
		具体的	児童の技能のできばえや応答・意見に対する具体的情報を伴った否定的な言語的・非言語的行動。 例．「だめ、そんな腕の上げ方だとできないと言ってただろう」
励まし			児童の技能達成や認知学習を促進させるための言語的・非言語的行動。 例．「頑張れ」、「いけ、いけ」、「さぁ、しっかり」

「授業場面」の観察カテゴリーと定義

カテゴリー	定義
学習指導場面（I）	○教師がクラス全体の子どもを対象にして説明、演示、指示を与える場面。 例・教師が演示をしながら技術指導をする。 ・教師が演示をしながら技術指導をする。 ・教師が活動内容や活動方法に関わられて指示を行う ・教師の発問に対して子ども達が考えたり、意見を述べている。 ・子どもが演示し、それを他の子ども達が観察している場面を教師が設定している。 ・教師や学習者が、スコアや勝敗等を発表する。 ・教師や学習者が本時の目標やめあての評価を行う。
認知学習場面（A1）	○学習者が認知的な学習を行う場合 例・グループあるいはペアで学習に関する話し合いを行う。 ・ノートや記録用紙に学習のポイントや行い方、記録等を書き込む。
運動学習場面（A2）	○学習者が体操、練習、ゲームなど運動を行う場面 例・ウォームアップや主教材との関連行われる予備的・補足的な運動を行っている ・準備運動や体力づくりのための運動を行っている。 ・個人的な技能発達を主な目的としたドリルや練習をしている。 ・グループで練習している。 ・ゲーム、記録会、発表会をしている。
マネージメント場面（M）	○上記以外の活動で、学習成果に直接つながらない場面 例・ある活動から他の活動へと移動する。 ・ある学習と次の学習の間の、何も学習活動が行われていないで待機している。 ・用具の準備や後かたづけを行っている。 ・休憩している。 ・学習指導に直接関係しない管理的・補助的な活動をしている。 ・授業の焦点となっている課題とは関わりのない活動をしている。

・学級指導・生徒指導場面

　授業と同様にしっかり観察してほしいのは、学級担任による学級指導、生徒指導の様子である。特に以下のような点はしっかり観察して欲しい。

○ホームルームや昼食、業間などの時間にどのように学級の生徒と接し、指導を行っているのか。
○自分たちの接し方と教師の接し方は、何が違うのか。
○問題のある生徒へどのように接しているのか。
○生徒を厳しく指導するのは、どういう場面なのか。

　実習生は、どうしても生徒と「友達感覚」「兄弟感覚」で接してしまいがちである。ある意味、そういう生徒との親近感は実習生ならではのよさでもある。しかし、教師が生徒のあらゆる状況に対して指導性を発揮するには、親近感だけの関係では不可能である。日常の学校生活のなかで、生徒とどのような関わりをとおして、教師が信頼関係を構築しているのか、その側面を教育実習中にしっかりつかんでおいてほしい。

・授業実習

　教育実習で、最も本質的で重要なことは、なんといっても「授業実習」である。つまり、模擬授業ではなく、実習生が実際に生徒を授業で教えるのである。目の前の生徒に、教師として授業がきちんとできるようになることが教育実習では最も重要な課題だといってよい。

　授業実習のなかでも一番の山場が公開授業(研究授業)である。この公開授業では、学校全教員に指導案を配布し、多くの教員や実習生、場合によっては大学の教員などの大勢の参観者のなかで授業をすることになる。この公開授業でそれなりの授業をするためには、それまでの授業実践では次のようなサイクルで力をつけていかなければならない。

授業計画【教材研究】

- 授業で何を生徒に身につけさせようとするのか
- そのための準備物や資料は何が必要か
- どのような流れで授業を進めていくのがよいのか
- 説明事項、板書事項、発問事項などの事前計画
- 提出が求められていなくとも指導略案を作成してみる

授業実践

授業の振り返り【省察(Reflection)】

- 授業実践中には意識していなかったこと、見落としていたことを含めて、総合的に振り返るのが広い意味での「省察(Reflection)」
- 自分の指導力を高めるために非常に大切なものである
- できれば、ビデオ映像などを確認しながら、参観してくれた実習仲間とともに授業を振り返ることができればベスト
- 実際に自分が実践中に考えていたことと生徒の反応についての解釈との対比を行う

第4章　教育実習のねらいと実際

図4−5　公開授業に臨む教育実習生

　実習生は、このような「授業〜省察」の繰り返しのなかで実践力をつけていきつつ、最終的に現場の先生方の評価を受ける公開授業を行うことになるのである。
　実習生は、この公開授業に、生徒との関係性を含めたそれまでの教育実習での経験を全てぶつけるつもりで勝負をしてほしい（図4−5）。学習資料や掲示物を全て準備し、その時点での「ベスト」の授業を心がけてほしい。
　結果としてうまくいったかどうかは、それまでに「省察」を積み重ねてきた実習生ならば、自ずと評価できるであろうし、参観に来てくださった先生方の「指導」という形で明らかになるだろう。むしろ、公開授業で大切なのは、生徒のためにベストを尽くした授業を計画・実行するということである。それを行った時、達成感や充実感などが実感できることになる。
　授業が上達するためには、「数をこなす」ということも非常に重要な要素であり、授業の経験の少ない実習生が、いきなり百点満点の授業ができるというものではない。しかし、「自分のできることは全てしっかりとやった」という意味での「百点満点」ならばあり得る。それをめざしてほしい。生徒たちは、実習生のそういう真剣さや一生懸命さは見抜くものである。そのような授業をやれば、生徒との信頼関係は、必ず高まっていくはずである。

・職員会議・職員研修
　実習校の方針にもよるが、実習生は職員会議や職員研修の場を何度か見学、あるいは参加させてもらうことになるだろう。そこで話し合われることは、現実の学校運営の中身であったり、その学校の実情に応じた教育課題であったりする。何が話し合われ、どんな内容を研修として教員が取り上げているかを、できる限りつかんでほしい。
　大学の場で知識として学んできたことが、現実に職員会議の議題や職員研修の課題として話し合われていることもある。これは非常に貴重な経験だと言えるが、このような時間は、実習生にとっては、なかなか発言の機会はない上に、内容的にも理解しづらいことが多いだろう。しかし、その時間をどのような意識で過ごすかで、学校現場に対する理解度に差が出ることになる。例えば、先

生方の話で、むずかしかった点、理解できなかった点は聞き流さずメモしておいて、後で先生方に質問してみよう。それまで実習生が意識もしていなかったことへの理解が確実に進むことになる。

③放課後
・部活動指導

　保健体育教師をめざす実習生においては、体育授業での生徒との関わりと同様に、教育実習中、部活指導に力を注ぎたいと考えている者も多いであろう。平成23年度より完全実施される新学習指導要領において、部活動が「学校教育の一環」と明記されたことを挙げるまでもなく、部活動の生徒に対する教育的意義は非常に大きい。保健体育教師をめざすきっかけが部活動にあった学生は、決して少なくはないと思われる。

　体育授業と違って、部活動は、「その種目を十分プレイしたい」と自らの意志で集まった生徒たちの活動である。そういった生徒たちのあこがれの存在として輝けるのが、正に保健体育教師をめざす学生である。部活動をとおした生徒との関わり合いによって、実習中により良好な関係を築けるのが保健体育教師をめざす実習生の「強み」であるとも言える。現役のプレイヤーである実習生が指導してくれることを非常に楽しみにしている生徒は多い。

　実習生にとっては、中心的な活動である授業準備などで時間が十分にとれない場合もあるかもしれないが、できるだけ機会をとらえて、部活指導に積極的に参加することで、部活動の教育的意義を改めて確認し、生徒の理解や生徒との信頼関係を構築する機会としても役立ててほしい。

・実習記録の整理、今後の実習準備

　生徒たちが帰る時刻になってからが、教育実習生としてはもうひとがんばりしなければならない時間帯となる。以下に、その留意点を挙げる。

■提出物の作成
・実習記録簿[注1]（第4章4. Q7を参照）提出が決められているものはしっかりと記入し、定刻までに提出する。

■指導準備[注2]
・授業実習、指導のための準備を行う。

注1　実習記録簿：文書等の提出がきちんとできる教師かどうかは現場では非常に厳しくみられている。校務分掌に応じて提出しなければならない報告書や、定期的に提出が義務づけられている文書等が多いからである。提出物等の作成・期限には注意を払いたい。

注2　指導準備：授業準備を含め、生徒への指導に関する準備を行うのも、放課後になってからである。資料や器具・教具の作成などに時間はかかるが、この準備をしっかりすることが、教育実習という場で充実感・達成感を味わうことにつながる。自分にできることは全てやってみる覚悟でがんばってほしい。

(4) 実習後に留意すべきこと

　多くの実習生は、教育実習最後の日には、達成感、充実感を味わい、そして生徒と別れを惜しむなかで、大いに感動することだろう。

　「生徒たちのその後の成長を知りたい」ということで、実習後に、例えば部活の試合に応援に駆けつけたり、学校行事をみに行ったりということがあるかもしれない。これは大いに結構なことだが、必ず守って欲しいことは、特定の個人やグループと、私的な面会・交流の場を持たないということである。私的な面会・交流は、完全に逸脱行為であり、状況によっては、実習生自身の問題のみならず、当該の実習校や所属する大学の信頼をも失墜させるようなトラブルにもつながりかねない勝手な振る舞いであることを自覚しよう。たとえ、生徒のほうから企画してきたとしても、「それはできない」ということをきちんと伝え、けじめある対応を心がけてほしい。

　さらに留意すべき大切なことは、実習中に、教育活動上知り得た生徒たちの個人情報は守秘義務があり、決して漏らしてはならないということである。実習後の軽率な行動が、思わぬところでプライバシーの侵害などにつながらないよう、細心の注意を払ってほしい[注3]。

(5)「教師になりたい」との思いに駆られる教育実習を

　現場の教師に自分自身の教育実習の思い出話をしてもらうと、ほとんどの教師が何かしらの感動、喜び、驚き、発見の出来事を持っている。むしろ、教育実習にそのような自らの琴線（きんせん）に触れる体験をしている者が、最終的に教育現場に立っているようにも感じる。

10月18日(土)
-----（前略）-----
　この五週間は、大げさでなく、改めて教師の道を選んでよかったと確認できた五週間でした。
-----（中略）-----
　今日の私の送別会で子供たちが泣いてくれました。私も泣きました。KとSが「おれら二人で作ったんや」と布袋をプレゼントしてくれた時に、絶対に泣かないで笑顔で子供たちとお別れしようと心に決めてきたのに、涙がこぼれてしまいました。
-----（中略）-----
　今のこの感激を、これからの"よりどころ"としてがんばろうと思います。
-----（中略）-----
　ご指導、本当にありがとうございました。

注3　近年、特に注意したいのが、インターネットを利用した情報発信である。スマートフォン等モバイル端末の爆発的普及に伴い、Facebook、Twitter、LINEなどのSNS（ソーシャル・ネットワーキング・サービス）を日常的に利用している読者も多いと思われる。これらのSNSは、軽率な使い方をすると個人情報を含めて不必要な情報の拡散につながり、関係各方面への信頼を損ねる可能性があることに十分注意しよう。
　SNSの教育利用については、そのメリットも研究されてはいるが、実習生という立場に限定すると、実習に関する情報をアップロードする行為は慎むのが無難である。また、実習後、特定の児童生徒とのSNSを利用した交流もNGと考えておこう。

第4章　教育実習のねらいと実際

　古い話になるが、著者(田中)が二十数年前、教育実習に行った際の実習記録ノートは、今も大事に保管してある。その最終ページ、つまり実習の最終日の記録には以下のようなことが書かれてある。

　今、改めて読み直すと、当時、本当に感動して、絶対に教師になってやろうと思った純粋な気持ちがよみがえってくる。また、この著者の記録に対して、当時の指導の先生のコメントが以下のようにつけられている。

> -----(前略)-----、
> 　教育実習で経験したことは、実際に現場に出たときに役立たないことも多いものですが、「おれは5週間とはいえ、真剣に実習に取り組んだ」、「あんなやんちゃ坊主にも涙をうかべさせられたんだ」という自信はいつまでも持っていてください。今日まで本当によくがんばってくれました。

　著者が言いたいことは、「教育実習」は、一種の「教育実感」の機会なのだ、ということである。つまり、保健体育教師をめざす学生にとっては、運動・スポーツ、体育、健康に対する独自性と専門性を背景に、生徒や現職教員との関わりや出会いに心が動かされる経験を「実感」する機会としての教育実習であってほしいのである。

　そういう視点からいうと、授業や指導の実際を学ぶことを含め、教育実習が、感動、喜び、驚き、発見の連続であり、「教職に就きたい」「教師になりたい」という思いに実習生自身が真に突き動かされる機会となったならば、間違いなくそれは「よい教育実習」だったといえるだろう。

【セルフチェック】──2の回答

1．×　→○○中学校の校長先生がお見えになりました。(「お見えになられました」は二重敬語)
2．×　→先ほど○○先生がおっしゃったことは、とても重要だと感じました。
3．○
4．×　→ただいま担任を呼んで参りますので、しばらくお待ちください。(外部者に学校内の人物のことをいうのに「お呼びする」は誤り。外部者には敬語で。)
5．×　→どんなご用件でしょうか。私がお伺いします。(※実際には実習生が電話を受けることはない)
6．×　→○○先生、家庭訪問お疲れ様でした。(「ご苦労様」は目上の者が目下にかける言葉)

　以上は、ほんの一例。敬語は状況によって使い分ける必要がある。普段から、意識して敬語を使い、疑問に思ったら、その都度確かめてみよう。

第4章　教育実習のねらいと実際

4 | 教育実習Q&A

　読者のなかには、教育実習へ行った先輩たちから、「教育実習は大変だった」という体験談を聞いたりしているだろう。その際に、自分が教育実習へ行く時のことを考えると、どうすればいいのか不安になるかもしれない。または、教育実習に行く直前まで、自分のこととして考えず、実習に行ってからあわてたり、困ってしまったりする人がいるかもしれない。あたり前のことだが、教育実習は、保健体育教師になるためには避けて通れない関門である。だからこそ有意義な時間にしてもらいたい。教育実習は、すべてが初めての体験となるだけに、事前に具体的なイメージを持ち、準備をしておくことが何よりも大切ではなかろうか。

　ここでは、学生が教育実習を行う際に感じた悩みや疑問、課題について、実習前(Q1～Q4)、実習中(Q5～Q12)、実習後(Q13～Q15)に分けてQ&A形式でまとめている。個人個人がその時々に必要な部分を読み返して活用してほしい。

【実習前】

Q1　教育実習期間中に遅刻しないか不安です。遅刻しないためにはどのような準備が必要でしょうか？

　A　教育実習において遅刻をするということは、あってはならないことである。なぜなら出席ではなく、勤務だからである。少なくとも実習の始まる1週間前には、バイト等を減らし、朝型の規則正しい生活にしておこう。

　実習校によっては、先生方よりも早く学校に行き、みんなが気持ちよく過ごせる環境をつくることが求められる場合がある。同じ実習校に行った先輩たちに、何時頃に学校へ到着していたのかを聞いておくとよい。そして、実習期間中の生活リズムをシミュレーションしておこう。

　実習期間中は、指導案を作成したり実習日誌を書いたりしなければならないため、夜中まで作業をすることが多い。夜型の生活のまま実習期間に突入すると、どうしても朝起きることができず、遅刻することになってしまうので気をつけよう。

　実習前から朝早く起きる習慣をつけ、実習期間中は友達と連絡を取りあい、お互いに起きていることを確認するなどして遅刻予防をするとよいだろう。最近では、学生どうしがSNSを使ってお互いに助け合っているようである。

Q2　給食がない学校で教育実習を行う場合、昼食はどうすればよいでしょうか？

　A　昼食は、弁当を持参しよう。そうすれば、児童生徒と昼食を一緒にとりながら、様々な会話をすることができる。特に一人暮らしの学生が、弁当をつくるのは大変ではあるが、週末などを利用

して事前に料理し、保存しておくとよいだろう。

　学校によっては、弁当を注文できる場合もあるので、担当の先生に聞いてみるとよい。ただし、注文ができないからといって、コンビニ弁当をそのまま広げて、児童生徒と一緒に昼食をとるのは食育の観点からも好ましいことではない。最低限、弁当箱に移しておくなど工夫するとよいだろう。

　実習期間中は、大学にいる時よりも、知らず知らずのうちに活動量が増えている。睡眠不足に加えて栄養不足が重なると、実習どころか保健室で過ごすことになりかねない。朝が早いからといって朝ごはんを食べなかったり、コンビニ弁当だけで済ましたりせずに、バランスのとれた栄養価の高いものを摂取することを心がけてほしい。

Q3　自分が授業をしているイメージがわきません。実習前にできることはありますか？

　A　児童生徒の前で授業をするとなった時に戸惑わないよう、次のような点から事前に準備を進めておくとよいだろう。

○模擬授業で自信をつけよう！

　　大学の授業でも、模擬授業を行ったことがあるだろう。そこでは、1時間の授業をどのように展開していくのかという、授業の全体的な流れをつかむことが大切である。児童生徒役だけでなく、ぜひ先生役をし、実際に授業をしてみるという経験をしておこう。また、大学の授業時間中だけでなく、自主的に教育実習へ行く仲間とともに、模擬授業をしてみることも重要である。授業を進めるむずかしさを体験し、児童生徒の気持ちになって考えることができるようになれば、一安心できるはずである。

○実際に授業をみに行こう！

　　実習の直前に授業をみることはむずかしいかもしれないが、附属学校や公立学校では、年に何度か公開授業を行っている。実習に行く前になってあわてるのではなく、大学1年生のころからたくさんの授業をみに行くことが大切である。また、その時に、「自分ならこのように授業をするだろうな」ということを書きとめておこう。どうしても、実習前に児童生徒の様子を知りたい場合は、事前に担当の先生から、学校の特徴や児童生徒の特徴などを聞いておくとよい。ただ、

第4章　教育実習のねらいと実際

先生方は忙しいので、数名で実習に参加する場合は、実習生の間で情報を共有するということを忘れないようにしよう。

Q4　教育実習へ行く前に、どのような授業準備をしておけばいいのでしょうか？

A まず、教育実習へ行く前には、指導案がきちんと作成できるようになっていることが重要である。なぜなら、指導案はよい授業をするための重要なツールだからである。実習期間中に担当する授業数は、学校の事情によって様々であるが、2〜6週間に担当する授業の数だけ指導案を作成しなければならない。よりよいものにするために、以下のような指導案を書く際のポイントを事前に押さえておこう。

○指導案から授業がイメージできること。
○授業の目標が明確で、他の人が理解できる内容になっていること。
○どのような方法で学ばせるのかが伝わること。
○授業に山場があること。

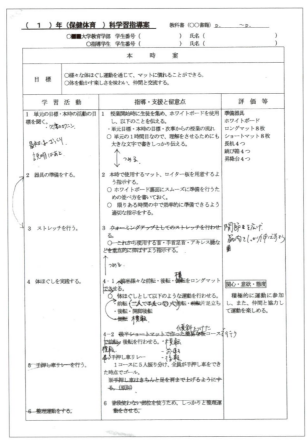

指導案と指導教員によるコメント

170

○評価について整理ができていること。
○自らがつくったものであること。

　指導案は、3～4回ぐらい書き直さなければならない場合が多い。そのためにどうしても準備は大変になる。パソコンで指導案を作成する場合は、線の引き方や表のつくり方などを事前にマスターしておくと、授業内容を考えることに時間を使える。

　複数種目を担当する場合は、それぞれの種目について、運動の特性や技術などを十分に理解しておくことが重要である。そのためには、学校訪問をした際に、どの単元を指導する可能性があるのかを事前に聞いておこう。そして、実習前に図書館などで資料を探し、いつでも資料が読めるような状態にしておくとよい。よく、必要なページだけをコピーして、どの本だったかわからなくなっている学生がいるので気をつけてほしい。

　実習期間中にも図書館などで足りない資料を探すことも可能であるが、遅くなって図書館が閉まっていることもあるので、できるだけ事前に資料をそろえておくようにするとよい。

　最近はインターネットなどの情報に頼る人も多いようだが、これは、情報収集をするツールの1つであり、ここから得られる情報には限界があることも頭に入れておいてほしい。

【●実習中●】

Q5　児童生徒とスムーズにコミュニケーションをとるには、どうすればいいですか？

A　コミュニケーションをとるために必要なことは、以下のような点が挙げられる。
　○児童生徒の名前を覚えよう。
　○児童生徒の目線で話をしよう。
　○休み時間を児童生徒と過ごそう。
　○行事や部活動にも積極的に参加しよう。

　児童生徒は、実習生が来るのをとても楽しみにしている。最初に可能な範囲で自己PRをし、実習期間中に児童生徒とどのような関わり方をしたいのかを伝えるとよいだろう。

　また、児童生徒の名前を事前に覚えておくことも重要である。さりげない会話のなかで名前を呼

児童生徒の目線で話をする実習生

ばれると、児童生徒は先生のことを信頼するようになる。決して「呼び捨て」や「あだ名」で呼ぶようなことがあってはならない。そして、児童生徒と話をする時は、しゃがんで児童生徒の目線で話をするように心がけよう。そうすれば、児童生徒は、「この先生は、自分たちの話を聞いてくれる」と感じるであろう。

休み時間や部活動などでも、積極的に児童生徒と関わるとよい。そうすると、目の前にいる児童生徒が、どのようなことに興味を持ち、生活しているのかがわかり、様々な角度から児童生徒を理解することが可能になる。

配属されたクラスの児童生徒全員に、一日一言は会話するなど具体的な目標を掲げるなどしながら、信頼関係を築いていってほしい。

Q6　実習先の先生とは、どのように接すればいいのでしょうか？

A　実習生のなかには、実習校の先生とどのように接すればよいのかわからずに悩んだり、先生方とトラブルを起こしてしまったりする人がいるようである。このことは、大学で学習したことと、実習先の先生方の指導内容や体育授業の進め方に違いがある場合に多い。

もちろん、実習生は、児童生徒の前では先生であるが、実習先の先生の前では学生である。指導内容をしっかりと聞き、役立てなければならない。担当の先生に疑問に思ったことについて質問することは重要であるが、大学で教わった内容や自分が考えていることが絶対ではないということは頭の片隅においておこう。実習校の先生が指導してくださることに対して、謙虚に耳を傾け、目の前にいる児童生徒と向き合うことが重要である。

また、実習校にもよるが、体育授業だけでなく、他教科の先生がされる授業を観察することができる場合がある。観察させていただく時は、事前（できれば前日まで）に担当の先生に了解をとっておくことがマナーである。その時に、体育授業場面では現れにくい児童生徒の特徴を合わせてみておくとよい。また、体育の授業とは異なった方法を使って、児童生徒と関わっている先生方の姿から、児童生徒と関わるコツをたくさんみつけておくと保健や体育理論の授業をする時にも役に立つ。

せっかくの機会であるから、たくさんの先生方と積極的にコミュニケーションをとり、様々なことを吸収しよう。

Q7　実習日誌を記述する際の留意点はなんですか？

A　実習日誌は、大学で準備されている場合や、生協などにおいてある場合があるので、大学の指示に従い事前に購入する。そして、自分の顔写真を貼り、教育実習の具体的目標などを書いておくことを忘れないようにしよう。

実習日誌は日々の記録だけでなく、実習中にどのようなことに気づき、考えたのかを書き留めておくことが重要である。記述する際の留意点としては以下のようなことが挙げられる。

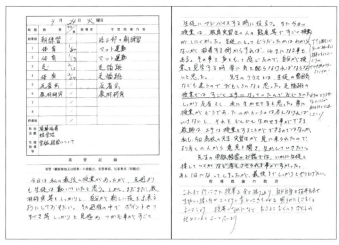

実習生が書いた実習日誌と指導教諭のコメント

○その日行ったことが具体的にわかること。
○その日に気づいたことを書くこと（毎日同じではないはず）。
○反省会の内容とともに自分はどのように改善するのかを書くこと。
○誤字や脱字がないか見直すこと。
○10年後読み返してみたくなる日誌を書くこと。

　実習期間中は毎日が新鮮で、新しいことにたくさん気づくはずである。何に驚き、どんなことに気づいたかをしっかりと書き留めておく。また、反省会などの内容を書き留めておくことも重要である。みんなで、どのようなことを話し合ったかを記録しておけば、2～6週間の成長に気づくこともできるだろう。

　忘れてはならないことは、実習期間中の実習日誌は、必ず毎日決められた時間までに提出することである。また、教育実習終了後、大学に提出することも忘れないようにしなければならない。

Q8　学習活動に加わろうとしない児童生徒がいます。どのように関わればいいでしょうか？

A　学習活動に参加しない児童生徒にどう対応すればよいかわからずに、授業中に呆然としてしまう実習生もいるようである。指導案を一生懸命作成して授業に臨んでも、学習活動に参加しない児童生徒が生まれてしまう可能性はある。体育の場合、机の前に座っているわけではなく、活動を伴うために、学習活動に参加しない児童生徒は目立ってしまう。その時に、どのように対応するのかが重要である。しかし、実習生が事前に何も対策を考えずに、即座に対応することはむずかしい。

　学習活動に参加しようとしない児童生徒がいる場合、その原因を単に「児童生徒のせい」にせず、様々な角度から児童生徒を理解してほしい。普段から授業にあまり参加しないのか、当日体調が悪いのか、それとも授業の内容に問題があるのかなど、様々な原因が考えられる。よい体育授業は、①学習内容が明確であり、②適切な運動課題、教材、場が準備されており、③十分な運動量があり、

第4章　教育実習のねらいと実際

④教師の肯定的な言葉かけがあるなどである。

　このような視点から、自身の授業を振り返ってみるとよい。何が自分に欠けているのかがみえてくるはずである。それでも、どのように対応すればいいのかわからずに困った時は、一人で抱え込まずに、担当の先生に相談し、一緒に考えていただくとよい。

　また、学習活動に参加しない1人の児童生徒にずっと関わってしまい、授業全体の流れを崩してしまうようなことになってはいけない。もちろん、参加しない児童生徒と真剣に向き合って指導することは重要なことである。しかし、授業全体としてのマネージメントを忘れてはならない。初めての授業で一度にたくさんのことを同時にすることはむずかしいが、時間配分をしっかり頭に入れておくことなどが解決の糸口になるだろう。つまり、この時間は個人に関わる時間、この時間は全体を把握する時間などと整理しておくということである。

Q9　授業中に、一人ひとりの児童生徒がどのように活動しているのか把握できません。どうすればいいですか？

A　模擬授業などをしていても、実際に児童生徒の前で授業をするとなった時に、「児童生徒の活動が把握できない」といったことで、実習生たちは苦労するようである。多くの実習校では、第1週目の前半から授業を受け持つということはあまりなく、初めのうちは担当の先生方の授業を観察することが多い。そこで、先生方が児童生徒とどのように接し、どのように対応しているのかをみておくことが必要である。その期間中に、担当するクラスの児童生徒の特徴をつかみ、自分が授業する際の具体的なイメージをつくることに活かしていこう。

　自分自身が授業をする際には、授業全体を流していくことに意識が向きがちになるが、学校の許可があれば、ビデオなどを撮らせてもらうとよい。授業中における称讃や激励などのポジティブな言葉掛けの数と、叱責するようなネガティブな言葉掛けの数などを、どの児童生徒に行ったのかを後でチェックするのもよいだろう（詳細は、「第4章3の②始業から終業時間まで」を参照のこと）。または、担当の先生や実習仲間からアドバイスをしてもらうとよい。そして、次の授業に活かしていくというサイクルができれば、だんだんと一人ひとりが何をしようとしているのかがみえるようになる。また、授業のなかで、何がポイントになっているのかをはっきりさせ、そのことと児童生徒の活動を関連させながら指導ができると、一人ひとりを把握できるようになる。

Q10　保健の授業で大切なことは、どんなことですか？

A　まず、その学校で使われている教科書を事前に手に入れておく。教科書は、「教科書取次店」に行くと購入できる。最寄りの教科書取次店は「全国教科書供給協会」のHP（www.text-kyoukyuu.or.jp/otoiawase.html）を参考にするとよい。

　保健も体育の授業と同様に、指導案を書いて授業をするが、教師用指導書に書いている以上の内

容を理解しておく必要がある。そして、児童生徒をひきつける、豆知識などを挟むことで、授業を盛り上げるとよい。また、保健の授業は教室で行うので、資料や板書計画などが必要になる。ここでは、特に体育の授業と異なる点についてそのポイントを挙げておく（詳細は、「第3章　2．保健学習の指導」を参照のこと）。

○発　問

　発問は、児童生徒が学ぶうえで非常に重要なものとなる。それは、児童生徒から情報を入手したり、教材と新鮮な出会いをさせたり、問題解決に向かって児童生徒が取り組んでいけるようになるからである。発問は、何を尋ねているのかが理解されやすく、児童生徒にわかりやすい言葉で、考える時間を与えながら行うのがよい。

○板　書

　板書をみれば、その授業の内容がわかるとも言われるほど板書は重要な役割を持っている。授業の導入、展開、まとめ、次時への発展などが書かれ、児童生徒の思考の手助けになるようにしよう。板書のポイントとしては、①計画的であること、②問題提起であること、③思考をうながし、その軌跡を示すものであること、④児童生徒の多様な考えが記されていること、⑤児童生徒が読める字であること、⑥書き順に注意し、誤字脱字がないことなどが挙げられる。

○資料の作成

　保健分野では、単に教科書のデータだけでなく、様々な資料を用いながら指導することでより児童生徒の学習を深めることが可能になる。資料作成のポイントは、①本時の内容に適したもの、②理解がしやすいもの、③資料が多すぎないことなどが挙げられる。どのタイミングで資料を提示するのか等についても考えておくことが重要である。

Q11　体育理論の授業では、何を教えればいいのですか？

A　中学校の体育理論では、「運動やスポーツの必要性と楽しさ」、「現代生活におけるスポーツの文化的意義」、「国際的なスポーツ大会などが果たす役割、人々を結び付けるスポーツの文化的な働き」などについて学習することとされている（中学校学習指導要領解説保健体育編／平成20年）。また、高等学校では「運動やスポーツの合理的、計画的な実践」「生涯にわたる豊かなスポーツライフを送る上で必要となるスポーツに関する科学的知識」「スポーツの歴史、文化的特性や現代のスポーツの特徴」、「運動やスポーツの効果的な学習の仕方」、「豊かなスポーツライフの設計の仕方」などについて学習することとされている（高等学校学習指導要領解説保健体育編／平成20年）。

　これらの授業を行うにあたっては、単に内容を取り扱うだけでなく、自分自身の経験などを織り交ぜながら、児童生徒が興味を持って授業に参加できるように工夫したい。また、体育理論の授業を受けることによって、スポーツや運動に対してこれまでとは違った見方ができるように授業を計画しよう。映像機器などを使いながら指導するといった工夫も求められる。

　文部科学省からは、「体育理論」のリーフレットが出されているので、文部科学省のHP（www.mext.go.jp/a_menu/sports/jyujitsu/1306082.htm）からダウンロードしてみよう。

第4章　教育実習のねらいと実際

Q12　研究授業の後、どのように反省会を進めればよいのですか？

A　研究授業は2～6週間の実習の成果を発表する一方、当該の先生方から様々なアドバイスをいただける機会になっている。研究授業に向けては、数名の実習生が協力して授業を考える場合と、一人で考えて授業を行う場合などがあるが、参観者の意見や批評を謙虚に受け止め、いろいろな角度から授業をみつめなおす機会にすべきである。

反省会では、以下に示すような内容を中心に議論を深めることができればよい。

○授業者の自評
　指導案をもとに本時の授業について説明し、実践の振り返りから問題点や反省点などを述べる。
○授業者への質問
　参観者から指導案と授業記録をもとに質問をしてもらう。また、授業のなかで感じた疑問点などについても質問してもらう。
○問題点について全体での協議
　成果と問題点について整理し、様々な角度から意見を求め改善の方法を探る。
○まとめ
　単なる批評会で終わってしまわないように注意しなければならない。まとめ方としては、協議のなかで挙げられたよかった点を整理し、今後の課題としてどのようなことが挙げられたのかを整理するとよい。そして、授業者自身が今後に活かしていくために、まとめたものは記録として残しておこう。

【●実習後●】

Q13　教育実習の評価は、どのようにされているのでしょうか？

A　教育実習の評価は、教員として必要な資質能力に関連する項目においてなされる。事前事後指導の成績と、教育実習先の先生方がつけた成績から教育実習全体の評価が作成される。つまり、教育実習に関わる生活全般が評価の対象になっているということである。具体的な項目などは大学や実習校によって異なるが、おおよそ以下のような項目が挙げられる。

○学習指導
○生徒指導
○態度
○学級経営
○自己評価

これらの項目について、担当の教員が総合的に判断し評価を行うことになっている。評価に一喜一憂するだけでなく、これを体育教師になる際に参考にし、活かしていかなければならない。

Q14 教育実習先へのお礼状は、どのように書けばよいのでしょうか？

A 教育実習でお世話になった先生方に、お礼の気持ちを伝えよう。多くの場合、教育実習を受け入れてくださった校長先生をはじめ、担当してくださった先生や体育でお世話になった先生方にお礼状を出す。教育実習後、できれば1週間以内にお礼状を出すようにしよう。この際、ワープロではなく手書きが好ましい。なぜなら、それが決まりだからお礼状を出すのではなく、自分自身の気持ちを伝えるためだからである。

具体的な文例を以下に示すが、お世話になった気持ちが十分に伝わるように下書きし、オリジナルのお礼状にするとよい。また、年賀状や暑中見舞い、寒中見舞いを出したり、教員採用試験の結果を報告したりもできる限り行うべきである。

```
謹啓　初秋の候、益々ご健勝のこととお喜び申し上げます。
過日は、教育実習におきまして大変お世話になり、誠にありがとうございました。○週間の教育実習を無事に終えることができましたのは、御用繁多にも関わらず、○○校長先生をはじめとする諸先生方のおかげと感謝しております。また、生徒の皆さんにも厚く御礼申し上げます。
実習期間中には、
（クラス担当や体育を担当してくださった先生、○○先生をはじめ）
（どのように先生方にお世話になったのか）・・・
（どのようなことを学んだのか）・・・
（今後の抱負等）・・・

などを書きましょう

本当にたくさんのご指導ご鞭撻を賜り心よりお礼申し上げます。
末筆ながら○○学校のご発展と教職員の皆様のご多幸をお祈りいたします。
まずは書中をもちましてお礼いたします。

　　　　　　　　　　　　　　敬白

平成○○年○月○日

　　　　　　　　　　　　　　山田　太郎

○○学校
○○○○先生
```

Q15 教育実習が終わった後、体育教師になるためには、どのようなことをすればよいのでしょうか？

A 教育実習では、いろいろなことを学んだはずであり、ここで経験したことは、今後に生かさなければならない。以下のことに気をつけたり、取り組んだりしていくことで、さらに体育教師に一歩ずつ近づいてほしい。

○児童生徒との関係について

児童生徒とも仲良くなったと思うが、教育実習後の児童生徒との関係については各大学や実習協力校によって決められている。例えば、①直接電話などで連絡をとりあうこと、②遊園地など学校外で会うこと、③大学の学園祭に個人的な参加を求めることなどは禁止されている。このようなことをして、教育実習の単位が取り消された人もいるので、気をつけなければならない。

○使った資料について

教育実習期間中に使ったり集めたりした資料は、財産である。特に、実習日誌などに記述された先生方のコメントは、教員になった際にもよいアドバイスとして役に立つので、ファイル等に

まとめて大切に保管しておくとよい。また、写真などを撮った場合は、個人情報の観点から、その取り扱いには十分注意する。

○保健体育教師になるために

　教育実習を行うことによって、保健体育教師になりたい気持ちが高くなっていると思われる。こういう時にこそ、教員採用試験の勉強を始めるべきである。「鉄は熱いうちに打て」ということである。3年生で教育実習に行く場合、教員採用試験まで時間はあまり残されていない。今一度、学生生活を見直してみるとよいだろう（詳細は、グラビアページを参照）。また、教育実習終了後も実際の教育現場に興味をもち、様々な勉強会や、指導された先生方が参加されている研究会に、可能な限り足を運ぶとよい。教育実習で出会った先生方や仲間は、今後、教師として経験を重ねていくうえでとても大きな存在になるので大切にしてほしい。

〈参考文献〉

大野木裕明・宮川充司「教育実習不安の構造と変化」教育心理学研究44巻4号、1996
高橋健夫（編著）『体育授業を観察評価する』明和出版、2003
岡田泰志（編）『体育の授業者を育てる』美巧社、2009
世古辰徳『小学校体育授業における大学院生の教授技術向上に関する研究―相互作用行動に焦点をあてたマイクロティーチングの効果について―』日本体育学会第60回記念大会一般発表、2009
ドナルド・ショーン（著）佐藤学・秋田喜代美（翻訳）『専門家の知恵』ゆみる出版、2001
藤尾孝治『教育実習生のために』白鳳出版社、1975
日本教育大学協会第三部会『教育実習の研究』学芸図書株式会社、1978
有吉英樹・長澤憲保編著『教育実習の新たな展開』ミネルヴァ書房、2001
『教育学用語辞典』学文社、1995
吉田登・土屋忠雄編著『教育実習ノート』学文社、1967
伊丹俊之『教育実習研究―教育実習事前事後指導の探求―』星雲社、1996

第5章
「教員採用試験」合格をめざして

第5章　「教員採用試験」合格をめざして

1 「教員採用試験」Q&A

　保健体育教師になるには、まず第一に教員免許を取得することが必要であるが、さらに各学校に教員として採用されなければ、その道は実現したとはいえない。教員として採用されるためには、試験（教員採用試験）に合格する必要がある。

　ここでは、教員採用試験の仕組みについて、Q&A方式で解説する。具体的には、教員採用試験の実施の仕方、試験内容、採用までのスケジュール、近年の動向、などである。

　なお、後述するように、教員採用試験は公立学校においては各都道府県市教育委員会、私立学校においては学校ごとに実施の形式が異なっているので、具体的な事項については各都道府県市教育委員会などのホームページを参照するか、直接問い合わせる必要がある。

Q1　教員採用試験は、どこで実施されるのですか？

A　公立教員の任命権は各都道府県と政令指定都市にあるので、教員採用試験は、各自治体（都道府県と政令指定都市）[注1]の教育委員会によって実施される。ただし、一部の政令指定都市では県と合同して実施している場合がある。

Q2　教員採用試験の内容は、どのようなものですか？

A　試験の内容は、各自治体によって異なるが、教員としての資質・能力を多角的に評価するために、以下の試験・検査項目が実施されている。
　①教職教養（教育原理、教育心理、教育法規、教育史、教育時事の5領域から出題）
　②一般教養（高等学校までに学んだ各教科の基礎的な学力を問う問題、一般常識問題、時事問題、受験地域に関連する問題などが出題）
　③専門教養（保健体育は、学習指導要領、体育の指導法、体育理論、体育実技各論、保健から出題）
　④論作文（提示されたテーマに対して、制限時間内に決められた字数内で作文を書くもの）
　⑤面接（個人・集団）・集団討論（個人・集団面接は、提出書類に関すること、教育に関することなどの質疑応答、集団討論はあるテーマについて討論が行われる）
　⑥模擬授業・場面指導（学校教育活動における教師のふるまい方を実際に行うもの）
　⑦実技（水泳、陸上競技、器械運動、球技、柔道・剣道、ダンスなどのスキルテスト）
　⑧適性検査（広く活用されている性格検査の実施）

注1：教員採用試験を実施する自治体は、都道府県、政令指定都市の他に、豊能地区（大阪府豊中市、池田氏、箕面市、豊能町、能勢町）と、大和高田市（奈良県）がある（2014年9月現在）。

ほとんどの教員採用試験では一次試験と二次試験とがあり、一次試験では教職・一般・教養試験、論作文といった筆記試験が多く行われている傾向がある。

なお、①〜⑧の出題傾向や勉強法、出題例については、後述のページを参照のこと。

Q3　教員採用試験の一般的なスケジュールはどうなっていますか？

A　採用試験は、おおよそ以下のような流れで実施されている（東京都の場合は、表紙裏のグラビア参照）。

3月〜5月	各自治体で募集要項を配布（郵送の配布に応じる場合もある。また、各都道府県市教育委員会のホームページに募集要項を公開しているケースも増加）
4月〜6月	出願[注2]
7月	一次試験
8月〜9月	一次試験結果発表（不合格になった場合は、「Q11」参照）
8月〜9月	二次試験
9月〜10月	二次試験結果発表（不合格になった場合は、「Q11」参照）
3月	勤務校内示

Q4　複数の自治体を受験することは可能ですか？

A　一次試験は、例年6月の最終週を皮切りに、毎週週末に1日か2日で実施される。したがって、試験日が重ならない限り、複数の自治体を受験することは可能である。

Q5　受験資格は、どのようになっているのですか？

A　教員採用試験を受験するためには、教員免許状を取得、もしくは取得見込であることが第一条件となる。この時気をつけなければならないことは、受験する校種・教科の免許状を取得（見込みも含む）していることである。

例えば、中・高校を一括して保健体育科教員を採用する自治体において、高校の保健体育科の免許しか取得していない場合は、受験資格がない可能性があるということである。各自治体の募集要項にある受験資格をチェックしておくことが必要である。

また、自治体によっては受験資格に年齢制限を加えているところもある。

注2：願書以外にも、教員免許状（取得見込）などの証明書、健康診断書なども提出するケースが多いので、早めに準備のこと。また、面接試験の際に、提出書類に書いた内容について質問されることがあるので、コピーをとっておくこと。

第5章　「教員採用試験」合格をめざして

Q6　二次試験に合格すれば、翌年度には必ず教員に採用されますか？

A　教員採用試験とは、正式には「教員採用候補者選考試験」という名称であり、あくまでも「候補者」を選考する試験であるので、二次試験合格イコール採用とはならない。二次試験を合格したにもかかわらず、見込みであった教員免許状を当該年度内に取得できなかった場合は論外であるが、それ以外にも各自治体で、翌年度の当該校種・教科教員の必要人数が候補者数よりも少ない場合は、採用が見送られる場合がある。ただし、「候補者」として名簿登載されている期間は一年間なので、その期間内に当該教員の欠員が生じた場合は、年度途中で採用される場合がある。

　「採用試験のためにたくさん勉強して合格したのに採用されないなんて」、と思うかもしれないが、このような現実が少なからずあることを認識する必要がある。しかし、採用試験に合格して教員になったということはゴールではなく、むしろこれからの教員生活のスタートなのである。そこには、子どもたちの豊かな学びを保障するために、教員自らが多くのことを学び、研鑽を積んでいく責務があることはいうまでもない。

Q7　特別選考とは、どのようなものですか？

A　特に秀でた技能や実績、豊富な経験を有する者を教員に採用するため、一般選考とは別に採用枠を設け選考するシステムを特別選考という。特別選考では、一般選考の試験内容の一部を免除されるなどの優遇措置が講じられている。この特別選考の種類と受験資格条件は以下のとおりである。
①社会人経験者に対する特別選考
　民間企業や官公庁等において勤務経験を有する者。国際貢献活動の経験（たとえば青年海外協力隊）を有する者。
②教職経験者に対する特別選考
　他の自治体での教職経験者、当該自治体の講師経験者。
③特定の技能に秀でた者（スポーツ・芸術・資格等）に対する特別選考
　スポーツにおいては、国際レベルの競技会などで優秀な成績をおさめた者。
④教員志願者養成塾（各自治体設置）で学んでいる者に対する特別選考
⑤大学院・教職大学院進学者・大学推薦者に対する特別選考
⑥前年度採用試験一次合格者に対する特別選考
⑦障がい者に対する特別選考
など

Q8　私立学校の教員になるには、どのようにすればいいのですか？

A　私立学校の教員は、各学校で募集、選考をしており、公立学校のように統一された採用基準・方法はない。したがって、私立学校の教員を目指すには各学校に対し、個別にアプローチする必要があるが、方法としては以下のようなものがある。

○教員採用に関する情報を収集する
　・財団法人日本私学教育研究所のホームページをみる
　・大学の求人案内をみる
　・新聞等の広告をみる

○私学教員適性検査を受験する
　都道府県ごとに私立学校協会があり、2014年4月現在、群馬県、東京都、静岡県、愛知県、兵庫県、広島県、福岡県、長崎県においては、統一した適性検査を実施している。検査方法、活用の仕方はそれぞれ異なっているので各私立学校協会に問い合わせる必要がある。

○私立学校協会に登録する
　私立学校協会のなかには、私立学校教員志望者名簿を登録しているところがある（北海道、茨城県、栃木県、埼玉県、千葉県、東京都、神奈川県、新潟県、福井県、山梨県、静岡県、滋賀県、京都府、大阪府、兵庫県、岡山県、広島県、山口県、鹿児島県＝2014年4月現在）。

○当該私立学校に直接問い合わせてみる

Q9　教員採用試験の受験者数、合格者数はどのくらいですか？

A　表5－1は、2014年度の保健体育科教員採用における受験者数と合格者数である。

これをみてもわかるように、不明な自治体を除くと、全体では受験者数は18,060人、二次合格者は1,678人で、競争率は約10.8倍となっている。

二次合格者数の多い都道府県市は、東京都（中・高）、千葉県（中・高）、大阪府（中・高）、埼玉県（中）であり、大都市圏の採用数が多い。これは、他教科・校種についてもほぼ同様の傾向にある。

今後、保健体育科教員の採用数は増えるか否かについては、なかなか読みにくい状況にあるものの、教員が幅広い年齢層・人物で構成されることが望ましいとするならば、新しく教員を採用することは引き続き行われるであろう。

第5章 「教員採用試験」合格をめざして

表5-1 2014年度保健体育科教員採用試験の結果

(教員養成セミナー6月号別冊(2014) p.48-64に基づき作成)

		受験者数	1次合格者数	2次合格者数	
東京都	中・高	1621	236	105	
大阪府	中学校	662	148	67	
	高等学校	621	170	84	
北海道	中学校	273	98	26	
	高等学校	185	26	4	
札幌市	中学校	69	40	13	
青森県	中学校	94	32	10	
	高等学校	126	18	7	
岩手県	中学校	91	26	6	
	高等学校	94	13	4	
宮城県	中・高	329	69	30	
秋田県	中学校	26	5	1	
	高等学校	86	12	3	
山形県	中学校	97	8	4	
	高等学校	76	7	4	
福島県	中学校	134	15	10	
	高等学校	221	16	12	
茨城県	中学校	212	44	24	
	高等学校	167	32	19	
栃木県	中学校	189	36	13	
	高等学校	89	24	10	
群馬県	中学校	208	48	30	
	高等学校	120	23	11	
埼玉県	中学校	551	120	60	
	高等学校	412	78	34	
さいたま市	中学校	93	24	18	
千葉県	中・高	981	194	94	
神奈川県	中学校	316	64	27	
	高等学校	533	114	55	
横浜市	中学校	375	93	46	
川崎市	中学校	123	40	16	
相模原市	中学校	81	56	12	
新潟県	中学校	129	23	12	
	高等学校	119	12	3	
新潟市	中学校	30	6	1	
富山県					不明
石川県	中・高	208		20	
福井県	中・高	151	11	10	
山梨県	中学校	63	11	4	
	高等学校	52	7	2	
長野県					不明
岐阜県	中学校	120	49	25	
	高等学校	153	20	14	
静岡県	中学校	129	39	17	
	高等学校	215	27	14	
静岡市	中学校	27	14	6	
	高等学校				募集なし
浜松市	中学校	44	9	3	
	高等学校				募集なし
愛知県	中学校	458	130	40	
	高等学校	435	103	36	
名古屋市					不明
三重県	中学校	196	45	15	
	高等学校	193	30	12	
滋賀県	中学校			19	採用者
	高等学校			9	採用者
京都府	中学校	146	40	21	
	高等学校	194	31	13	
京都市	中学校	124	26	12	
	高等学校	27	12	3	
大阪市	中学校	225	63	13	
	高等学校	78	5	1	
堺市	中学校	124		13	
兵庫県	中学校	353	91	45	
	高等学校	453	51	25	
神戸市	中学校	147	42	21	
奈良県	中学校	168	51	25	
	高等学校	144	30	10	
和歌山県	中学校	138	31	12	
	高等学校	150	32	11	
鳥取県	中学校	83	37	5	
	高等学校				募集なし
島根県	中学校	48	21	5	
	高等学校	57	19	5	
岡山県	中学校	148	36	18	
	高等学校	143	32	15	
広島県	中学校	160	35	25	
	高等学校	164	33	18	
山口県	中学校	67	23	7	
	高等学校	70	14	4	
徳島県	中学校	56	18	6	
	高等学校	69	13	3	
香川県	中学校	45		12	
	高等学校	54		5	
愛媛県	中学校	49	7	3	
	高等学校	72	12	8	
高知県	中学校	61	11	5	
	高等学校	55	12	3	
福岡県	中学校	174	48	24	
	高等学校	259	42	25	
福岡市	中学校	142	43	16	
	高等学校				募集なし
北九州市	中学校	97	14	9	
佐賀県	中学校	57	17	10	
	高等学校	100	13	8	
長崎県	中学校	74	21	14	
	高等学校	91	14	6	
熊本県	中学校	52	18	6	
	高等学校	149	42	13	
熊本市	中学校	50	19	8	
	高等学校				募集なし
大分県	中学校	59	10	4	3次合格者
	高等学校	47	5	1	3次合格者
宮崎県	中学校	53	9	4	
	高等学校	89	12	5	
鹿児島県	中学校	83	15	7	
	高等学校	142	25	9	
沖縄県	中学校	228	35	9	3次合格者
	高等学校	265	27	7	3次合格者
合計		18,060		1,268	

Q10　最近の教員採用試験では、どんなことが重視されていますか？

A　近年では、より質の高い教員を採用するために、採用試験の方法、選考基準が改善されてきている。質の高い教員を選考するにあたって、知識量や記憶量の多さだけでみるのではなく、教育者としての使命感、豊かな体験に裏打ちされた受験者の資質能力を多面的にみる、といった人間性を重視した、いわば人物重視の選考が広く行われるようになってきている。Q7であげた特別選考が積極的に行われるようになったのも、こういったことが背景にある。

　また、一般選考においても、一般教養、教職教養、専門教養といった筆記試験科目を軽減し、面接、模擬授業、場面指導といった受験者の教師として望ましい人間性と実践力を評価する試験科目が増加、重視されている傾向にある。

　したがって、教員をめざす際には、筆記試験対策の勉強をするだけではなく、実際の学校現場における実地体験、ボランティア活動、多様なスポーツ・文化的活動体験などを積極的に行っていくことが大切である。なお、こういった多様な体験は実際に教員になった時にもプラスに生かされていくことはいうまでもない。

◆よい授業とは何か、信頼される教師とは何かを志向する教師

◆ユーモアの精神を持って、どの生徒にも温かな目を向ける教師

◆少しの進歩でも認め褒める教師

◆生徒の自主性、自立心、創造性、協調性、励まし合い、努力を大切にする教師

◆生徒の悩み事にも真剣に相談に乗れる教師

◆生徒や保護者、地域の人からも一目置かれる（評価される）教師

◆校内の教職員と協調し、学校全体のことを考えられる教師

図5-1　教師としての人間性、実践力が評価される近年の採用試験

第5章　「教員採用試験」合格をめざして

Q11　教員採用試験が不合格になった場合、次年度以降も受験できますか？

A　残念ながら不合格だった場合でも、翌年度以降に受験することは可能である。また、正規教員として採用されなくても、翌年度に学校現場に立つことは可能である。それが臨時採用教員である。正規教員の休職や研修による欠員、学校経営上の理由などから正規教員以外の教員が必要となる場合に臨時採用教員が採用される。臨時採用教員は、「臨時的任用教員（常勤講師）」と「非常勤講師[注3]」に分けられる。臨時採用教員の募集・申し込みなどは各自治体教育委員会で取りまとめているので、教育委員会に問い合わせる必要がある。

　臨時採用教員になることは、学校現場の教育活動に携わることができることからも、今後の教員生活にとって貴重な体験となる。また、臨時採用教員経験は、Q7であげた特別選考の対象となることもある。さらに、特に「臨時的任用教員（常勤講師）」においては、正規教員までとはいかないが、日常生活可能な給与も保障されていることからも、何が何でも教員をめざす人にとっては、仮に採用試験が不合格であった場合でも、臨時採用教員の道を選択し、採用試験に再チャレンジしてほしい。

Q12　教員採用試験に合格するためには、どのような学生生活を過ごすことが大切ですか？

A　教員採用試験に合格するための試験勉強を日頃から行うことが大切である。一次試験は4年生の7月には行われるので、少なくとも、その1年前から勉強をスタートすることが望ましい。また、新聞を毎日読み、あるいは専門雑誌を定期的に購読するなどして、体育、スポーツ、健康、教育、学校などに関する動向を常日頃から把握しておくことである。

　さらに、クラブ・サークルなどに所属し、積極的に活動することも大切である。特に運動部で活動することは、「スポーツに対して愛好的な態度を有している」、「集団のなかで活動できる協調性や指導性、行動力を有している」、といった保健体育教師に必要な資質を備えていると判断されるので、教員採用試験では有利に働くようである。

　これ以外にも、教員として必要な幅広い、そして厚みのある人間性を構築するために、ボランティア活動や勤労体験、さまざまな文化活動などを学生時代に体験しておくことも大切である。

注3　臨時的任用教員（常勤講師）、非常勤講師：非常勤講師は、保健体育科の授業を担当するのみであるのに対し、臨時的任用教員（常勤講師）は、正規教員と同じように、保健体育科の授業だけでなく、学級担任や校務分掌も担当する。

2 教員採用試験合格への道—出題領域・傾向とその対策・勉強法—

(1)教職教養試験

①出題領域と傾向

　教職教養は、①教育原理（学習指導要領、生徒指導、人権教育・同和教育、特別支援教育などに関するもの）、②教育心理（発達、学習、教育評価、学級集団などに関するもの）、③教育法規（日本国憲法、教育基本法、学校教育法、地方公務員法などに関するもの）、④教育史（日本教育史、西洋教育史に関するもの）、⑤教育時事（中央教育審議会答申、教育課程審議会答申などに関するもの）、といった5つの領域から出題されている。

②対策・勉強法

　受験する都道府県市の過去問題を収集し、実際に解きながら出題傾向や特徴を分析しよう。これは、ほかの項目の試験対策においても必要なことであり、まずはここから勉強をスタートさせよう。そして、参考書・問題集だけではなく、学習指導要領、教育小六法を準備し、その内容をまとめておく。教育時事問題対策としては、毎日、新聞を読み、教育界の動向をまとめておくことである。

③問題例

　教職教養の出題例として、平成26年度に実施した東京都の教職教養問題とその解答をあげる。ただし、紙面の都合上、28問の共通問題のうち11問を掲載する。小・中・高等学校の選択問題などは省略した。制限時間は60分、解答は5択のマークシート方式となっている。詳細については、東京都教育委員会のホームページを参照のこと。

●平成27年度　東京都の教職教養試験問題（平成26年7月実施）

1　日本国憲法に関する記述として適切なものは、次の1～5のうちのどれか。解答番号は　1　。

1　「すべて国民は、法の下に平等であつて、人種、信条、性別、社会的身分又は門地により、政治的、経済的又は社会的関係において、差別されない。」と規定されており、この規定は、いかなる場合においても、外国人に対して類推されるべきものではないという趣旨のものである。

2　「すべて国民は、健康で文化的な最低限度の生活を営む権利を有する。国は、すべての生活部面について、社会福祉、社会保障及び公衆衛生の向上及び増進に努めなければならない。」と規定されているが、この規定は、全ての国民が健康で文化的な最低限度の生活を営み得るように国政を運営すべきことを国の責務として宣言したものではないというものである。

3　「学問の自由は、これを保障する。」と規定されており、この規定は、学問研究の自由ばかりでなくその結果を教授する自由をも含むものであるから、大学教育の場合と同じく普通教育においても、教師に完全な教授の自由を認めることができるというものである。

4 「集会、結社及び言論、出版その他一切の表現の自由は、これを保障する。」と規定されているが、この規定は、表現の自由といえども無制限に保障されるものではなく、公共の福祉による合理的でやむを得ない限度の制限を受けることがあるというものである。

5 「すべて国民は、法律の定めるところにより、その保護する子女に普通教育を受けさせる義務を負ふ。義務教育は、これを無償とする。」と規定されており、この規定は、義務教育においては、授業料を徴収しないこと及び学用品その他教育に必要な一切の費用を無償としなければならないというものである。

2　公立の小学校、中学校、高等学校及び特別支援学校の学期、休業日等に関する記述として、学校教育法施行令及び学校教育法施行規則に照らして適切なものは、次の1～5のうちのどれか。解答番号は　2　。

1 小学校及び中学校の学期は、当該学校を設置する地方公共団体の長が定める。
2 学校における休業日は、「日曜日」、「国民の祝日」及び「学校教育法施行令の規定により教育委員会が定める日」に限られている。
3 非常変災その他急迫の事情があるときは、校長は、臨時に授業を行わないことができる。この場合において、この旨を当該学校を設置する地方公共団体の教育委員会に報告しなければならない。
4 授業終始の時刻は、区市町村の設置する学校にあっては、当該区市町村教育委員会が、都道府県の設置する学校にあっては、当該都道府県教育委員会が定める。
5 高等学校において、修業年限が3年を超える定時制の課程を置く場合は、その最終の学年は、4月1日に始まり、6月30日に終わるものとすることができる。

3　公立学校の入学及び就学に関する記述として、法令に照らして適切なものは、次の1～5のうちのどれか。解答番号は　3　。

1 学校教育法では、特別の事情があり当該区市町村教育委員会が認めた場合は、学齢に達しない子であっても小学校に入学させることができるとされている。
2 学校教育法では、保護者は、子の満6歳に達した日以後における最初の学年の初めから、満12歳に達した日の属する学年の終わりまで、これを小学校又は特別支援学校の小学部に就学させる義務を負うとされている。
3 学校教育法では、経済的理由によって、就学困難と認められる学齢児童又は学齢生徒の保護者に対しては、区市町村は、必要な援助を与えなければならないとされている。
4 学校教育法施行令では、区市町村の教育委員会は、翌学年の初めから小学校又は中学校に就学させるべき者の保護者に対し、翌学年の初めから三月前までに、小学校又は中学校の入学期日を通知しなければならないとされている。
5 学校教育法施行規則では、公立の中等教育学校の入学は、設置者の定めるところにより、学力検査を行い、その結果に基づいて校長が許可するものとされている。

4 公立の小学校、中学校、高等学校及び特別支援学校において備えなければならない表簿に関する記述として、学校教育法施行規則に照らして適切なものは、次の1～5のうちのどれか。解答番号は　4　。

1 校長は、職員の名簿、履歴書、出勤簿並びに担任学級、担任の教科又は科目及び時間表を、20年間保存しなければならない。
2 校長は、その学校に在学する児童・生徒の指導要録を作成しなければならない。
3 校長は、指導要録及びその写しのうち、入学、卒業等の学籍に関する記録について、各学校の実態に応じ、その保存期間を定める。
4 校長は、児童・生徒が転学した場合においては、その作成に係る当該児童等の指導要録の写しを作成し、原本を転学先の校長に送付しなければならない。
5 校長は、当該学校に在学する児童・生徒について出席簿を作成しなければならないが、当該児童・生徒が卒業した日から一年以内に廃棄する。

5 次の記述は、「食育基本法」の条文である。空欄　ア　～　エ　に当てはまるものの組合せとして適切なものは、下の1～5のうちのどれか。解答番号は　5　。

> 第一条
>   この法律は、近年における国民の食生活をめぐる環境の変化に伴い、国民が生涯にわたって健全な心身を培い、　ア　ための食育を推進することが緊要な課題となっていることにかんがみ、食育に関し、　イ　を定め、及び　ウ　の責務を明らかにするとともに、食育に関する施策の基本となる事項を定めることにより、食育に関する施策を総合的かつ計画的に推進し、もって現在及び将来にわたる健康で文化的な国民の生活と豊かで　エ　の実現に寄与することを目的とする。

1 ア 豊かな人間性をはぐくむ   イ 基本理念
   ウ 国、地方公共団体等   エ 活力ある社会
2 ア 健康の保持増進を図る   イ 基本理念
   ウ 父母その他の保護者   エ 活力ある社会
3 ア 豊かな人間性をはぐくむ   イ 基本理念
   ウ 国、地方公共団体等   エ 健全な食生活
4 ア 健康の保持増進を図る   イ 目標
   ウ 国、地方公共団体等   エ 健全な食生活
5 ア 豊かな人間性をはぐくむ   イ 目標
   ウ 父母その他の保護者   エ 健全な食生活

6 公立の小学校、中学校、高等学校及び特別支援学校の教職員の配置及び職務に関する記述として、学校教育法及び学校教育法施行規則に照らして適切なものは、次の１～５のうちのどれか。解答番号は 6 。

1 学校には、校長、副校長、主幹教諭、指導教諭、教諭、養護教諭及び事務職員を置かなければならない。
2 副校長は、校長を助け、命を受けて校務をつかさどる。
3 主幹教諭は、教諭その他の職員に対して教育指導の改善及び充実のために必要な指導及び助言を行うとされており、児童・生徒の教育をつかさどることはできない。
4 教育計画の立案その他の教務に関する連絡調整を行う教務主任には、教諭を充てることはできない。
5 保健主事には、必ず養護教諭を充てなければならない。

7 公立学校の教育職員の免許に関する記述として、教育職員免許法に照らして適切なものは、次の１～５のうちのどれか。解答番号は 7 。

1 普通免許状は、学校の種類ごとの教諭の免許状、養護教諭の免許状及び栄養教諭の免許状とし、小学校及び中学校の教諭の免許状にあっては、専修免許状及び一種免許状の二つに区分される。
2 特別免許状は、その授与の日の翌日から起算して10年を経過する日の属する年度の末日まで、全ての都道府県において効力を有する。
3 臨時免許状は、その免許状を授与したときから３年間、その免許状を授与した授与権者の置かれる都道府県においてのみ効力を有する。
4 免許状更新講習の時間は、30時間以上とし、免許状更新講習は、大学がその所在地の都道府県の教育委員会の認定を受けて行う。
5 免許状を有する者が、懲戒免職の処分を受けたときは、その免許状はその効力を失うが、分限免職の処分を受けたときは、いかなる場合もその免許状はその効力を失うことはない。

8 地方公務員法の定める職員の服務に関する記述として適切なものは、次の１～５のうちのどれか。解答番号は 8 。

1 職員は、その職務を遂行するに当って、上司の職務上の命令に忠実に従わなければならないが、口頭による命令については効力をもたない。
2 すべて職員は、全体の奉仕者として公共の利益のために勤務し、且つ、職務の遂行に当っては、全力を挙げてこれに専念しなければならない。
3 職員は、勤務時間外であれば、任命権者の許可を受けることなく、自ら営利を目的とする私企業を営み、又は報酬を得て事業若しくは事務に従事してもよい。
4 職員は、法令による証人、鑑定人等となった場合においては、任命権者の許可を受けることなく、職務上の秘密に属する事項を発表することができる。
5 職員は、政党その他の政治的団体の結成に関与することはできるが、これらの団体の役員になることはできない。

9 教育公務員の研修に関する記述として、教育公務員特例法に照らして適切なものは、次の1～5のうちのどれか。解答番号は 9 。

1　任命権者は、教育公務員の研修について、それに要する施設、研修を奨励するための方途その他研修に関する計画を樹立し、その実施に努めなければならない。
2　教員は、授業に支障のない限り、本属長の承認を受けずに、勤務場所を離れて研修を行うことができる。
3　任命権者は、初任者研修を受ける者の所属する学校の校長、副校長又は指導教諭のうちから指導教員を命じなければならない。
4　指導改善研修の期間は、3年とされており、特に必要があると認められる場合においても、任命権者は、これを延長することはできない。
5　主幹教諭、指導教諭、教諭は、任命権者の許可を受けて、5年を超えない範囲内で年を単位として定める期間、大学の大学院の課程に在学し、専修免許状の取得を目的とする課程を履修するための休業をすることができる。

10 次の記述は、「子どもの読書活動の推進に関する法律」の条文である。空欄 ア と イ に当てはまるものの組合せとして適切なものは、下の1～5のうちのどれか。解答番号は 10 。

第二条
　子ども（おおむね18歳以下の者をいう。以下同じ。）の読書活動は、子どもが、言葉を学び、感性を磨き、 ア を高め、創造力を豊かなものにし、 イ を身に付けていく上で欠くことのできないものであることにかんがみ、すべての子どもがあらゆる機会とあらゆる場所において自主的に読書活動を行うことができるよう、積極的にそのための環境の整備が推進されなければならない。

1　ア　表現力　　　　　　イ　知識及び知恵
2　ア　読む力及び書く力　イ　知識及び知恵
3　ア　表現力　　　　　　イ　読書活動の習慣
4　ア　読む力及び書く力　イ　人生をより深く生きる力
5　ア　表現力　　　　　　イ　人生をより深く生きる力

11 児童福祉法に関する記述として適切なものは、次の1～5のうちのどれか。解答番号は 11 。

1　この法律で、児童福祉施設とは、助産施設、乳児院、母子生活支援施設、児童厚生施設などのことをいい、保育所は児童福祉施設に含まれない。
2　この法律で、児童とは、満18歳に満たない者をいい、児童のうち少年とは、中学校就学の始期から、満18歳に達するまでの者をいう。
3　児童相談所に置く児童福祉司は、都道府県知事の補助機関である職員とし、社会福祉主事として、2年以上児童福祉事業に従事した者しか任用できない。
4　児童委員は、その職務に関し、区市町村長の指揮監督を受けるが、都道府県知事の指揮監督は受けない。
5　都道府県は、児童相談所を設置しなければならず、児童相談所には、必要に応じ、児童を一時保護する施設を設けなければならない。

27【 教職教養 】

問題番号		解答番号	正答	配点
大問番号	小問番号			
1		1	4	4
2		2	3	4
3		3	3	4
4		4	2	4
5		5	1	4
6		6	2	4
7		7	3	4
8		8	2	4
9		9	1	4
10		10	5	4
11		11	5	3
12		12	3	3
13		13	2	3
14		14	3	3
15		15	4	3
16		16	5	3
17		17	4	3
18		18	4	3
19		19	1	3
20		20	1	3
21		21	2	3
22		22	4	3
23		23	3	3
24		24	3	3
25		25	5	3
26		26	4	3
27		27	1	3
28		28	2	3
29		29	4	3
30		30	2	3
31		31	5	3
32		32	5	3
33		33	5	3
34		34	1	3

東京都教職教養試験の解答

(2) 一般教養試験

①出題領域と傾向

　一般教養は、「国語」、「社会」(歴史・地理・倫理・政治・経済)、「数学」、「理科」(物理・化学・生物・地学)、「英語」、「音楽」、「美術」、「保健体育」、「技術・家庭」といった高等学校までに学んできた各教科の基礎的な学力を問うほかに、社会人としての一般常識、社会時事、そして受験する都道府県市の地域性に関することが出題されている。

②対策・勉強法

　中学・高校期に使用した教科書、参考書、問題集などを準備しておこう。そして、いつも新聞や雑誌などを読み、社会の動向を把握しておこう。

　また、多くの人(特に社会人)と接する機会を積極的に持ち、一般常識や社会人としての教養を身につけるようにしよう。

　このほか、正しい漢字や語句を用いて文章を「手書き」で書くトレーニングを積んでおきたい。それは、「国語」関連の対策になるだけでなく、筆記試験全般および論作文試験対策にもなるからである。

③問題例

　一般教養試験の出題例として、平成26年度に実施した沖縄県の「一般・教職教養問題」をあげる。

ここでは紙面の都合上、全90問中、一般教養に関する問題(30問)を掲載する。制限時間は90分、解答は5択のマークシート方式となっている。詳細については、沖縄県教育委員会のホームページを参照のこと。

●平成27年度(平成26年実施)　沖縄県公立学校教員候補者選考試験問題　一般教養・教職教養

一 般 教 養

※答えはすべてマークシートに記入しなさい。

一　次の各文の｜ 1 ｜〜｜ 4 ｜に入る最も適当なものを、それぞれ次の①〜⑤の中から一つ選び、番号で答えなさい。

1　次の下線部の表現のうち、**適当でないもの**は｜ 1 ｜である。

① 君のていねいな説明を聞いて、ようやく釈然とした。
② これは重要な問題だから、互いに得心が行くまで話し合いを続けよう。
③ この本を読んで、長年の疑問が氷解した。
④ この言葉の深い意味を十分に咀嚼しなければならない。
⑤ あなたの出した評価は、どうも腑に落ちない。

2　次の下線部の表現のうち、敬語の使い方として**適当でないもの**は｜ 2 ｜である。

① 先生がお読みになられた本で、特に印象に残っているものはございますか。
② 先生はお忙しいのに、いつ本をお読みになっていらっしゃるのだろうか。
③ 何もございませんが、どうぞお召し上がりください。
④ 私は明日、先生のお宅にうかがうことになっています。
⑤ 先生は昨日、研究室にいらっしゃいましたか。

3　次の各文の意味を表す語をそれぞれA・Bから選び、I〜Vの順に並べたものとして正しいものは｜ 3 ｜である。

　I　権威ある者から得た保証　（Aお墨つき　B折り紙つき）
　II　原本の内容をそのままそっくり写したもの　（A謄本　B抄本）
　III　空中に浮かんだ無数の水滴によって水平に見渡せる距離が1km未満の状態　（A霧　B靄）
　IV　はばかることなく、正論を主張し合う　（A喧々囂々　B侃々諤々）
　V　茶席で茶をすすめる前にだす料理　（A会席料理　B懐石料理）

① A→A→A→A→A
② B→B→B→B→B
③ A→A→A→A→B
④ A→A→A→B→B
⑤ A→A→B→B→B

4　次の文の中で「丸」を含む語句の用法が他の4つと**異なるもの**は｜ 4 ｜である。

① この情報は、丸秘なので、絶対にもらさないようにしてくれ。
② 期末テストは、配布プリントを丸暗記しておけば大丈夫だ。
③ 昨日、家族で豚の丸焼きを食べたよ。
④ むこうのビルからこちらの様子が丸見えだ。
⑤ 勝負に勝ったから賞品は丸取りだね。

第5章　「教員採用試験」合格をめざして

二　次の英文を読んで、[5]～[8]の答として最も適当なものを、それぞれ①～⑤の中から一つ選び、番号で答えなさい。

　　Today the most universally consumed meat is probably, (1) **that** of the domestic chicken, which is raised almost everywhere in the world, in locations ranging from backyards to huge factories. The Romans bred chickens for the table and are (2) the birds in red wine to impart a finer flavor. In the Middle Ages, chicken was considered fit for kings and lords only; (3) **the poor** kept the bird for eggs and new chicks, and killed a hen only when it became (4) old to lay eggs. Chicken is now one of the least expensive of all meats. Most chickens are bred and raised to be marketed as roasting birds, varying from small pullets to family-sized broilers.

　　[5]　下線部(1) that の指し示すものを選びなさい。
　　① the bird　　② the food　　③ the meat　　④ the factory　　⑤ the backyard

　　[6]　空欄(2)に入る最も適切なものを選びなさい。
　　① drowned　　② saying to drown　　③ saying to have drowned
　　④ said to drown　　⑤ said to have drowned

　　[7]　下線部(3) the poor の後に省略されている語を選びなさい。
　　① people　　② chickens　　③ Romans　　④ kings　　⑤ flavors

　　[8]　空欄(4)に入る最も適切な語を選びなさい。
　　① so　　② too　　③ much　　④ good　　⑤ as

三　次の各文の[9]～[20]に入る最も適当なものを、それぞれ次の①～⑤の中から一つ選び、番号で答えなさい。

1　[9]は、1086年に幼少の堀河天皇に位をゆずると、みずから上皇として院庁をひらき、天皇を後見しながら政治の実権を握る院政の道をひらいた。

　　① 白河天皇　　② 醍醐天皇　　③ 桓武天皇　　④ 清和天皇　　⑤ 嵯峨天皇

2　[10]は、「太陽王」と呼ばれたフランス絶対王政最盛期の王で（在位1643～1715）、王権神授説をとって親政を開始し、ヴェルサイユ宮殿を建てた。彼の言葉と伝えられる「朕は国家なり」は、絶対王政君主の国家観を示している。

　　① フェリペ2世　　② ヘンリ8世　　③ ルイ14世　　④ マリア＝テレジア　　⑤ ナポレオン＝ボナパルト

3　[11]は、各国の経済成長・発展途上国への援助・多角的な自由貿易の拡大などを目的とした経済協力開発機構の略称である。

　　① APEC　　② ASEAN　　③ OECD　　④ NAFTA　　⑤ MERCOSUR

4　日本国憲法第54条では、衆議院の解散と総選挙について、「衆議院が解散されたときは、解散の日から４０日以内に、衆議院議員の総選挙を行い、その選挙の日から[12]日以内に、国会を召集しなければならない」と記されている。

　　① 10　　② 20　　③ 30　　④ 40　　⑤ 50

5　国連貿易開発会議の主な目標は、開発途上国や移行経済諸国が、開発、貧困削減、世界経済への統合のための原動力として貿易と投資を利用できるようにすることであり、略称は[13]と表記する。

　　① UNICEF　　② UNHCR　　③ UNCTAD　　④ UNESCO　　⑤ UNEP

6　アメリカで1960年代に消費者運動が高まるなか、消費者の４つの権利を提唱したのは　14　大統領である。

　　① フランクリン＝ローズヴェルト　　② ニクソン　　③ カーター
　　④ ケネディ　　　　　　　　　　　　⑤ ジョンソン

7　16世紀初頭のイギリスで起こった囲い込み運動によって、多くの農民が路頭に迷う様子をその著書『ユートピア』で「羊が人間を食らう」と表現した人物は　15　である。

　　① トマス＝モア　　② エラスムス　　③ カルヴァン　　④ パスカル　　⑤ ベーコン

8　イスラームの宗教的務めにある、余裕のある人が義務として一生に一度行う、メッカのカーバ神殿と周辺の聖所への大巡礼を　16　という。

　　① シャハーダ　　② サラート　　③ ザカート　　④ サウム　　⑤ ハッジ

9　沖縄県では平成18年３月に「しまくとぅばの日に関する条例」が定められ、県民のしまくとぅばに対する関心と理解を深め、しまくとぅばの普及の促進を図るため、毎年　17　を「しまくとぅばの日」としている。

　　① ３月４日　　② ４月28日　　③ ５月15日　　④ ６月23日　　⑤ ９月18日

10　沖縄県の各市町村のうち、その面積が一番広いのは　18　である。

　　① 国頭村　　② 名護市　　③ 宮古島市　　④ 石垣市　　⑤ 竹富町

11　19　は国指定の特別天然記念物である。

　　① ヤンバルクイナ　　② ノグチゲラ　　③ ジュゴン　　④ ケラマジカ　　⑤ ヤンバルテナガコガネ

12　20　は国指定の重要無形民俗文化財である。

　　① 伊集の打花鼓　　② 泡瀬の京太郎　　③ 安田のシヌグ　　④ 湧川の路次楽　　⑤ 宜野座の八月あしび

四　次の各文の　21　～　30　に入る最も適当なものを、それぞれ次の①～⑤の中から一つ選び、番号で答えなさい。

1　液体や気体の中に置かれた物体が、液体や気体から鉛直上向きに受ける力を　21　という。

　　① 摩擦力　　② 合力　　③ 重力　　④ 抗力　　⑤ 浮力

2　質量１ｇの物質の温度を１Ｋだけ上昇させるのに必要な熱量を　22　という。

　　① 沸点　　② ジュール　　③ 比熱　　④ 熱容量　　⑤ ワット

3　ドライアイスが昇華した気体は、　23　である。

　　① 塩素　　② 酸素　　③ 二酸化炭素　　④ ヘリウム　　⑤ オゾン

4　鎖式飽和炭化水素（アルカン）で、炭素が２つ結合した分子の名称をエタン、３つの場合をプロパン、４つの場合を　24　という。

　　① メタン　　② エチレン　　③ ヘキサン　　④ ペンタン　　⑤ ブタン

第5章 「教員採用試験」合格をめざして

5 地球上に多くの生物がおり、種の数としては、 25 が最も多い。

① 昆虫　② 植物　③ 藻類　④ 菌類　⑤ 昆虫以外の動物

6 26 は、魚類の特徴として**適当でない**。

① えら呼吸　② 脊椎があること　③ 卵生　④ ひれがあること　⑤ 恒温動物であること

7 ある地層で、粒子の大きさが上へ向かって小さくなっている構造を 27 という。

① 斜交層理　② 不整合　③ 級化層理　④ 地層累重　⑤ 正断層

8 次の①〜⑤のうち、古生代末期に大量絶滅した生物は 28 である。

① ビカリア　② 紡錘虫（フズリナ）　③ 放散虫　④ ヌンムリテス　⑤ 恐竜

9 $AB=1$ の長方形 ABCD において、辺 AD、BC 上にそれぞれ点 E、F を

$$CD = DE = CF$$

となるように定めたところ、長方形 EABF がもとの長方形 ABCD と相似になった。
このとき、辺 AD の長さは 29 である。

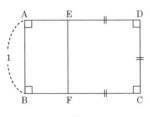

① $\dfrac{-1+\sqrt{2}}{2}$　② $\dfrac{1+\sqrt{2}}{2}$　③ $\dfrac{-1+\sqrt{5}}{2}$　④ $\dfrac{1+\sqrt{5}}{2}$　⑤ $\dfrac{1+\sqrt{3}}{2}$

10 近年、安易にインターネット上に情報を発信すると、思わぬ問題が発生している事例がある。以下の文は、ソーシャルメディア等の利用も含み、インターネット上に情報発信する際の留意点を説明している。文中の（ ア ）〜（ エ ）に当てはまる適当な語句の組み合わせとして正しいものは 30 である。

一旦発信した情報は、インターネットやその他の情報通信ネットワークを通じて急速に（ ア ）してしまい、当該発信やアカウントを削除しても第三者によって（ イ ）され、半永久的に（ ア ）され続けるおそれがあります。また、匿名での発信であっても、過去の発信等から発信者の（ ウ ）がなされるおそれもあります。
更に、発信を行う際に発言、画像等に（ エ ）を自動的に付与する機能を有するサービスが多数あるため、当該サービスを利用する場合には、当該（ エ ）を他人に知られることの影響について留意するとともに、必要に応じて当該機能の停止等の対応を行う必要があります。

選択肢
　　a　コンピュータウイルス　b　炎上　c　保存　d　削除　e　監視　f　位置情報　g　収束
　　h　拡散　i　特定

	ア	イ	ウ	エ
①	h	e	d	a
②	b	d	e	a
③	h	c	i	f
④	g	d	e	a
⑤	g	c	d	f

平成27年度(平成26年実施)
沖縄県教員候補者選考第一次試験　正答・配点表
【一般教養及び教職教養】
問題1～30:「一般教養」、問題31～90:「教職教養」

問題番号	正答	配点	問題番号	正答	配点	問題番号	正答	配点
1	①	1	31	④	1	61	④	1
2	①	1	32	②	1	62	④	1
3	④	1	33	⑤	1	63	③	1
4	①	1	34	④	1	64	①	1
5	③	1	35	⑤	1	65	⑤	1
6	⑤	1	36	②	1	66	④	1
7	①	1	37	①	1	67	②	1
8	②	1	38	③	1	68	③	1
9	①	1	39	③	1	69	⑤	1
10	③	1	40	①	1	70	④	1
11	③	1	41	①	1	71	③	1
12	③	1	42	②	1	72	④	1
13	③	1	43	④	1	73	①	1
14	④	1	44	⑤	1	74	⑤	1
15	①	1	45	④	1	75	①	1
16	⑤	1	46	①	1	76	④	1
17	⑤	1	47	①	1	77	②	1
18	⑤	1	48	②	1	78	③	1
19	②	1	49	④	1	79	⑤	1
20	③	1	50	③	1	80	②	1
21	⑤	1	51	③	1	81	⑤	1
22	③	1	52	⑤	1	82	④	1
23	③	1	53	②	1	83	③	1
24	⑤	1	54	④	1	84	③	1
25	①	1	55	①	1	85	②	1
26	⑤	1	56	③	1	86	⑤	1
27	③	1	57	③	1	87	④	1
28	②	1	58	⑤	1	88	②	1
29	④	1	59	④	1	89	①	1
30	③	1	60	②	1	90	④	1

(3)専門教養(保健体育)試験

①出題領域と傾向

　専門教養(保健体育)は、「学習指導要領」、「体育の指導法」、「体育理論」、「体育実技各論」、「保健」の5つの領域からまんべんなく出題されている。

②対策・勉強法

　学習指導要領の解説書(保健体育編)を熟読し、学習指導要領改訂の趣旨・要点および保健体育科の目標・内容・内容の取り扱などを把握しておこう。
　「体育の指導法」に関しては、以下のようなことを心がけよう。
1. 学校現場、あるいは学校現場ではなくても運動・スポーツの指導体験を積んでおく。そのなかで、特に運動・スポーツが苦手な児童生徒、あるいは消極的な児童生徒たちに関心を持ち、その人たちのための指導のあり方を追求していく。
2. 大学における授業(実技関係、模擬授業などを実施する授業)に積極的に参加し、指導のノウハウをまとめておく。
3. 中学・高校期に使用した保健体育の教科書・実技書・参考書などを手元におき、暇をみつけて

は読むようにする。
4．大学で学んだスポーツ科学（スポーツ社会学、運動生理学など）や健康科学の授業で使用したテキストを活用する。
5．各運動種目の技術解説書やルールブックを読むようにする。

③問題例

以下に、平成25年度に実施した群馬県(中学校)の専門教養試験とその解答例をあげる。制限時間は60分で、解答はほとんどが記述する方式となっている。

●**平成26年度採用　群馬県公立学校教員選考試験問題　中学校（保健体育）**

1　第1学年の「体つくり運動」の学習について、下記のような学習計画を立てた。後の(1)～(4)の問いに答えなさい。

＜学習計画＞

時間	1	2～4	5　6	7
	オリエンテーション	あいさつ・健康観察・本時の学習の見通し		
10	体つくり運動の意義	「体ほぐしの運動」 ・ストレッチング（一人・ペア） ・用具などを用いた運動	「体ほぐしの運動」 ・リズムに乗って体を動かす	「体ほぐしの運動」 自己の課題を踏まえた運動の選択
20	「体ほぐしの運動」 ・ストレッチング（一人・ペア） ・集団遊び	「体力を高める運動」 ア　体の柔らかさを高めるための運動 イ　巧みな動きを高めるための運動 ウ　力強い動きを高めるための運動 エ　動きを持続する能力を高めるための運動 ※ア～エのそれぞれの動きについて、いろいろな運動を行う	「体力を高める運動」の計画づくり ・グループを作り計画を立てる	「体力を高める運動」の実践発表会 ＜テーマ＞ 「いろいろな動きを組み合わせて体を動かそう」 ＜プログラム＞ ①開会の言葉 ②実施上の注意 ③発表会 ④アドバイスタイム ⑤先生からの言葉 ⑥閉会の言葉
30 40			「体力を高める運動」の実践 ・10分程度で組み合わせた運動を計画する ・実践発表会に向けて各グループで練習する	
50	学習のまとめ・本時の振り返り・次時の連絡			

(1) 単元全体をとおして、授業の前半に「体ほぐしの運動」を取り入れることとしたが、取り入れる意図を書きなさい。

(2) 2～4時間目に、「体力を高める運動」を行うこととした。ウ、エについて具体的な運動例をそれぞれ1つずつ書きなさい。
　　ウ　力強い動きを高めるための運動
　　エ　動きを持続する能力を高めるための運動

(3) 5、6時間目に、「体力を高める運動」の中で課題となることを見いだし、グループで計画を立案することとした。その際に、どのような点に留意させたらよいか、書きなさい。

(4) 7時間目に各グループで計画した「体力を高める運動」の実践発表会を上記の学習計画にあるプログラムで計画した。次の①、②の問いに答えなさい。
　① 各グループの発表後にアドバイスタイムを設けた。生徒が効果的なアドバイスをできるようにするために、どのような指導をしたらよいか、書きなさい。
　② 実践発表会では、一人一人の運動量が少なくなることが予想されることから、運動量を確保するためにどのような工夫をしたらよいか、書きなさい。

2　第1学年の器械運動「鉄棒運動」の学習について、次の(1)～(3)の問いに答えなさい。

(1) 鉄棒運動は、特性を踏まえて2つの系に分けられる。2つの系を書きなさい。

(2) 「膝かけ上がり」の練習について、次の①～③の問いに答えなさい。
　① 膝の裏が鉄棒とすれてしまい痛くてできない生徒がいる。どのような工夫をしたらよいか、1つ書きなさい。
　② 生徒が動きのコツをつかめるようにするためには、どのような助言が考えられるか、書きなさい。
　③ 助言だけではコツをつかめない生徒に対して、練習方法を工夫させたい。具体的な練習方法を1つ書きなさい。

(3) 「後ろ振り跳び下り」の練習の際に、前振りの局面と後ろ振りの局面では、どのような握り方が適切か、それぞれ書きなさい。

3　第1学年の武道「柔道」の学習について、次の(1)～(4)の問いに答えなさい。

(1) 柔道では、「技をかける人」「技を受ける人」のことを、それぞれ何というか書きなさい。また、崩しから相手の不安定な体勢をとらえて技をかけやすい状態をつくることを何というか、書きなさい。

(2) 受け身の練習をする際に、安全面に配慮して段階的に指導していきたい。解答欄にそって、3段階で具体的に書きなさい。

(3) 「支え釣り込み足」の約束練習の際、技をかける生徒と技を受ける生徒は、安全面においてどのような点に注意させればよいか、それぞれ書きなさい。

(4) 固め技のみでの簡易な試合を行わせる場合、安全面を配慮して、どのようなルールで行わせるとよいか、書きなさい。

4　第3学年の「ダンス」の学習について、次の(1)～(3)の問いに答えなさい。

(1) 現代的なリズムのダンスでは、次の①、②のようなリズムがある。どのような特徴があるか、それぞれ書きなさい。
　① シンコペーション
　② アフタービート

(2) 授業の最初にウォーミングアップで体をほぐしたい。その際、生徒の意欲を高める手立てを書きなさい。

(3) 授業の前半の学習では、「創作ダンス」「フォークダンス」「現代的なリズムのダンス」の基本の

(3) 授業の前半の学習では、「創作ダンス」「フォークダンス」「現代的なリズムのダンス」の基本の内容を学習し、後半の学習では、3つのダンスの中から好きなダンスを選択して自主的に学習させたい。後半の学習において、どのような学習活動を行わせたらよいか、書きなさい。

5 第2学年の球技「ソフトボール」の学習について、下記のような学習計画を立てた。後の(1)～(4)の問いに答えなさい。

＜ドリル練習・ドリルゲーム・タスクゲーム・メインゲームにおける主な学習活動＞

過程（時間）		主な学習活動		
第1次	第1時	○オリエンテーションを行い、学習の進め方を理解し約束を確認する。 ・ベースボール型の特性や成り立ちを理解する。 ・簡単なスキルテストを行い、チーム編成を行う。		
第2次	第2時 第3時	○練習方法を工夫（ドリル練習を中心）し、基本的な個人の技能（打つ・投げる・捕る）を高める。		・走塁 ・定位置での守備
		【バット操作練習】 　素振り、トスバッティングなど	【ボール操作練習】 　キャッチボール　など	
第3次	第4時 第5時	○チームで協力しながらドリルゲームやタスクゲームを行い、バット操作やボール操作の向上を図る。		
		【バット操作中心のドリルゲーム】 ［ホームラン競争ゲーム］ ボールを飛ばした距離で得点を決める。チームの総得点で競うゲーム。 　　　　　　　など	【ボール操作中心のドリルゲーム】 ［ボール回しゲーム］ 内野で順番を決め、ボールをできるだけ早く正確に送球するゲーム。 　　　　　　　など	
第4次	第6時 第7時 第8時	○チームの特徴を生かして、ルールや場を工夫したタスクゲームをする。 【集団的な技能を高めるためのルールや場を工夫したタスクゲーム】 　「タスクゲーム」を行う。 　　・ゲームの内容　　・ルール		
第5次	第9時 第10時	○個人やチームのめあてを意識して、簡易ゲームをする。 【メインゲーム】 　［簡易ソフトボール］		

(1) 第2、3時において、基本的なバット操作とボール操作の練習を行うこととする。次の①、②の問いに答えなさい。
　① バット操作の技能が低い生徒に対して、意欲的に練習させるために、どのような練習が考えられるか、具体的に書きなさい。
　② ボール操作の練習で、ゴロを捕球してから素早く正確に1塁へ送球する練習を行う際、ボールを捕球するまでの構えとボールを捕球してから投げるまでの技能のポイントを、それぞれ書きなさい。

(2) 第4、5時において、バット操作中心の「ホームラン競争ゲーム」やボール操作中心の「ボール回しゲーム」などのドリルゲームを行うこととする。このドリルゲームを行うねらいを書きなさい。

(3) 第6～8時において、集団的な技能を高めるためにルールや場を工夫したタスクゲームを行うこととする。どのようなゲームが考えられるか、ゲームの内容とルールを、それぞれ書きなさい。

(4) メインゲームを行う際、安全に配慮して行わせたい。次の①、②の場合、どのような工夫をしたらよいか、書きなさい。
　① 一塁手と打者走者が交錯をしないようにするため
　② 打者がバットを振った後、バットを投げ出して走り出さないようにするため

6 第3学年の保健「健康な生活と疾病の予防」の学習について、次の(1)、(2)の問いに答えなさい。

(1) 地域には、人々の健康の保持増進や疾病予防の役割を担っている保健所や保健センターがある。それぞれの主な業務について、1つずつ書きなさい。

(2) 「医薬品の有効利用」について、次の①～③の問いに答えなさい。
① 薬の正しい使い方について確認させるために、水なしや少量の水で薬を飲むと喉や食道に付着してしまい危険であることを理解をさせたい。生徒が、この状況を実感できるような指導方法を具体的に書きなさい。

② 市販されている薬の使用説明書には、服用する際に注意すべき大切なことが書かれていることに注目させたい。そこで、使用説明書の中で共通して書かれている内容をまとめる活動をさせた。正しく薬を使用させるために、説明書の中で確認しておくべきことを3つ書きなさい。

③ 学習のまとめとして、効果的な医薬品の服用方法や主作用、副作用について教師が生徒に説明する際のポイントについて書きなさい。

平成26年度採用　群馬県公立学校教員選考試験　中学校保健体育　解答例

第5章　「教員採用試験」合格をめざして

(4)論作文試験

①出題領域と傾向

　論作文は、受験者に一定の論題を書かせることによって、①論題の的確な把握力、②文章・論理構成力、③文章表現能力(国語力)、④教師としての資質・適性の有無が評価される。つまり、教員採用試験における論作文は、一般的な論作文の書き方に加え、「教師としての立場」から論を展開していくことが必要となる。

　論題は、①教育・学校教育論に関するもの、②教師論に関するもの、③学習指導・生徒指導・学級経営などに関するもの、④教育には直接には関係ない語句や事象について論じるものがある。試験時間、字数制限などは、各自治体によって大きく異なっている。

②対策・勉強法

　論理的な文章構成法である、三段論法(序論―本論―結論)あるいは四段論法(起―承―転―結)を用いて、文章をたくさん書いてみよう。

　また、文章表現のルール(文体の統一、段落の取り方、句読点の付け方など)に則りながら、ていねいな字で文章をたくさん書いてみよう。

　教育・学校教育の動向に常にアンテナを張っておこう。

③問題例

　次のA、Bのうちから1題を選択して解答しなさい(平成26年度実施東京都より)。

一般選考、適性選考、特例選考（特例力）及び特別選考受験者用問題

　　［一　般　選　考 ／ 適　性　選　考
　　　特例カ　国公私立学校における非常勤講師等経験者
　　　特別選考　水産科担当教員・調理実習担当教員］

　次のA、Bのうちから1題を選択して、1000字以内で論述しなさい。ただし、840字を超えること。また、**解答用紙には、選択した問題の記号を○印で囲みなさい**。

　A　各学校では、児童・生徒の学習意欲を高める教育の充実を図ることが求められています。
　　このことについて、あなたの考えを述べた上で、その考えに立ち、教師としてどのように取り組んでいくか、志望する校種・教科等に即して、述べなさい。

　B　各学校では、児童・生徒に自らが規範を守り行動するという自律性を育む教育の充実を図ることが求められています。
　　このことについて、あなたの考えを述べた上で、その考えに立ち、教師としてどのように取り組んでいくか、志望する校種・教科等に即して、述べなさい。

(5) 面接（個人・集団）試験・集団討論

①出題領域と傾向

　「人物重視」の選考を広く行う傾向にある近年の教員採用試験において、受験者の教育者としての人間性がコミュニケーションをとりながら直接的に評価される、面接試験・集団討論および模擬授業・場面指導の試験は、非常に重要視されてきている。

　面接試験には、個人面接試験と集団面接試験とがある。個人面接試験は、1人の受験者に対し、①提出書類（願書・履歴書など）に関すること、②自己PR、③教員を志望する理由、④教育・教師論、指導全般に関すること、などが質問される。

　集団面接試験は、複数（5〜8名）の受験者に対し個人面接試験とほぼ同様の質問が出されるが、同一の質問に対し、受験者全員が回答する場合と、受験者ごとに異なった質問をする場合とがある。

　集団討論は、教育に関するテーマが与えられ、そのテーマに基づいて複数の受験者のなかで討論を進め、その発言や行動が評価される。

　集団討論では、自分の意見を簡潔かつ明確に発言することが大切ではあるが、以下のことに注意を払っておく必要がある。

①他の受験生の発言に耳を傾け、討論の流れに乗ったなかで、自分の意見を発言する。「話しすぎ」、「話さなさすぎ」は厳禁である。

②他の受験生と同じ考えである場合でも、自分の言葉に置き換え、さらにその考えのよさを補強する発言をする。

③他の受験生と異なる考えである場合は、その考えを否定して打ち負かすといった行動をとらな

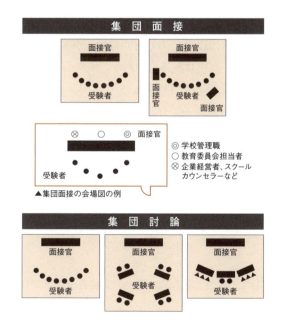

図5-2　集団面接や集団討論における座席の並び方

集団面接・討論においては、積極性や判断力、協調性、使命感などが評価される。

いようにする。異なった意見を踏まえた上で、建設的な発言をすることが大切である。

なお、集団面接と集団討論は、同時に行われることがあったり、「集団面接試験」という名称であっても実際には集団討論を行う場合もある。したがって、受験する自治体の集団面接・討論試験の行い方を把握しておくことが大切である。

また、試験時間・集団面接・討論の集団の規模などについては、各自治体によって異なる。複数の試験官が運営・評価することが多く、近年では学校管理職や教育行政担当者といった学校教育経験者の他に、それ以外の人（保護者、心理カウンセラー、民間企業の人事担当者など）を含めて試験官を構成している傾向がある。

この試験においては、教師としての適性が評価されるが、具体的には以下のような基準が設定されている。

〈個人面接試験〉
　○神奈川県教育委員会（平成26年度実施）
　　姿勢・態度、判断力・表現力、堅実性・信頼感、協調性・社会性、意欲・積極性、適応性・使命感
　○東京都教育委員会（平成25年度実施）
　　教職への理解、教科等の指導力、対応力、将来性、心身の健康と人間的な魅力　など（集団面接も同じ）

〈集団面接・討論試験〉
　○北海道・札幌市教育委員会（平成26年度実施）
　　①積極性（課題解決に向けて前向きに取り組み、グループの討議が活発で質の高いものとなるよう他の受検者にも働きかけるなど、積極性があるかどうかを評価する）
　　②指導性（討議において、説明に説得力があり、人間的にも度量が感じられ、討議をリードする指導性があるかどうかを評価する）
　　③協調性（自分の意見を明確に主張するとともに、他の受検者の意見を尊重し、謙虚に相手の考えも認めることのできる協調性があるかどうかを評価する）
　　④判断力（課題の主旨や他の受検者の発言内容を正しく理解し、専門性を活かして的確な判断をしているかどうかを評価する）
　　⑤表現力（与えられた課題についての討議の発言や感想・まとめを分かりやすく説明しているかどうかを評価する）

②**対策・勉強法**

・仲間と面接試験の練習をしてみよう。その時、自分が受験者役だけではなく、試験官役も行って、仲間の面接を評価してみよう。

③問題例

〈個人・集団面接〉―代表的な質問例
　・「教員を志望した理由は何ですか？」
　・「本自治体の教員を志望した理由は何ですか？」
　・「あなたの考える理想の教師像は何ですか？」
　・「生徒・保護者とどのように関わっていきたいですか？」
　・「同僚教員とどのように関わっていきたいですか？」
　・「学習意欲の低い生徒に対してどのように指導しますか？」
　・「自己PRをしてください。」
　・「教育実習（あるいは講師経験）で得たことは何ですか？」
　・「ボランティア活動の経験の有無はありますか？」
　・「あなたの趣味・特技は何ですか？」
　・「僻地や離島の学校、特別支援学校に勤務することは可能ですか？」
　・「他の自治体の教員採用試験を受験しましたか？　（受験した場合）複数合格した場合はどの自治体での勤務を希望しますか？」

以下、平成25年度に実施した東京都における集団面接試験（内容は集団討論を含んでいる）を紹介する。

集団面接の進め方などの詳細については、東京都教育委員会のホームページを参照のこと。

受験者への指示　※　養護教諭受験者のグループには、全て《　》で読み替える。

皆さんは　ある学校（中・高）の、同じ学年の学級担任
　　　　　ある地区の学校に勤務する養護教諭
　　　　　ある特別支援学校の、同じ学年の学級担任　　であったとします。

【下の「集団面接　話合いの課題」のうちから1つを選択し、読み上げる】

あなたは、このような状況となっている理由としてどのようなことが考えられると思いますか。自分の考えを1分程度で簡潔に発表してください。
〔最初から繰り返す〕
順番は特に決めませんので、準備のできた方から挙手をしてください。発表は、自席に座ったままで構いません。では、始めます。

＜受験者1人ずつの発表＞

さて、皆さんが、ある学校の、同じ学年の学級担任《ある地区の学校に勤務する養護教諭》として、同じ問題を抱えていることがわかりました。
学年《地区》で協力してこの問題を解決するために、皆さんはどのように取り組んでいきますか、解決のための方策について話し合ってください。
時間は25分程度です。時間がきたらこちらから終了の合図をします。進行係はこちらから指名しません。皆さんで話合いを進めてください。では、始めてください。

集団面接　話合いの課題　※　養護教諭受験者のグループは、「学級」を「学校」に読み替えてください。

1	最近、あなたの学級で、授業中に私語や立ち歩きをする児童（生徒）が増え、授業に支障がでてきました。	4	朝から落ち着きがなく、先生が促しても教室に入ろうとしない児童（生徒）がいます。
2	学校での学力・学習状況調査の結果から、基礎的な学習内容の定着が不十分な児童（生徒）が多くいることがわかりました。	5	校内で実施した生活習慣調査から、朝食をとらない児童（生徒）が多くいることがわかりました。
3	最近、あなたの学級で、遅刻や下校時刻を守らないなど、児童（生徒）の生活規律の乱れが目立ってきました。	6	ある保護者から、家庭で粗暴な言動が見られるようになったと相談がありました。

第5章　「教員採用試験」合格をめざして

COLUMN 1　面接試験での身だしなみ、挨拶の仕方

　面接試験は、入室から退室までの態度、行動すべてが評価される。以下にあげる基本的なマナーを身につけておく必要がある。

①適切な言葉遣い(敬語・丁寧語の使用、正しい日本語、簡潔な発言)
②適切な話し方・聞き方(体ごと向けて相手の目を見て話す・聞く、明るくハキハキした話し方)
③教員としてふさわしい身なり(服装、髪型)
④入室から退室まで

- 会場入室の際は軽くノックし、入室後「失礼します」と挨拶をして背筋を伸ばし丁寧に挨拶をする。面接官の前では受験番号と名前をはっきりと告げ、「よろしくお願いします」と言い添える。
- 椅子にはやや深く座り、男性は軽く両手を握り、女性は両手をそろえて膝の上におく。脚は開かないように気をつける。
- 「終わります」と言われたら、静かに立ち上がり、「ありがとうございました」と一礼してからドアの方に向かう。ドアの手前で向きを変え、面接官に向かって丁寧に一礼し、「失礼します」と挨拶をして退室する。

望ましい立位姿勢と礼の仕方(左：男性、右：女性)

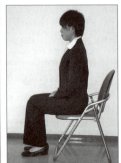

望ましい座位姿勢(左：男性、右：女性)

(6) 模擬授業・場面指導

①出題領域と傾向

　模擬授業は、受験者が教師の立場に立って、授業（一部）を実際に行い、授業における実践的指導力が評価される試験である。課題として示される授業は、教科（保健体育）、学級活動、道徳があり、事前に提示される場合と当日提示される場合とがある。与えられた課題に対し、学習指導案を作成するなどの授業構想を行い、その一部を実際に行ってみる、という流れである。

　場面指導は、学校教育活動において生徒や保護者などに対して教師が直面するより具体的な課題・場面に対して、教師の立場に立った受験者がどうふるまうか、が評価される試験である。この試験の場合は、模擬授業のように学習指導案を構想する、といった時間はあまりなく、即座に対応しなければならないことが多い。

　模擬授業・場面指導は、生徒・保護者がいることを想定して、あるいは試験官が生徒・保護者役になって行われるもので、近年ではほとんどの都道府県で行われている。

②対策・勉強法

　よい模擬授業や・場面指導をするためには、保健体育科の各単元の単元計画*・学習指導案*（巻末の付録参照）を作成することも重要である。

　また、教師の立場だけではなく、生徒・保護者の立場に立って教育活動全般を考えていくクセをつけることで、自らの教育観、指導観を確立することも大切となる。

　これまで実際に学校現場に関わる経験の少ない、あるいはない人にとっては、模擬授業・場面指導を行うことはむずかしいかもしれないが、「私はこういった保健体育の授業を行っていきたい！」「私は生徒・保護者とこういった関わり方をしていきたい！」といった主張を反映させたふるまいをすることが大切である。

　試験官は、学校現場に関わる経験の浅い受験生が、学習指導に対して老練なテクニックを持っているとは考えていない。模擬授業・場面指導をとおして、教師として将来性があるかどうかを評価しようとするのである。したがって、学習指導要領に示される保健体育の目標、内容を踏まえたうえで、独善的ではない自らの教育観・指導観をアピールしていくことである。

　よい模擬授業を行うには、このほか、普段から校種を問わず、授業研究会やベテランの先生の授業を参観させてもらったり、ゼミ仲間で模擬授業を行って、事前に用意した評価規準をもとに、評価しあったりすることも必要である。

③問題例（場面指導）

- 「サッカーの授業でゲームを行っている時、ファウルの判定をめぐって児童生徒たちがけんかを始めてしまった。その時、教師はどのように対応するか？」
- 「最近遅刻を繰り返す生徒がいる。この生徒に対し、学級担任としてあなたはどのように指導するか？」
- 「「子どもが、先生の教え方が悪くて数学がわからなくなってきている」と保護者が苦情を言いに

第5章　「教員採用試験」合格をめざして

来た。学級担任としてのあなたはどのように対応するか？」

(7)実技試験

①出題領域と傾向

　実技試験は、水泳（各種泳法）、陸上競技（主としてハードル走）、器械運動（主としてマット運動、鉄棒運動）、球技（主としてバスケットボール、バレーボール、サッカー）のスキルテストが多く出題されており、ほかに、武道（柔道・剣道）、ダンスの技能をみる自治体もある。

　このように保健体育における実技試験は、受験者にとっては各運動種目の技能を発揮しているが、試験官は、試験で発揮するパフォーマンスをとおして、受験者の実技指導能力を評価しているのである。したがって、例えうまくできなくても運動技術のポイント（コツ）をおさえたパフォーマンスを行うことが必要となる。

②対策・勉強法

　運動学の知見を学び、各運動種目の技術構造を理解しておこう。それは、これによって運動技術のポイント（コツ）を理解することができるからである。

　また、特定の運動種目だけでなく、日ごろから様々な運動種目に積極的に関わり、多様な運動種目の技能を獲得・向上しておくことも重要なことである。

③問題例

　平成26年度実施の北海道・札幌市（小学校、特別支援学校小学部）における実技試験は、以下のようであった。

●ボール運動（ドッジボールによる片手ジグザグドリブル。3m感覚の旗門5つを往復）
●水泳（クロール、平泳ぎ、背泳の中から1つを選択し25m泳ぐ）

　また、同じく中学校・高等学校、特別支援学校中・高等部における実技試験は、以下のようであった。

●マット運動（倒立（静止3秒）。前転→足交差→後転→伸膝後転を連続的に行い、直立静止、ついで側方倒立回転（2回））
●バスケットボール（ドリブルシュート（4回））
●バレーボール（オーバーハンドとアンダーハンドによる連続直上トス（30秒間））
●水泳（クロール（50m））
●柔道または剣道
　柔道：「支え釣り込み足」、「大腰」を技の要領に従い、打ち込み4回、5回目に投げ、技に応じて受身をとる。
　剣道：①切り返し、②総合打ち込み（正面打ち、小手打ち、胴打ち、小手一面打ちをそれぞれ2本連続で打ち込む）
---

(8) 適性検査

①出題領域と傾向

　適性検査は、内田クレペリン精神作業検査、矢田部ギルフォード性格検査(Y－G性格検査)、ミネソタ多面人格目録(MMPI)、MINI124性格検査が比較的多く採用されている。こういった適性検査によって人間の性格を診断しているが、教員採用試験における適性検査は、教師としてふさわしい性格を有しているか否かを判断しようとしている。

　しかし、教師としてふさわしい性格を有しているか否かを診断する性格検査は現実には存在しないので、ここでは社会人として常識的な態度・行動をとることができる性向を診断する一般的な性格検査が行われる。

②対策・勉強法

　教師として望ましい性格、あるいはふさわしい性格とは何か、という問いに答えることは非常にむずかしいものであり、適性検査の結果のみで合否を判断することは極めて困難である。

　したがって、社会人としてあるいは社会のなかで常識的な態度・行動をとることができていれば、適性検査に対する準備や対策をする必要はない。

　リラックスして、ありのままに素直に作業・回答していくことが大切である。

　あえて事前の対策をあげるとすれば、「教師とは何か？」「教育・学校教育では何が大切か？」といった問いを追求していく姿勢を日頃から持ち続けていくことであろう。

◆**教員採用試験に参考となる月刊誌**

　以下の月刊誌などは、教員採用試験に関する情報やその対策、教育界の動向などを詳しく掲載しているので、採用試験を受験する者にとっては参考になる。

- 『教員養成セミナー』(時事通信社)
- 『教職課程』(協同出版)

【編 著】

杉山　重利		元文部省主任体育官
佐藤　　豊		鹿屋体育大学教授、元文部科学省教科調査官
園山　和夫		桐蔭横浜大学教授、元文部省教科調査官

【著　者】(五十音順)「執筆箇所」

今関　豊一		国立教育政策研究所基礎研究部部長、元文部科学省教科調査官「第3章2.」
鈴木　和弘		山形大学地域教育文化学部教授「第3章3.」
佐藤　　豊		(前掲)「第1章1.2.」
園山　和夫		(前掲)「第1章3.」
田中　　聡		香川大学准教授　「第4章3.」
長見　　真		仙台大学教授「第5章」
原　　祐一		岡山大学講師「第4章4.」
福ヶ迫善彦		流通経済大学准教授「第3章1.(2)」
松田　恵示		東京学芸大学教授「第4章1.2.」
松田　雅彦		大阪教育大学附属高等学校平野校舎教諭、関西学院大学非常勤講師「第3章4.」
松本格之祐		桐蔭横浜大学教授「第3章1.(3)」
渡邉　　彰		同志社大学教授、元文部科学省教科調査官　「第2章」

新・めざそう！　保健体育教師

検印省略　　2015年1月31日　初版第1刷発行

編　著　　　杉山重利、佐藤　豊、園山和夫
　　　　　　(すぎやましげとし)(さとうゆたか)(そのやまかずお)

発行者　　　　　　　　　　　　　原　雅久

発行所　　　　　　　株式会社　朝日出版社
　　　　　〒101-0065　東京都千代田区西神田3-3-5
　　　　　　電話(03)3239-0271　FAX(03)3239-0479
　　　　　　　　　振替口座　00140-2-46008

組　版　　　　　　　　　　　　(有)秋葉正紀事務所
本文イラスト　　　　　　　　　㈱メディアアート
写真提供等協力者　山田耕一郎(元東京学芸大学附属養護学校副校長)
　　　　　　　　　及川直人(仙台大学)
印刷・製本　　　　　　　　　　図書印刷株式会社

乱丁・落丁はお取り替えいたします。
ISBN978-4-255-15575-3　Printed in Japan
本書の全部または一部を無断で複写複製(コピー)することは、
著作権法上での例外を除き禁じられています。